中传学者文库编委会

主　任： 廖祥忠　张树庭
副主任： 蔺海波　李　众　刘守训　李新军　王　晖
　　　　　杨　懿　柴剑平

成　员（按姓氏笔画排序）：
　　　　王廷信　王栋晗　王晓红　王　雷　文春英
　　　　龙小农　付　龙　叶　龙　刘东建　刘剑波
　　　　任孟山　李怀亮　李　舒　张绍华　张　晶
　　　　张根兴　张毓强　林卫国　郑　月　金　炜
　　　　金雪涛　周建新　庞　亮　赵新利　徐红梅
　　　　贾秀清　高晓虹　隋　岩　喻　梅　熊澄宇

1954—2024

中传学者文库

主编／柴剑平　执行主编／龙小农　副主编／张毓强　周建新

问学有痕

宫承波自选集

宫承波　著

中国传媒大学出版社

·北京·

图书在版编目（CIP）数据

问学有痕：宫承波自选集 / 宫承波著 . -- 北京：中国传媒大学出版社，2024.8.

（中传学者文库 / 柴剑平主编）.

ISBN 978-7-5657-3764-0

Ⅰ．G206.2-53；I0-53

中国国家版本馆 CIP 数据核字第 2024JA7216 号

问学有痕：宫承波自选集
WENXUE YOUHEN: GONG CHENGBO ZIXUANJI

著　　者	宫承波
责任编辑	张继嫒
封面设计	锋尚设计
责任印制	李志鹏
出版发行	中国传媒大学出版社
社　　址	北京市朝阳区定福庄东街 1 号　　邮　编　100024
电　　话	86-10-65450528　65450532　　传　真　65779405
网　　址	http://cucp.cuc.edu.cn
经　　销	全国新华书店
印　　刷	北京中科印刷有限公司
开　　本	710mm×1000mm　1/16
印　　张	19.75
字　　数	313 千字
版　　次	2024 年 8 月第 1 版
印　　次	2024 年 8 月第 1 次印刷
书　　号	ISBN 978-7-5657-3764-0/G·3764　　定　价　99.00 元

本社法律顾问：北京嘉润律师事务所　　郭建平

总　序

　　媒介是人类社会交流和传播的基本工具。从口语时代到印刷时代，再经电子时代至今天的数智时代，媒介形态加速演变、融合程度深入发展，媒介已然成为现代社会运行的基础设施和操作系统。今天，人类已经迈入媒介社会，万物皆媒、人人皆媒，无媒介不社会、无传播不治理。今天，无论我们怎么用力于信息传播的研究、怎么重视信息传播人才的培养都不为过。

　　中国传媒大学（其前身为北京广播学院）作为新中国第一所信息传播类院校，自1954年创建伊始，即与媒介形态演变合律同拍、与国家发展同频共振，努力探索中国特色信息传播人才培养模式、构建中国信息传播类学科自主知识体系，执信息传播人才培养之牛耳、发信息传播研究之先声，被誉为"中国广播电视及传媒人才摇篮""信息传播领域知名学府"。

　　追溯中传肇始发轫之起源、瞩望中传砥砺跨越之未来，可谓创业维艰而其命维新。昔日中传因广播而起，因电视而兴，因网络而盛，今天和未来必乘风破浪、蓄势而上，因人工智能而强。在这期间，每一种媒介兴起，中传均吸引一批志于学、问于道、勤于术的

学者汇聚于此,切磋学术、传道授业,立时代之潮头,回应社会需求,成为学界翘楚、行业中坚,遂有今日中传学术研究之森然气象,已历七秩而弦歌不断,将传百世亦风华正茂。

自新时代以来,中传坚守为党育人、为国育才初心,励精图治、勠力前行,秉承"系统治理、创新图强、交叉融合、特色发展"的办学理念,牢牢把握高等教育发展大势、传媒业态发展趋势,瞄准"智能传媒"和"国际一流"两大主攻方向,以世界为坐标、以未来为向度,完成了全面布局和系统升级,正在蹄疾步稳、高质量推动学校从传统高等教育向未来高等教育跨越、从传统传媒教育向智能传媒教育跨越、从国内一流向世界一流跨越,全力建设中国特色、世界一流传媒大学。

中国特色、世界一流,在于有大先生扎根中国大地,汇聚古今、融通中外;在于有大先生执教黉门,学高为师、身正为范;在于有大先生躬耕杏坛,敦品积学、启智润心。习近平总书记更强调,高校教师要立志成为大先生,在教书育人和科研创新上不断创造新业绩。中传广大教师素来以做大先生为毕生职志,努力成为新时代"经师"与"人师"的统一者,做真学问、立高品行,践履"立德树人"使命。

2024岁在甲辰,欣逢中传建校70华诞,学校特邀约部分学者钩玄勒要、增删批阅,遴选已公开刊发的论文汇编成集,出版"中传学者文库",意在呈现学校在学科建设、科学研究、服务行业实践等方面的最新成果,赓续中传文脉,谱写时代新声。

文库汇聚老中青三代学者,资深学者渊渟岳峙、阐幽抉微;中年学者沉潜蓄势、厚积薄发;青年学者踌躇满志、未来可期。文库与五十周年校庆所出版的"北广学者文库"相承接,大致可勾勒中传知识生产薪火相传、三代辉映之概貌，反映中传在构建中国特色新闻传播类、传媒艺术类、传媒技术类学科体系、学术体系和话语体系方面的耕耘与收获，窥见中国特色信息传播类学科知识体系构建的发展脉络与轨迹。

这一构建过程，虽筚路蓝缕，却步履铿锵；虽垦荒拓野，亦四方辐辏。一批肇始于中传，交叉融合、具有中国特色的学科，如播音主持艺术学、广播电视艺术学、传媒艺术学、数字媒体艺术学、政治传播学等，从涓涓细流汇入滔滔江河，从中传走向全国，展现了中传学者构建中国自主知识体系的学术想象力和创新力。文库展示的虽然是历史，实则是呈现今天；看似是总结过去，实则是召唤未来。与其说这套文库的出版，是对既有学术成果的展示，毋宁说是对未来学术创新的邀约。

回首过往，七秩芳华。我们深知，唯有将马克思主义基本原理与中华优秀传统文化相结合，才能推动中华学术创造性转化和创新性发展，推动中国自主知识体系的构建。我们深知，唯有准确把握媒介形态演变的脉动、深刻认知媒介形态变革所产生的影响，才能推动中国信息传播类学科自主知识体系的构建与时俱进。

展望未来，星辰大海。我们深知，以人工智能为代表的产业和科技革命正迅疾而来，媒介生态正在加速重构，教育形态正在全面重塑，大学之使命与价值正在被重新定义；我们深知，唯有"胸怀国之大者"、面向世界科技前沿、面向经济主战场、面向国家重大需求，才能确保中传始终屹立于中国乃至世界传媒教育发展之潮头。

如何应对人工智能带来的深刻变革，对中传而言是一场要么"冲顶"、要么"灭顶"的"兴亡之战"。我们坚信，不管前方是雄关漫道，还是荆棘满途，唯有勇敢直面"教育强国，中传何为？"这一核

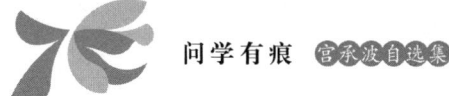

心命题,奋力书写"智能传媒教育,中传师生有为!"的精彩答卷,才能化危为机,奋力开创人工智能时代中传智能传媒教育新纪元。

功不唐捐,芳华七秩;风帆正举,赓续创新。

是为序。

第十四届全国政协委员,中国传媒大学党委书记、教授、博士生导师

目 录

传播与传媒篇

大众传播促进民族地区社会发展刍议 ············· 003

试论大众传媒与少数民族文化传播 ············· 016

试论勒纳的传播与发展理论 ············· 027

试论泰拉尼安的传播思想 ············· 034

试论晏阳初的传播思想 ············· 044

从公益传播到建设性传播
　　——《谢谢你为湖北拼单》之《小朱配琦》专场直播的突破与启示 ····· 056

新时代背景下的"君子中国"形象建构刍议 ············· 065

"陌生化"理论与媒介传播及媒体创意 ············· 070

走下殿堂的学术
　　——《传播中的心理效应解析》评介 ············· 079

中国第一座对农广播电台考 ············· 082

中国广播电视发展的首次全程考察与审视
　　——《中国广播电视通史》评介 ············· 092

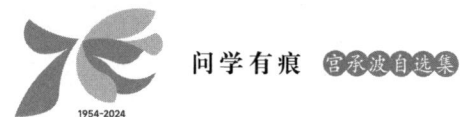

浅议电视台台标的创意与设计 …… 097
新媒介生态下广播媒体的生存逻辑探析 …… 102
智能音频传播策略：基于多维场景用户体验的探讨 …… 111
全媒体热潮之冷思考 …… 120

网络文化与文明篇

新媒体文化精神论析 …… 131
新媒体文化的生存悖论审视 …… 141
网络文化公共性建设中的知识分子作为 …… 150
试论网络文化建设中网民公共意识的提升 …… 159
基于互联网"关联"属性的网络文化建设路径探析 …… 170
试析网络社区中的角色扮演 …… 180
中国青年群体的手机使用行为比较研究 …… 189

审美与文艺篇

"以美育代宗教"的历史文化价值及其当代意义 …… 199
蔡元培美育思想的基本内容 …… 208
试论中国人审美心理的社会化 …… 216
民族审美心理研究的一块基石
　　——《民族审美心理学概论》评介 …… 236
"童话诗人"与"近代化石"
　　——顾城诗作的矛盾二重性浅论 …… 240

论新时期电影对社会人生的深层揭示 ················· 246

革命历史题材电影的审美透视 ···················· 252

试论文化类真人秀节目中的"三个平衡"
　　——以《中国成语大会》为例 ················· 259

短视频火爆背后的大众视觉消费转向 ················· 266

多重美学奏和弦，国风国潮领风骚
　　——2022年总台春晚整体审美 ················· 272

2024年中央广播电视总台春晚的叙事新景观 ············· 279

动画在国家形象建构中的作用 ···················· 287

中国少数民族动画的跨文化传播价值 ················· 295

后　记 ······························· 302

传播与传媒篇

大众传播促进民族地区社会发展刍议^{*}

我国是一个多民族国家,"五十六个民族五十六朵花,五十六个兄弟姐妹是一家",这是我国值得骄傲和自豪的一份重要的人文资源。千百年来,正是由于各民族的共同努力,由于各民族文化的不断交流、碰撞与融合,中华文明才几度辉煌,绵延至今。同汉族一样,各个少数民族均为中华文明的发展做出了不可磨灭的贡献。然而也应当看到,由于种种原因,迄今为止,我国民族地区的社会整体发展还处于相对落后、迟缓的状态。

当前,在党和政府领导下,改革开放正推动着中国社会以前所未有的速度向现代化迈进,如果民族社会的发展步伐不能及时跟上,民族地区的欠发达问题不能得到根本解决,整个国家的现代化进程将势必受到影响。在党的十六大报告中,江泽民同志明确提出,要大力支持"少数民族地区加快发展",要"争取十年内取得突破性进展"。同时郑重指出:"实施西部大开发战略,关系全国发展的大局,关系民族团结和边疆稳定。"记不清哪位学者这样说过:只要有贫穷落后的西部存在,中国就永远只能是一个发展中国家。也许正是因此,国家适时地启动了西部大开发战略。面对这样一项宏伟、豪迈而又紧迫的事业,大众传播业当然不能袖手旁观、无所作为。根据发展传播学原理,本文即试图对大众传播如何在西部开发,尤其是民族地区社会发展的宏伟大业中发挥作用问题,从宏观思路上略陈浅见。

---

* 本文原载于《新闻传播学前沿 2004》(北京广播学院出版社 2004 年版),收入本书时有改动。

一、大众传播何以促进民族社会发展

在总结中国的历史经验时,邓小平同志曾经指出:"三十几年的经验教训告诉我们,关起门来搞建设是不行的,发展不起来。"① "我们吃过这个苦头,我们的老祖宗吃过这个苦头……如果从明朝中叶算起,到鸦片战争,有三百多年的闭关自守,如果从康熙算起,也有近二百年。长期闭关自守,把中国搞得贫穷落后,愚昧无知。"② "中国在西方国家产业革命以后变得落后了,一个重要原因就是闭关自守。"③

小平同志的见解无疑是高屋建瓴的,是透辟、深刻的,他屡屡提及,无疑也是经过深思熟虑的,这也是他坚定不移地坚持改革开放的原因所在。那么为什么说"封闭"是阻碍"发展"、导致中国落后的重要原因?应如何认识社会封闭与落后、与发展之间的关系?我们不妨以现代系统科学中的耗散结构理论为依据,从传播学的角度做一些解读。

耗散结构理论最初是从热力学与统计物理学的发展中产生的,是研究自然界耗散结构的性质、稳定及其演化规律的一种系统理论。所谓耗散结构,简单一点说,就是指远离平衡态的开放系统通过耗散运动所形成的一种动态的、稳定的有序结构。该理论告诉我们:任何一个系统,在没有外界干预的情况下,总是自发地沿着从有序到无序的方向发展,在这个过程中,系统内的"熵"量总是增加的——也就是说,所谓熵,是一个反映系统无序状态的变量。一个系统的熵量越大,其无序程度越高。一个系统如果要想避免因熵量的增加而混乱无序、解体或死亡,就必须不断地引进"负熵",抵消可能导致系统涣散、变形的熵产生,以增强系统的协同力和自组织力——如果熵产生大于负熵流,系统将趋向无序;反之,如果负熵流大于熵产生,系统则趋向有序。

---

① 中共中央文献编辑委员会. 邓小平文选:第3卷 [M]. 北京:人民出版社,1993:64.
② 中共中央文献编辑委员会. 邓小平文选:第3卷 [M]. 北京:人民出版社,1993:90.
③ 中共中央文献编辑委员会. 邓小平文选:第3卷 [M]. 北京:人民出版社,1993:64.

耗散结构理论说明，一个系统要正常地维持和更新，实现从无序向有序的演化，就必须不断地与其所在环境之间进行物质、能量的交换。随着系统科学的发展，人们逐步认识到，这一理论不仅可以阐释自然界的系统演化现象，在一定程度上它也可以用来讨论人类社会的发展问题。系统科学认为，系统是物质存在的普遍形式，不论宏观世界还是微观世界、有生命的物质还是无生命的物质、自然界还是人类社会，都不过是层次有别、内涵各异的系统。对于社会系统而言，所谓"封闭"，自然是多层面的，但从传播学的角度看，则主要是缺乏信息的交流。一个社会，一个人，都可以看作是一个自足的系统。无论是一个社会的封闭，还是一个人的封闭，其实质都不过是缺乏与外界的交往，缺乏来自外界信息的冲击。

根据信息论的创始人香农的定义，所谓信息，所反映的是一种"不确定性"的减少或消除，信息量越大，一个系统的不确定性就越少，一个社会的有序化程度就越高——可见，信息所描述的系统运动过程是朝着有序化方向发展的，是一个消除系统混乱从而达到有序化的变量，其所描述和反映的系统运动过程和方向与"熵"正好相反。所以我们认为，在社会系统的发展、变化过程中，信息即是一种"负熵"。所谓引进"负熵"，对于一个人而言，即开阔视野，增长见识，优化知识结构，提高认识水平；对于一个社会来说，就是通过与外界的信息交流，输入能够为文化进步带来活力的信息，输入对社会发展有促进作用的信息。信息具有增值、创新和再生的能力，通过信息的新旧代偿，系统中过时、老化、衰退的因素会逐渐压缩、去除，同时新生因素会逐步成长、壮大。信息资源的扩充是无限的，一个处于开放状态的社会系统，随着源源不断的新信息的流入，一系列新生因素就会逐步在社会结构中起支配作用。相反，封闭则会使一个社会丧失应有的生机和活力。"只有在开放的情况下，由于足够的负熵流的存在，系统才有可能产生以耗散外界物质或能量为条件的耗散结构。"[1] 正如耗散结构理论的创始人、诺贝尔化学奖得主普里高津所指出的：开放导致有序，封闭导致无序。

---

[1] 高奇. 系统科学概论 [M]. 济南：山东大学出版社，2001：113.

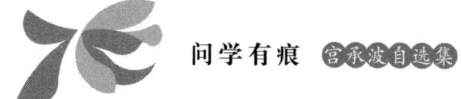

总之,打破封闭,实施开放,加强交流,海纳百川,不断地输入外界信息,广泛吸纳人类文明的优秀成果,是一个社会、一个民族生生不息的力量源泉。只有开放、交流,内外信息系统形成对流,一个社会才能得到有序、健康的发展。

我们知道,近代以来,导致中国贫穷落后的原因是多方面的,但小平同志却将"闭关自守"视为其中的"重要原因",无疑是有深意的,我们的解读只能算是一种尝试。但受小平同志的启发,我们却不难想到,我国民族地区的发展之所以长期滞后,在很大程度上也不能不说是民族社会长期封闭所造成的。

新中国成立以前,历代统治者都对少数民族采取歧视政策,对他们屡屡镇压、驱赶,导致他们被迫远离中心地区——我国各少数民族主要分布在祖国西部、西北部和西南部,而且大多聚居在山地、高原、沙漠、草原等人烟稀少、自然条件较差的边远地带。由于地处偏僻,交通不便,或山高林深,或大漠阻断,外面的人不易进,里面的人也不易出,因而形成了天然屏障,长此以往,也就自然地阻碍了民族社会与外界的交流。另一方面,同样由于统治者的歧视、压迫,长期以来,各少数民族群众对外族人、外族世界逐步形成了一种不信任感、隔膜感,对外界普遍有一种回避、害怕交往的心理,久而久之,也在一定程度上造成了民族社会与外界的人为隔绝。正是自然与社会的双重原因,导致了各少数民族聚居区成为一个个相对独立、封闭的社会系统,导致了民族社会千百年来的长期封闭。

正是长期封闭,长期缺乏与外界的信息交流,从而造成民族社会与中华文明、与人类文明整体发展的联系受到影响,进而导致社会发展的滞后。直到新中国成立时,我国各少数民族社会多数还处于农业文明初期,甚至游耕文明阶段。新中国成立以后,到改革开放,以至今日,在党和政府领导下,虽然这些地区都取得了不同程度的进步,但由于基础差、起点低、起步晚,所以就整体而言,其社会封闭、发展滞后的基本状况应当说并没有从根本上得到改观,与东部发达地区强劲的发展势头相比,其社会差距甚至呈现出逐步拉大的趋势。

社会的封闭势必导致人的封闭、人的心理的封闭。到民族地区走一走，看一看，与少数民族群众叙一叙，聊一聊，这种感受就尤为深切。由于生产上的自给自足（有些地区甚至至今还存在着交换中的以物易物、分配中的原始共产主义等风习），导致广大少数民族群众普遍呈现出一种内倾性性格，其主要表现是：知足常乐，满足于现状，满足于现有的生产、生活方式，缺乏发展与进取的欲望；目光短视，向内，缺乏走出村门、寨门的勇气，缺乏向外的开拓意识和冒险精神，甚至对外界存有一定程度上的防范意识，不愿与外界交流。性格是社会的产物，不同的社会形态下自然会产生不同的性格类型，上述内倾性的性格表现无疑都是民族社会长期封闭的必然结果。从宏观方面说，人的思想观念和思维方式是由社会文明形态、社会的生产和生活方式所决定的，处于农业文明初期的民族当然不可能产生工业社会的观念和思维方式；从微观方面看，由于分享不到人类文明发展的先进成果，不了解外面世界的变化，心理上受不到应有的刺激，人们自然也就容易满足于现状，容易产生一种倚重经验和习惯的心理定式和思维模式，因而也就难以产生内在发展的愿望和冲动，更难以产生向外的开拓意识和冒险精神。

民族地区要想真正摆脱落后面貌，从根本上改变"欠发达"状况，当前的一项重要任务就是积极主动地采取有力措施，打破社会封闭，加强与外界的信息交流。这即是"信息扶贫"论提出的依据。当前，世界范围内的现代化进程正一日千里，我国东部地区的发展也正在迅猛推进，民族地区要想尽快摆脱落后局面，尽快缩短与发达国家、发达地区之间的差距，就必须采取超常规措施，谋求跨越式发展。从信息传播角度看，目前可以说是一个千载难逢的机遇。随着我国加入世贸组织和国家西部大开发战略的实施，随着商品、资金、技术和信息的自由流动，与此相适应的思想观念、思维方式等也正如影随形，在有力地冲击着每一个古老的、封闭的社会。如能抓住这一机遇，采取有力措施，将民族地区与发达地区、发达国家之间的信息交流推向一个新的层级，必将对各民族社会的开放步伐和发展进程给予有力的推动。

信息交流的途径自然很多，比如可以采取有力措施，吸引各类优秀人才到民族地区工作——他们必然会带来有关的现代化知识和科学技术信息；可以鼓励少数民族群众到发达地区就业、打工——以他们为中介，能够将各种现代化信息传递回民族地区；更重要的如教育——教育是百年大计，是培养、教化新型国民的主渠道，是向广大民众尤其是青少年一代传播、传递现代化信息的主渠道。然而由于教育经费短缺、师资不足等原因，当前民族地区的正规学校教育还远远不能满足社会发展需要。大众传播由于在信息传播方面具有得天独厚的优势，自然会格外引起我们的关注：批量、快速、大面积地传播信息是大众传播的基本职能，大众传播具有公开性、权威性、显著性和直达性，能够在短时间内将同类信息大面积扩散，造成普遍影响。从个人方面说，在相对闭塞的社会里，大众传播能够通过海量信息的提供，把外面精彩的世界展现给偏居一隅的人们，从而开阔人们的眼界；通过提供典范、样板，通过提供新的是非标准和行为规范，从而有效地促进人的现代化。从社会方面说，作为舆论工具，媒介具有创造"环境"的功能，通过创造有利于开放的环境，大众传播能够架设起传统社会与现代社会之间的桥梁。因此，从打破社会封闭、加强信息交流的角度说，大众传播对于促进民族社会发展的确是大有可为。

二、大众传播促进民族社会发展基本方略

实践一再提示我们：大众媒介所发出的信息并非都能被广大社会成员所理解和接受，更不一定完全按照传者意愿使广大受众产生共同的信念和行动；实践还表明，在某一社会、某个时期成功的传播方式，在另一个时期或不同的社会环境中则可能会遭到失败。由此不难理解，大众传播效果能否实现、社会功能能否发挥，归根结底取决于传受双方的关系。谈到"关系"，我们就会自然地想到，传播必须与其所面对的社会环境相协调，必须与受众心理需求相契合。面向民族地区的大众传播自然也不例外。

首先引起我们关注的自然是信息，传播是以信息为基础的，一切传播活动都要围绕信息而展开。

"发展才是硬道理"，发展是当前我国整个社会的大趋势，自然也是民族

地区信息传播的主旋律。所以，关于民族社会的信息输入，其发展性信息的构建自然也就具有了核心意义。据笔者查阅，关于"发展信息"的提法始于施拉姆①，但施拉姆只是提及、使用，并没有给出一个明确的概念。为了论述的需要，我们不妨暂且给出这样一个定义：所谓发展性信息，即指由大众传播媒介所传播、所扩散的对社会发展能够有效地发挥积极、促进作用的媒介信息。

什么样的媒介信息能够对民族社会有效地发挥积极、促进作用呢？甘肃省甘南藏族自治州卓尼县恰盖乡的牧民群众曾讲过这样一段话："哪怕我们个人少吃上点，少穿上点，也要拿出几个钱来办电视。我们要从电视中看看外面的先进事情，增长知识，早日脱贫致富。"② 中央电视台西部频道（CCTV-12）《西部论坛》栏目的制片人则这样认为："人们总爱问'西部最需要的是什么？'有人说是资金，有人说是设备，还有人说是人才，这些固然是西部紧缺的东西，但是我认为西部目前最需要的是思维的更新和观念的碰撞。"③ 这些说法都在一定程度上为我们构建媒介信息提供了启示。

我们知道，所谓"现代化"，主要包括物质、制度和行为三个层面。所谓物质层面，也即技术层面的现代化，由于能够直接给人们带来实惠，所以一般遇到的阻力较小，甚至还颇受欢迎；所谓制度层面，指政府行政组织是否合乎分层负责原理，管理是否具有科学性，法律制度是否适应时代需要，等等，是支持一个社会工业生产与商业发展所不可缺少的保障。然而制度层面的现代化对传统社会具有一定冲击性，因而势必会遇到一定阻力；所谓行为层面，即心理层面的现代化，是就个体而言的，是现代化最为深入的层面。社会的剧烈变革势必引发社会环境和个体生活的空前变化，势必要求个体心理上的适应，以及态度、行为上的支持。但由于民众之行为、心理层面的现代化一定程度上可能会动摇一个民族的"传统"，所以一般来说遭受的抗拒最大，转变也最慢。一个社会的现代化，其基础在于民众，在于民众是否具有

---

① 施拉姆. 大众传播媒介与社会发展 [M]. 北京：华夏出版社, 1990: 81.
② 甘南州电视志（内部资料）[M]. 135.
③ 西部频道. 制片人的话 [EB/OL]. [2003-10-11] .http://www.cctv.com/west/jclm/xblt. shtml.

现代化的观念与行为模式,如果没有民众从心理、态度到行为的现代化,一个社会的现代化是无法真正实现的。所以发展也好,现代化也好,都是复杂的系统工程,都不是一朝一夕就能奏效的。改革开放以来,在各种现代化信息的冲击和促动下,我国经济、社会整体发展均已取得突破性进展,但对于广大少数民族群众来说,由于封闭太久,积淀太深,来自各种现代化信息的冲击还似乎有些隔靴搔痒的味道。因此,笔者倾向认为,当务之急应当是通过各种形式大量输入现代化的思维、观念信息,以帮助广大少数民族群众解放思想,启动思维,以适应社会改革开放和跨越式发展的需要,促使人们尽快融入西部大开发的热潮,融入世界经济一体化的洪流。

还应当指出的是,所谓发展,并非单一的经济发展,从20世纪70年代开始,"发展"概念便已由单一的经济取向转变为经济、社会综合取向。从促进民族地区经济发展、社会进步、文化繁荣的综合目标出发,大众传播应当注重其多元性功能的发挥,注重传播内容的丰富性;作为民族地区信息传播的重要渠道,应当注意加大地方性、区域性信息的传播力度,既要注意广度,也要注意深度,使少数民族群众在了解外部世界的同时,更能深入、清晰地了解自己的世界;作为国家意识形态的重要组成部分,应当注意成为维系党、政府与少数民族群众关系的重要桥梁,对于维护祖国统一、促进民族团结发挥应有的积极作用;等等。

那么,民族社会的信息输入系统可否由以下几方面构成呢?

一是经济信息。其目的自然是守望经济动态,沟通经济信息,促进民族地区经济发展,直接为民族地区经济建设服务。

二是现代科学技术信息。从消除愚昧、培养民众科学精神的长远目标着眼,应重视对各类科技信息的介绍,包括现代的高科技前沿信息。而针对现实需要,则应尤其重视和加强对适宜民族地区扩散的各类应用性科技信息的传播。

三是积极向上的文化观念信息。包括现代化的发展观念、市场观念、科学观念、计划生育观念、医疗卫生观念,以及生态、环保观念等。

四是健康有益的政治观念信息。如国家统一观念、民族团结观念、社会稳定观念，以及现代社会所必需的民主、法治观念等等。

五是服务性信息。指与人民群众生活息息相关的各类指导性、实用性信息。

六是文化教育信息。当前我国民族地区存在的一个重要问题是教育水平低、文盲比重大。我们知道，一个文化水平普遍落后的民族是一个没有希望的民族，在一个文盲充斥的社会里是无法进行现代化建设的。随着传播技术的进步，大众传媒已日益明显地成为当代社会中具有强大教育功能的传播机构，这一功能，对于发展中国家，尤其是教育水平亟待提高的我国广大少数民族地区来说，其意义尤为重大。所以，关于文化教育信息的构建与扩散，也是民族地区大众传播不可推卸的重要责任之一。

以上所述，无疑均属于"正面信息"范畴，然而健全、完善的大众传播既应当包括"正面信息"，也应当包括"中性信息"（调节性信息、娱乐性信息）和适量的"负面信息"（反信息、刺激性信息）。2000年，对内蒙古电视台蒙古语电视观众的一项调查显示，观众收看电视节目的目的主要有以下几种：①了解党和政府的方针政策；②了解国内外大事；③获取信息和增加知识；④文化娱乐需求。[①] 其中，所谓"文化娱乐需求"，自然也就是中性信息；所谓"国内外大事"，包括正面信息，当然也包括负面信息。只是，从民族地区社会"发展"的大局出发，为了社会能够稳定、健康地发展，对于中性信息尤其是负面信息的传播应加强量的控制，保持适宜的比例，从而使其既能有效地发挥"刺激"作用，同时又不至于失控，不至于产生负面效果。

当然，上述的所谓信息构成只是根据民族地区的一般共性所进行的一种原则性讨论，面向具体区域的信息构建应当针对各区域社会实际而具体分析、具体对待。笔者初步研究认为，所谓发展传播有两大核心要旨：其一在于发展性，其二即在于区域性。所谓区域性，即定向、定位传播。就是说，关于发展性信息的构建应当注意研究所面向地区的历史和现状，注意配合当地政

---

① 中国广播电视年鉴编委会.中国广播电视年鉴（2002）[M].北京：中国广播电视年鉴社，2002：266.

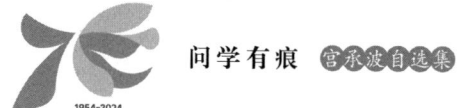

府的发展政策和发展规划,应当根据地方发展实际和区域信息需求,有的放矢、有针对性。

其次应当引起我们关注的是传播策略。所谓定向、定位传播,不能仅仅理解为传播信息、传播内容的区域化和地方化,同时也应当包括传播策略、传播方式的民族化或本土化。

大众传播中的传受关系是一种平等关系,不是上对下的关系,所以其发展性、指导性内涵的传播不能靠指手画脚的姿态,更不能靠命令、教训的口吻,而是应当化于一种潜移默化的熏陶、引导和服务之中。实践证明,关于民族地区发展性信息的传播,不论其动机如何善意,如果无视传播策略,而以一种居高临下的姿态进行强制性引入的话,那么广大民族地区受众则未必会买账,甚至可能会事与愿违地导致文化排拒现象。所谓文化排拒现象,是指在文化传播过程中在受众一方出现的对于异文化信息或非习惯性传播方式的抗拒心理或抗拒行为。作为一种社会共同体,现代意义上的民族,其社会成员除了具有某些共同的外部特征之外,更重要的是具有建立在文化传统、价值观念、行为模式以及宗教信仰等基础上的共同的民族意识与民族心理等内部特征。以服务受众为宗旨、以传受关系为根本的大众传播应当对此有充分认识,并给予充分尊重。

所谓本土化传播策略,笔者认为,其主要内涵和实质就是要自觉地确立一种服务立场和服务姿态,也即意味着要尊重受众、服从受众,一切从受众出发,一切为受众着想,尽可能采用各少数民族群众所喜闻乐见的方式,有针对性地建构起传受双方的互动关系,建构起具有民族特点与民族适应性的传播体系。

其一是采用本民族的语言文字为传播符号。语言文字是传播的符号,也是信息的载体,语言文字不通无异于信息不通。只有以各少数民族的语言文字为传播符号,大众媒介信息才能在少数民族受众中得到有效的传播。同时,同汉语语音具有方言差异一样,各少数民族语言的语音也有方言差异,所以对于大众传播尤其是倍受少数民族群众青睐的广播电视来说,其传播不仅要使用少数民族语言,还应当发挥小中波和小调频的作用,尽可能使用本地区语音。如西藏台的藏语广播，应根据不同地域分别使用拉萨语和康巴语，而青海台的藏语广播则应使用安多语；广西台的壮语广播，应分别使用南部壮语与北部壮语；云南台的傣语广播，也应分别使用西双版纳傣语和德宏傣语；内蒙古自治区的东部应分别使用科尔沁方言、巴尔虎方言、蒙古真方言，西部地区则应分别使用察哈尔方言、卫拉特方言、鄂尔多斯方言和乌拉特方言；等等。

"据不完全统计，时至20世纪末，我国共有17种少数民族文字的报纸136家，总发行量为14830多万份，涵盖十多种少数民族文字的各类期刊已达150余种，总发行量为1280多万册。广阔而边远的少数民族地区已经逐步建立起了以党报为核心、以其他报刊为补充的少数民族报刊网络，四面辐射八方延伸到少数民族社会生活的各个层面和领域。"[①] 与此同时，我国少数民族广播电视事业也呈现出传播规模不断扩大、传播水平不断提高以及传播效果日益显著的良好态势。20世纪80年代以来，国家先后多次投入巨资实施了少数民族语言节目译制工程，目前，各少数民族地区基层群众收听、收看广播电视难的问题已经基本得到解决。西藏广播电台藏、汉语节目播出量已分别达到16小时10分钟和21小时30分钟，日增加播出量总计8小时20分钟；西藏、新疆、内蒙古等少数民族自治区电视台都已设有时间固定、栏目丰富、内容新颖、形式多样的少数民族语言的彩色电视节目；各少数民族自治州（盟、市）的电视台除了翻译转播中央电视台、省（区）电视台的节目外，还有部分自采自制的电视节目播出。如今，迅速发展的各种少数民族语言文字的报纸、广播、电视、电影以及期刊正在搭建起各民族社会与外界交流的信息平台，成为广大少数民族群众了解外部信息、丰富文化生活、提高物质文明与精神文明水平的重要途径。

其二是以本民族的社会生活为信息载体。民族地区的大众传播，应尽可能以本民族社会生活为背景，如新闻、专题类节目要注意宣传本地区、本民

---

① 益西拉姆. 中国西北地区少数民族大众传播与民族文化［M］. 兰州：兰州大学出版社，2002：76.

族的社会变革与发展进程、建设成就与建设过程、文明行业与文明单位、典型事迹与典型人物等；文艺类节目也应尽可能将现代化观念、发展性信息体现在本民族社会生活的展现中。本民族的人、本民族的事、本民族的语言、本民族的服装、本民族的地域、本民族的风俗、本民族人的情感、本民族人的意志，总之，全方位的"本民族"背景会使广大少数民族受众感到更自然、更亲切，因而对于其中所携带的信息也就更容易接受和认同。

其三是顺应当地的民风民俗。尊重受众，服务受众应当是全方位的，对于民族社会的民风民俗，大众传播务必应高度重视，充分尊重；要想提高传播效果，就要"顺着来"，而不能逆着行。即便是对受众的一些生活习惯、生活规律，大众传播也不能漠然无视，这一点，内蒙古电视台对蒙古语节目的安排是一个很好的示范。由于生活环境、民族文化和生活习惯的关系，蒙古语电视节目所面对的是一个特殊的收视群体，这个群体既包括乡村牧区观众、半农半牧地区观众，也包括一些旗县级观众、城市观众以及部分区外、国外观众，但其中的主力军无疑是乡村牧区观众。从生活习惯看，乡村牧区观众白天需要放牧、清扫棚圈、储备饲料等，参加一系列生产劳动，只有傍晚收工之后才有时间观看电视节目，所以他们收看电视节目的黄金时间在每天晚间的19：00～22：00。根据这一收视群体的收视规律，内蒙古电视台随即将全部强档节目集中安排到了这一时段。①

新中国成立以来，在党和政府领导下，我国民族地区的大众传播事业不断发展，日益兴旺。尤其是改革开放以来，随着社会改革的不断深入和我国政治、经济、科技、文化事业的迅猛发展，国家采取了一系列措施，从而使广大民族地区的大众传播事业取得了历史性飞跃，目前已经初具规模。同时，大众传播也已在民族地区建立起相当的影响力，从而为大众传媒通过信息扩散促进民族社会发展提供了有力前提。近年来，随着大众传媒的发展，特别是电子传媒在民族地区的日益普及，面向民族社会的大众传播，无论是媒介

---

① 中国广播电视年鉴编委会. 中国广播电视年鉴（2002）[M]. 北京：中国广播电视年鉴社，2002：266.

规模，还是媒介传播中现代性信息的含量、传播方式、传播水平，都已有了长足进步，对于广大少数民族群众的影响已日渐广泛和深入。同城市生活一样，读报纸、听广播、看电视已成为越来越多少数民族家庭的日常生活内容，尤其是看电视，已成为广大少数民族群众日常生活的重要组成部分。广泛延伸的大众传媒无异于向广大少数民族群众展现了一个个丰富多彩的大千世界，各种形式的现代化信息、发展性信息正在以前所未有的强度冲击着人们传统的思维方式与行为模式，封闭的民族社会正在被逐渐打开。

国内外大量实践表明，只要我们重视信息构建，讲究传播策略，注意信息输入的组织性、秩序性，大众传播就一定能够成为民族社会转型与变迁的促动力量。

试论大众传媒与少数民族文化传播*

随着改革开放的不断深化和现代化进程的逐步加快，在现代文化、外来文化和市场经济的全面冲击下，当前，中国少数民族文化的处境越来越令人堪忧。如何有效地保护少数民族文化，已经成为一项刻不容缓的任务。本文试图从大众传播角度，在理论与实践相结合的层面上对这一问题做出探索。

一

让我们先来看一篇短文：

听黑龙江社科院的黄任远老师讲，现在能唱"伊玛堪"的赫哲人已经所剩无几了。伊玛堪是赫哲族的英雄史诗，是世代相传的口头说唱艺术，它的价值是可以同"嘎达梅林""格萨尔王"相提并论的。因此，我迫切地渴望亲耳听听这部伟大的史诗，成为它最后的见证人。

从同江市到街津口赫哲族聚居地，是成片的白桦林和大湿地，以及丰富的色彩交织着的三江平原，一直延伸到黑龙江边。这里就是赫哲人世代生存着的土地，狩猎、打鱼、喝酒成为他们生活的全部。

在黄老师的引荐下，我终于见到了这个村子最后一个会唱伊玛

---

* 本文原载于《新传媒》2012 年第 1 期，收入本书时有改动。

堪的老人。当我走进他的家时，老人正在做工艺品。仔细看来，才发现那都是用鱼的骨刺做的，大多是花鸟虫鱼。上面涂着鲜艳的色彩，形态各异，栩栩如生。老人的女儿告诉我这是她父亲的手艺，做了一辈子了，偶尔拿到集市上去卖。赫哲人直到现在还用鱼皮做衣服，我有幸看到整个制作过程，听说已经被国外的博物馆收藏。老人已经八十多岁了，身体不太好，有着赫哲人爽朗的性格和典型的相貌，思维却格外地活跃。他每天的事情就是挨家挨户收集鱼骨，回来剔净，漂白晒干。那些鱼刺在他的手里拼拼接接，转眼间就变成了形态各异的小动物了，非常有趣。老人还会吹口弦，那是他的姥娘教会的。口弦是用两根铁丝做成的，十分简单，却是赫哲人那个时代唯一的乐器。用这两根铁丝吹出美妙的旋律，真是不可思议。老人在我的要求下，吹起赫哲族的歌谣，他说这是小伙子向姑娘求爱的曲调，他年轻时跟姑娘相恋时就吹这个曲子的。我拿来试试，连声音都没吹出来，看来这吹奏的技巧是很高的。老人的孙女在一旁看着，我问她为什么不跟老人学学，她说她不喜欢。小姑娘16岁的样子，穿着比较时髦的牛仔裤，连一句本民族的话都不会说了。老人叹口气，说等他死了，这村子里会说赫哲语的人就没了。老人的眼里流露出无限悲凉的神情，许久无言。那是对一种深深眷恋的根的追溯，也是对一种正在远去的文化的凭吊，但是他无法挽留。老人的女儿便安慰他说至少她还会跳舞呢！她便带着两个女儿一边唱一边跳起赫哲族舞蹈，两个小姑娘的舞姿明显不如她们的母亲。母亲说这些平时是不跳的，只有在乌日贡大会上才跳的。而两个小姑娘非常拘谨，有些不太情愿。当我问她们为什么放不开手脚时，她们说不好看。我有些惊愕，问她们什么好看，她们吞吞吐吐地说电视里演的才好看。

  我此刻也像老人一样说不出话来，抬头望见滚滚的黑龙江水，好像看着一个强大的背影正在慢慢地转过身去，消失在那茫茫的江水与苍凉的大地之中了。

老人这时开始唱起伊玛堪。这部史诗说的是英雄莫日根的故事。老人唱起来,那悲凉的声调穿越苍茫的时空,一下子把我震撼了。不知为什么,我突然泪流满面……

不久,我听黄老师讲最后一个能唱全伊玛堪的老人去世了。现在我不知道这位孙姓老人是否还安康。①

读罢这篇短文,想必大家的感受是相似的,会有一种无奈的悲哀和伤痛感袭上心头。本人曾在中央民族大学师从著名人类学家、社会学家、民族学家林耀华先生、宋蜀华先生做博士后研究,对来自少数民族的信息有一种特殊的敏感,所以其悲哀感和伤痛感可能也就更深一层。事实上,上述赫哲族老人的悲哀、"伊玛堪"的危机,在当前的民族地区是具有一定普遍性和典型性的。如"众低独高"、复调式多声部合唱的侗族大歌被国内外誉为民间音乐的奇葩,但近年来由于外出打工的人增加,歌手出现严重断层现象,也正面临着后继无人、濒临失传的境地。会唱大歌的大都是50岁以上的老人,年轻人学唱大歌的已寥寥无几。②

文化是一个民族的灵魂,一种文化的消失在某种程度上也即意味着一个民族的消亡。

历史告诉我们,无论今天的发展状况如何,每个民族都曾经历了数千年的风雨兼程,每个民族的文化都是无数前人智慧的积淀和结晶,都有其独特的个性和优长。当然,由于受各种生存环境和文化传统等主客观条件的制约,任何一个民族的文化都必有其精华,也必有其糟粕。所以,文化的多元共存、相济互补是人类精神家园的财富,是人类之福。联合国教科文组织总干事F. 马约尔在《世界文化报告》的序言中曾经指出:"一个物种从基因的多样性汲取力量;生态系统从生物的多样性汲取力量;人类社区从文化的多样性汲取力量。"③然而,由于自然或人为的原因,人类文化的多元格局却一直在遭到

---

① 李轻松. 最后的伊玛堪[N]. 南方周末, 2004-01-29.
② 陆书明. 深山里迸发的和平之声:侗族大歌[J]. 对外大传播, 2004(5):56-58.
③ 孙小礼, 冯国瑞. 信息科学技术与当代社会[M]. 北京:高等教育出版社, 2000:198.

破坏。根据英国历史学家汤因比的说法，从大的文化形态而言，世界历史上曾有过21种文化，有16种已成为历史记录，目前还活着的只有5种。尤其是近代以来，随着科学技术的发展和现代化潮流的奔涌，许多弱势文化赖以生存的经济基础和社会土壤遭到破坏；同时，在国际交流与传播中，一些科技发达、经济力量雄厚的西方国家，依托其经济、科技优势，也不断地利用各种途径、各种机会大量输出甚至强力倾销他们的文化。在这些冲击、渗透和熏染下，许多第三世界国家，特别是一些弱小民族的文化已逐步发生变异，有的已经成为西方文化的附庸，甚至已经消亡——这无疑是人类莫大的遗憾！

发展是当今时代的主旋律，民族地区的现代化发展也是不可逆转的大势所趋，但是，民族地区现代化发展的宗旨，应当是在维护少数民族文化体系及其个性的基础上有选择地吸收现代性因素，从而祛除其糟粕，催生其精华，促使其中的优秀成分进一步发扬光大，而绝不是放弃民族传统，绝不是以失去丰富多彩的少数民族文化为代价——那将是对中华民族的犯罪，也是对整个人类的犯罪！少数民族需要现代化，中国的现代化更需要少数民族，人类文明的整体发展同样需要少数民族。只有让各种各样的文明之花竞相开放，只有在一个丰富多彩的人文环境中，人类社会才能得到互补、协调的发展，人类才能永远生活在一个不断进步的自然和谐的社会环境之中。当前，关于保护自然生态的观念已经越来越深入人心，在这里，有必要着重指出的是，人文生态同样需要保护——而且，自然生态遭到破坏犹可恢复，人文生态遭到破坏却无法弥补！

怎样才能对少数民族文化进行切实有效的保护呢？笔者认为，各种抢救、保护性措施固然是必要的，也是有效的，然而却都是来自外力、依靠外力，属于被动型的保护；真正积极主动型的保护措施应当是加强传播，让少数民族文化走向世界，为人类所识，与时代共进，靠内在的活力生存和发展，这样的保护才是最为有力的保护。

历史实践证明，文化是需要交流的。只有在交流中，各种文化才能相互纳取吸收、取长补短；只有在交流中，文化才能有效地张扬个性、发展个性，才能不断地推陈出新、不断地增强其生命力。所谓交流，也就是说，既应当

有外在信息的输入,也应当有内在信息的输出。只有信息输入而没有信息输出的文化是危险的,尤其是那些由于经济落后而文化也处于弱势,文化传播难以获得机会的民族,在当前的全球化大潮中,很容易在不知不觉中丧失自己的个性,并最终导致文化的消亡。

毋庸讳言,传播与文化是密切相联的,在信息网络中穿行的绝不仅仅是单纯的实用性信息,其中必然携带着大量的文化因子。著名传播学者莫拉那曾经指出:"认为信息和传播在文化上是中性的,是我们这个时代最大的神话。"[1] 对于强势文化是如此,对于弱势文化也是如此。新中国成立前,历代统治者都对少数民族采取歧视政策,对他们屡屡镇压、驱赶,导致他们被迫远离中心地区,大多聚居在山地、高原、沙漠、草原等人烟稀少、自然条件较差的边远地带。藏在深山人未识,由于各少数民族聚居区的相对独立、封闭,各少数民族文化自然也就缺乏与外界的交流。积久成习,一直相沿到今天。因此,当前刻不容缓的紧迫任务应当是加强少数民族文化信息的输出,加强对外传播。

这自然也就向广大媒介工作者发出了召唤。众所周知,作为现代化的传播工具,大众传媒具有无与伦比的信息传播优势,所以,关注少数民族,传播少数民族文化,保护文化生态,维护文化多元性,大众传媒可谓责无旁贷。

二

在市场化风行、经济热潮一浪高过一浪的时代,仅仅从文化层面强调少数民族文化传播的意义,未免有些少气无力、底气不足了。本文试图进一步阐述的是,在如今的知识经济时代,丰富多彩、富有特色和魅力的少数民族文化不仅是值得骄傲和自豪的重要的人文资源,也是宝贵的经济资源;有效地利用这一资源,通过大众传媒加强对这一文化资源信息的传播,既具有重

---

[1] 孙小礼,冯国瑞. 信息科学技术与当代社会[M]. 北京:高等教育出版社,2000:184-185.

要的文化意义，也是一项有力的经济措施。

（一）大众传媒加强少数民族文化信息的传播，能够为大众传媒自身带来可观的经济效益

大家知道，大众传媒本来就具有产业属性——对媒介产业而言，根据大众传播学的基本原理，要想取得好的传播效果，必须尊重受众需求，考虑外部世界最希望了解、最喜欢接受民族地区哪些方面的信息。从产业角度说，受众即市场，受众即效益。大众传播只有吸引受众，抓住受众眼球，才能够增加广告收入，提高媒介效益。这就要求我们，一方面应当立足于民族地区的资源优势，另一方面又要尊重受传对象的心理需求，努力寻找和把握我们想输出的与域外受众想了解的两者之间的最佳结合点。

依笔者浅见，民族地区的信息输出不外乎以下几个主要方面：

1. 人文环境信息

关于民族地区的信息输出，一个重要目的在于加强外部世界对少数民族及民族地区的了解，展现民族地区形象，扩大民族社会影响，以争取外部投资与合作。正是从这一目的出发，民族地区的信息输出应当高度重视人文环境信息的构建。包括民族地区的建设成就信息，如经济建设、文化建设、民主法制建设及社会治安秩序等方面的成就；也包括各民族之间团结友爱的信息，如各民族之间的团结互助、中华民族大家庭的凝聚力、各民族的向心力；等等。总之，应当展现出民族社会祥和、友爱，同时又生机勃勃、健康向上的气象。

2. 物产资源信息

经济是民族社会发展的基础，而要发展经济，固然需要国家在资金、物质、技术等方面给予必要的支持，需要内地发达省市与民族地区挂钩的对口支援，以及各种善举支持；与此同时，在市场化的今天，民族地区的发展更需要自身的造血功能，需要依靠自己的优势，发挥自己的优势，如吸引发达国家、发达地区以及来自各种渠道的投资、投入等。然而，外部投资的前提是，人家必须了解我们的家底，了解我们有些什么、需要什么。所以，充分反

映出民族地区的物产资源优势，是民族地区媒介信息输出的一个重点，包括天上飞的、地上长的和地下储藏的。当然，仅仅反映出物质资源优势是不够的，同时，还必须能够有效地反映出这些物产的开发价值，反映出民族地区发展愿望与落后现实之间的矛盾，明确地将投资机会、合作机会公告外界，如寻求合作、开发的信息，呼唤资本投入的信息，以及呼唤人才参与的信息，等等。

3. 自然资源信息

从人口方面看，我国少数民族人口不到全国的10%，但其地域面积却占到了全国的大约60%。广阔的民族地区分布着千姿百态的自然风光，有崇山峻岭、急流大川，有茫茫戈壁、千里草原，也有秀美的青山绿水、旖旎的人间净土，这是丰厚的极具审美、休闲价值的旅游资源。其中有的已获得开发，正以其特有的魅力吸引着不断来往的游客；有的还是未被唤醒的"睡美人"，正在等待着投资，呼唤着开发。这一切，媒介信息都应当如实地尽可能全面、准确地反映给外界。

4. 文化资源信息

"五十六个民族五十六朵花"，千百年来，通过与大自然的不懈斗争，通过一代代人的生产与生活实践，每个民族都创造了各自灿烂的文化。尤其是各少数民族，更是个个文化特色突出、文化个性鲜明，广阔的民族地区无异于一个丰富多彩的民族文化大观园。这是我国人民值得骄傲和自豪的一份重要的人文资源，是中华民族对人类的一份贡献。

上述四类信息中，笔者认为，对于民族地区而言，在经济、科技、工业等普遍落后的情况下，文化资源恐怕是其最具优势的资源之一，其媒介信息传播中最能引起域外受众兴趣，最能吸引外部世界关注的恐怕也是那些富有民族个性和特色的文化信息。因此，对于张扬少数民族与民族社会个性来说，其文化资源信息的输出是一个最值得引起重视的方面。同外来文明、文化的传播会对少数民族群众带来心灵的震动与冲击一样，对外部世界来说，少数民族文化同样是一种异质文化，一种域外受众迫望了解和交流的富有个性的文化体系。需求就是商机，就是市场。作为对民族地区的信息输出，当然应当立足于民族地区的信息资源优势，将丰富多彩的民族文化信息纳入大众传播范畴，有利于吸引受众眼球，自然也就有利于增加广告收入，有利于提高媒介产业效益。

如上所述，民族文化信息既可以通过报纸、广播、电视等一般意义上的大众媒介传播，也可以通过一系列后开发产品，如相关书刊，再如唱片、录音带、录像带、CD、VCD、DVD等音像制品，以及媒介品牌的系列产品等传播。如运作得当，以大众传播为龙头，完全可以启动和带动起一条富有活力的大众文化产业链。

（二）大众传媒加强少数民族文化信息的传播，也是扩大民族社会影响，促进民族地区经济发展的一项重要措施

大众传播无远弗届，其少数民族文化信息的传播能够有效地扩大民族社会影响，以此为基础，可以进一步促进民族地区旅游产业以及一系列相关服务业的发展，成为民族经济的一个新的增长点。中国有句老话叫"酒香不怕巷子深"，但伴随着科技发展和大众传媒的迅速发展与普及，这句老话恐怕真的是要"老"了。

我们不妨看几个案例：

内蒙古的根河市素有"绿色宝库"之称，夏季的森林宛如绿色的海洋，冬季松涛阵阵千山卷起银色波浪。这里有被称为中国最后的"狩猎部落"的敖鲁古雅鄂温克猎民，有全国唯一的驯鹿饲养基地，是一个十分迷人的地方，可是，过去却鲜为人知。近年来，由于地方外宣干部和各路媒体记者的通力合作，借助于报刊、电视等大众传媒，"中国最后的狩猎部落"以及"敖鲁古雅""根河市"很快传遍了全国、传遍了世界。如今，这里的森林游、民俗游、冰雪游、森工文化游等正吸引着八方来客，原始、神秘、自然，可谓风味独特，魅力无穷。①

大家所熟知的著名影片《老井》讲述的是太行山区一个贫穷的老井村为水奋斗的感人故事。故事的原型就在山西省左权县拐儿镇石玉交村。随着影

---

① 卢青山：镁光灯聚焦下的根河[J]. 对外大传播，2004（1）.

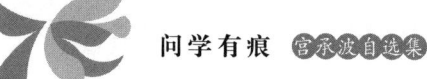

片荣获国内外一系列大奖，偏僻的石玉交村也很快出了名。后来，加拿大国家开发署不仅援助了该村的引水工程，建了新校舍，发展经济林，还为妇女开设文化、科技班，并向她们发放小额贷款，鼓励她们做生意。后来先后有18位姑娘走了出去，一位女青年开起了制衣厂，两位青年考上了大学，老井人逐步走向新的生活。①

长期以来，在依靠大众传媒加强少数民族文化信息传播，扩大地域影响，促进区域经济发展方面，云南省更是从整体上做出了有益的尝试。

云南是全国民族种类最多的省份，人口在5000人以上的世居少数民族就达25个，其中15个是云南独有，少数民族人口占全省人口的1/3强。在悠久的历史长河中，各民族均形成了独具特色的民族文化。早在20世纪五六十年代，随着电影和广播事业辉煌时期的到来，反映云南民族文化的电影、唱片等就已经大量涌现，《勐垅沙》《山间铃响马帮来》《阿诗玛》《五朵金花》《景颇姑娘》等一批云南民族题材的影片，带着神奇美丽、多姿多彩的民族特色走向全国、走向世界；《有一个美丽的地方》《阿细跳月》《小河淌水》《绣荷包》《大理三月好风光》等一批民族民间歌曲也随着电影和无线电波的扩散而唱遍全国。正是因为电影《五朵金花》和《阿诗玛》的出现，歌曲《有一个美丽的地方》的传唱，大理和路南石林才成为中国乃至世界的旅游热点，前往西双版纳和瑞丽的国内外游客才络绎不绝；《在西双版纳的密林中》，更是吸引了众多的北京、上海知青纷纷奔赴西双版纳；《纳西族与东巴文化》《洞经音乐》等也吸引了许多学者对丽江、迪庆的关注。改革开放以来，立足于地方特色和民族特色，云南的广播影视工作者又陆续创作出大量优秀广播影视作品，不仅内容更加丰富多彩，而且艺术形式也更加多种多样，如电视剧、广播剧、电视纪录片、电影纪录片、音乐电视片、电视戏曲片等诸如此类，从而使云南的民族文化信息建设及其传播呈现出全方位、多层次的立体构架。

为了加强信息输出，从1996年开始，云南省通过中国黄河电视台向美国斯克拉电视网提供了《中国云南》的电视专栏。斯克拉电视网是覆盖北美、

---

① 王虎. 走进左权听民歌［J］. 对外大传播，2004（8）.

南美和加勒比海地区的电视网络，从中可以收看到来自各个国家的未经剪辑的原始电视节目，在美国收视观众有5500万，固定观众1500万。加入该网之初，《中国云南》在每月的15日、30日各播出一期，时长15分钟，全年共播24期。从1998年开始，应对方要求，同时也为了加大云南的外宣力度，《中国云南》改为每周播出一期，时长增加到20～30分钟不等，全年达到52期。自1996年开播以来，《中国云南》已播出许多专题片，对云南的文化艺术、风土人情、人文景观、改革开放成果、经济建设成就、精神文明状况等作了方方面面的介绍，较好地突出了云南的特点，树立了云南的形象。如《云南之旅》的系列专题片，让海外观众饱览了云南的壮丽山川、风景名胜、民族风情；而《欢乐的红土地》则展现了云南25个少数民族风采各异的民俗和歌舞。一位美国人看后说："云南真是个神奇美丽的地方，明年到中国旅游一定要去那里！"①

总之，一系列广播影视作品的涌现，一系列大众媒介信息的输出，使云南的少数民族文化得以四处传扬。可以这样说，云南的民族文化为大众传播提供了丰厚的营养，同时，云南的民族文化也因大众传播而有效地扩大了影响，从而引起了外界对这片神奇土地的强烈关注。

在此基础上，近年来云南省关于发展民族文化产业、建设民族文化大省的努力已初见成效。按照省委、省政府的规划部署，云南各地纷纷开展了各具特色的民族文化品牌建设，在对民族文化进行保护、继承和弘扬的基础上，民族文化产业尤其是旅游产业已经逐步兴旺、发展起来。如被列为世界文化遗产的丽江，近年来旅游业十分红火，吸引国内外游客的除了其神奇秀丽的自然风光外，更有举世无双、原汁原味的纳西东巴文化。据《光明日报》报道，经过开发、扶持的以东巴宗教仪式、东巴歌舞、东巴字画为主的东巴文化产业，目前的年收入已超过千万元。被称为"音乐活化石"的纳西古乐，经过开发、培植和发展，已形成以"宣科古乐队"为代表的纳西古乐产业，仅以宣科为会长的纳西古乐会1999年的收入就超过了250万元。"旅游业在

---

① 新世纪的云南形象[M]昆明：云南人民出版社，1998：239-240.

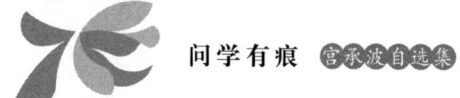

民族文化中找到钱,民族文化在旅游业中找到了路。"丽江地委宣传部部长的一席话道出了弘扬民族文化与发展旅游产业之间的内在联系。①

实践证明,将民族文化推向市场,大力发展民族文化产业,既有利于少数民族文化更大范围地展示与传播,有利于少数民族的优秀文化走向世界,同时,也是发展民族地区经济,推动民族地区发展,创造民族社会辉煌的切实可行、切实有效的好路子。在这一整体战略中,大众传播具有举足轻重的龙头作用。从大众传媒的信息传播入手,从特色起步,以特色带发展,可以培育、发展出以民族文化信息输出为主体的文化产业集群。云南的经验足以令我们感到鼓舞。

崇拜强者是人的天性,而关注弱者、扶助弱者则是一种品格,一种深广的大爱。著名教育家陶行知先生,著名社会学家、平民教育家晏阳初先生,当年都是拒绝了高薪聘请和安逸的生活,而将自己的青春年华归属给农民,归属给了平民教育;著名社会学家费孝通先生,著名人类学家、吾师林耀华先生,都是20世纪三四十年代留学欧美的洋博士,然而他们却一生志在富民,关注农村,关注少数民族。林耀华先生一生主张把种子埋进土里,费孝通先生则自嘲自己一生专与穷人交朋友。然而,他们都赢得了朝野上下的普遍尊敬,成为横跨人文、社会科学的一代大家。请允许本人在此大声呼吁:敬请学界、业界的有识之士多来关注少数民族,敬请为少数民族的文化传播献一份爱心,尽一份力量吧!

---

① 徐冶,刘昆.民族文化渐成产业:云南倾力建设民族文化大省[N].光明日报,2000-09-19.

试论勒纳的传播与发展理论[*]

一

1950年到1951年美国哥伦比亚大学应用社会研究所对埃及、土耳其、约旦、叙利亚、黎巴嫩、伊朗等六个中东国家做过一次大规模的社会调查——这也是一个著名项目,获得了丰富的调查资料。对这次调查的资料,美国当代社会学家、马萨诸塞技术学院的社会学教授、国际研究中心成员丹尼尔·勒纳(D·Lerner)做了详尽的分析、研究。在此基础上,他于1957年在美国《行为科学》杂志发表了题为《传播系统与社会系统》的论文。在这篇论文中,勒纳首次分析了传播与社会之间的关系,指出了传播在社会变迁中的重要作用。1958年,勒纳又出版了著名的《传统社会的消逝——中东的现代化》一书,该书全面系统地推出了他关于传播与社会发展的理论框架,正是该书奠定了他在发展传播学史上的开创者地位。

勒纳关于传播与发展思想的理论前提是将传统社会与现代社会视为对立的两端,认为社会的发展是从传统社会趋向现代社会,介于它们之间的则是过渡社会。据此勒纳认为,所谓现代化,无非是一种发展、一种运动,是从传统社会向现代社会演变、过渡的过程。他认为,在这一过程中,大众传播是重要参与力量,对现代化进程具有重要的促进和推动作用,这便是他的传

---

* 本文原载于《山东大学学报》2002年第6期,与艾红红合作,收入本书时有改动。

播与发展思想的基本论点。

勒纳首先根据拉斯韦尔的5W模式，区分了公众传播系统的两大类型：口头系统与媒介系统，亦即亲身传播与大众传播。然后，通过与有关调查资料的对照，勒纳发现，只有少数社会的公众传播系统与上述两种类型的典型模式相吻合，而更多的社会公众传播系统则是介于两种模式之间。同时他还发现，人类的传播形态与社会形态及其发展水平是相适应的，即越是传统的社会其公众传播越是趋向于口头系统，而越是现代的社会其公众传播则越是趋向于媒介系统；其发展趋势则是从传统社会的口头传播向现代社会的大众传播演变。由此勒纳断定，传播系统是整个社会系统变化的指针与动因。

为了使其观点得到有力的说明，勒纳采用社会统计方法做了考察和分析。通过对54至73个国家的资料进行统计分析，勒纳归纳出社会经济、政治、文化三个方面的参与指标，证明这些指标能够较好地综合代表整个社会系统。其中，文化指标可具体为国民的识字率，政治指标可具体为全国大选的投票参与率，社会经济指标可具体为都市化率。同时，勒纳又归纳出日报发行量、广播听众数和电影院座位数三个指标以反映传播系统——统计结果显示，这三个指标具有高度相关性，可综合形成一个指标，代表传播系统。在此基础上，通过对社会系统与传播系统指标的对比分析，勒纳证明了传播系统与社会其他系统之间的显著相关性。

以上述工作为基础，勒纳进一步探讨了大众传播在现代化过程中的作用与意义。在资料分析中，勒纳看到，所谓口头传播、专制政体、文盲文化、农业生产、地域封闭和非流动性的心理状态等等，是传统社会的基本特征；伴随着从传统社会的口头的人际传播向现代社会的大众传播方式的演变，便会出现由产品经济向商品经济、专制政体向民主政体、文盲文化向读写文化，以及有关精神和心理方面的转变。他分析认为，工农业发展以后，人口相对集中，使社会城镇化；城镇化带来教育的普及；教育为大众传播的发展准备了社会条件，使社会成员有能力分享信息资源；在城镇化、教育和大众传播普及的基础上，公众可以获得政治经济参与的条件和权利——上述四个要素不断相互作用，从而使传统社会逐渐趋向现代社会。据此勒纳认为，所谓现代化过程，就是城镇化、教育、大众传播的普及和公众的参与这四个因素相互作用的过程；现代化是一个系统的过程，一个因素的变化将会联系并影响到其他因素的变化。勒纳有一句名言，现代化的各种因素之所以极为密切地联系在一起，"是因为从历史上来说它们必须联系在一起"①。其中，他尤其注重大众传媒的作用，认为"没有发达的大众交流体系，现代社会就不能有效地发挥功能"②。他还进一步认为，这四个要素及其密切的相互关系对于所有走向现代化过程的国家都具有普适性。认为"在任何一个地方，识字率的提高往往会增加传媒的影响，而日益增加的传媒的影响又'伴随着'更广泛的经济参与（人均收入）和政治参与（投票选举）……实际上，世界各大洲所有正在进行现代化的社会都重复出现……相同的模式"③。

在探讨了媒介系统与社会系统的相关性之后，勒纳还对大众媒介对人的发展、人的现代化的意义做了分析。他认为，现代工业化社会以具有现代个性的人为基础，要求社会成员具有新的态度和价值观，而传统社会中人的个性结构的内在封闭性与稳固性，或者说叫惰性，是人们走出传统、走向现代的主要障碍。所谓现代个性，其基本特征便是流动性的心理状态，对此勒纳称之为"移情性格"，即能够摆脱传统社会压抑、封闭的惰性心理，善于接受新鲜事物和思想，关心超出个人经验范围的大事，勇于尝试自己未曾经历过的新地位、新角色，有信心通过自己的努力实现个人理想等。他认为，只有具备上述现代个性的人，才能成为现代社会中合格的生产者、消费者，以及民主政治的选民、大众传播的受众。现代个性缘何而来呢？勒纳认为，西方社会中人的现代性，是由历史上出现的地理流动和社会流动造成的，如农民流入城市，沿海人口向内地及边疆移民，以及开拓殖民地，等等；而当今发展中国家却不可能，也没有条件重蹈发达国家的历史。为此勒纳认为，要塑

---

① Lerner D. The Passing of Traditional Society: Modernizing the Middle East [M]. New York: Free Press, 1958: 438.

② Lerner D. The Passing of Traditional Society: Modernizing the Middle East [M]. New York: Free Press, 1958: 55.

③ Lerner D. The Passing of Traditional Society: Modernizing the Middle East [M]. New York: Free Press, 1958: 46.

造现代个性,有必要强调"移情"概念,通过"转变人的想象力,给予他高度认同新环境的能力",即"从别人的境地来观察自己的能力"或"把自己投射到另外一种角色的能力"。在此前提下,勒纳把转变人的移情力、想象力的职责寄望于传媒。他认为现代大众传播媒介可以帮助人们突破地理限制,开阔视野,培养和发展现代性格。大众传播无所不在的触角可以伸向穷乡僻壤,甚至天涯海角,向最广大社会阶层传递新事物、新形象和新信息,推广新思维,倡导新的生活方式;可以通过潜移默化的熏陶,促使人们逐步打破传统观念的束缚,积极主动地投入现代化变革浪潮,从而大大扩展、增加社会中的现代性因素,加速现代化进程。

此外,勒纳还认为,现代媒介传播对现代化发展具有多方面的意义,如有助于民族整合与统一;有助于刺激国内对现代商品和服务的需求;有助于调动发展资源;有助于在诸如生育、营养、卫生、农业和工业生产、农村和城市生活方面传播现代价值和技术;等等。为此,他将大众传媒形象地称为现代化发展的"奇妙的放大器"。

二

勒纳的理论勾画了第三世界国家以传播促发展的美好蓝图,的确是鼓舞人心的。发展传播理论一度成为一些发展中国家制定传播政策的理论依据。20世纪60年代,在檀香山东西文化中心的国际会议上,各国学者和发展专家讨论传播与发展问题时,整个会议上洋溢着一片乐观主义气氛。勒纳本人也曾乐观地说道:"传统社会正在从地球的表面消失,因为地球上的人不再希望按照他们的规则生活。"[①] 然而,这种乐观的情绪并没有延续多久,一系列令人失望的实践反馈便相继传来。诸如在美属东萨摩亚开设的电视教学频道,以及加拿大在印度首创的由电台播送的农村广播座谈会等项目,在实行过程中都遇到了挫折。人们逐步看到,根据发展传播理论而制定的政策,利用现代

---

① 殷晓蓉. 战后美国传播学的理论发展:经验主义和批判学派的视阈及其比较[M]. 上海:复旦大学出版社,2000:194.

媒介所实施的西方技术、文化和思想的转让，都没有起到预期的作用，有的甚至还产生了一些副作用和消极后果。为此，包括勒纳传播与发展思想在内的发展传播理论遭到了质疑与非议。事实上也不难看出，勒纳的传播与发展理论虽具有创造性和一定合理性，但其局限性和片面性也是显而易见的，那就是明显的"西化"取向，即以西方社会为蓝本，而忽略了第三世界国家的民族特点、文化传统和具体社会条件，忽视了社会形态、结构及其他因素对大众传播的制约作用，对大众传播社会作用的认识未免过于简单化，对大众传播以外的其他方式的补充和替代作用基本上未引起关注。

笔者认为，任何思想、观念都是时代与背景的产物，要想对勒纳的传播与发展思想有一个客观、公正的评价，还应该从其产生的历史背景说起，从"发展"研究说起。

第二次世界大战结束以后，摆在全世界面前的最大问题是受到战争创伤的所有国家的复兴和战后新独立国家、地区的发展问题。经过法西斯的毁灭性破坏，当时的西欧社会"伤痕"累累，很难在短时间内依靠自己的力量得以崛起。同时，二战之后，全球殖民主义体系走向崩溃，在亚洲、非洲和拉丁美洲的民族解放运动中，诞生了一大批独立国家，这些国家在获得政治上的解放和独立之后面临的最紧迫任务也是加速经济建设，从而尽快缩短与发达国家之间的差距。但由于人口压力、资金短缺、资源贫乏、科技文化落后等主客观原因，许多第三世界国家感到困难重重，举步维艰。当时的美国为保证资本主义体系的复兴，建构以其为核心的世界秩序，一方面以对外援助的方式实施复兴西欧的"马歇尔计划"，以帮助西欧各国尽快从残垣废墟中复兴；另一方面，为了防止新独立国家倒向社会主义阵营，防止社会主义阵营的进一步扩大，于是便努力以各种手段引导这些国家向西方资本主义靠拢，其中包括通过一系列双边或多边援外协定，采取一系列帮助第三世界国家发展经济、振兴科技与教育，以及有关巩固新生政权的措施。

在上述背景下，首先是美国及西方一些发达国家的知识分子，在政府和某些私人团体的大力协助下，及时地将研究兴趣投向亚洲、非洲及拉丁美洲社会，开展了对第三世界国家不发达原因及援助策略与措施的种种探讨工作。

联合国的某些机构，如国际劳工组织、世界银行和各种商业银行、教科文组织等，在每年出资数百万美元用于促进第三世界国家发展项目的同时，也积极组织和委托具有各种学科背景的专家学者开展对发展问题的研讨。不久，一些第三世界国家的学者、政治家也加入这一行列，着手探讨本国、本地区的欠发达问题。由此，为第三世界国家发展提供理论观点、战略方案和政策建议，一度成为战后社会科学中的一个热门景象。随着涉足这方面课题的学者越来越多，学术成果竞相问世，一个跨学科的新领域——后被称为"发展研究"（Development Studies）的学术领域逐渐形成了。所谓发展研究，即主要以相对贫穷、落后的第三世界发展中国家的发展问题为研究对象，全面探讨这些国家现代化的理论、模式、战略方针乃至具体政策。

  19世纪工业革命开始以来，西方学者就将工业化视作国家发展的主要道路。二战以后，研究者们便试图提出一种发展模式，以解释西方国家经济的增长，也作为第三世界国家制定各种变革政策的理论依据，这样便形成了所谓的"现代化理论"。现代化理论主要以西方价值体系为依据，同时认为欧美国家工业化的历史道路具有普遍意义，其转变成工业化、现代化社会的经济模式，包括与其相适应的政治文化体制，应能在发展中国家被复制。在"发展"研究蓬勃兴起的时代背景下，人们自然也希望大众传播媒介及有关信息技术能参与其中，充分发挥其信息传播潜力，成为政治、经济、文化、社会生活及思想观念全面变革的催化剂和推进器。发展传播学作为传播学应用研究中的一个新领域，正是在这样的历史背景下诞生的。当然，这一领域的诞生还有众所周知的传播学学科发展及大众传播事业发展的原因，此不赘述。

  根据诺登斯壮与席勒（Nordenstreng & Schiller）的观点，发展传播学诞生以来，经历了三个世代。①第一个世代，包括勒纳，也包括后来的施拉姆、罗杰斯等。通过上文可以看到，20世纪50年代末，发展传播研究兴起之时，正是"现代化理论"盛行时期，作为"发展"研究的一个分支，发展传播研究不可能不受到发展整体研究的影响，所以起步期的第一个世代也就不可避

---

① 张国良. 新闻媒介与社会 [M]. 上海：上海人民出版社，2001：305.

免地打上了"现代化理论"的烙印。总体上看,第一个世代的研究者都是以探讨影响发展的国内因素为主,在文化上均带有以西方社会为中心的偏见,他们均主张西化,主张第三世界国家引进西方先进传播技术,模仿西方传播模式,主张向广大民众传播、扩散现代化信息,也即西方信息。通过上文可以看到,在"现代化理论"盛行的时代,这是具有一定必然性的。勒纳作为该领域的开创者、起步者,他没有能够超越他所处的时代,其传播与发展理论的"西化"取向也就不难理解了。

几十年来,关于发展研究,可谓发展迅猛,新见迭出,甚至产生了发展哲学、发展经济学、发展政治学、发展历史学、发展社会学等各种分支学科。综合起来看,就主要观点和方法而言大致可分为三种学派,即产生于20世纪50年代的"现代化理论"、产生于60年代的"依附理论"和产生于70年代的"世界体系论",它们既是三种学派,也分别代表了发展理论演进的三个阶段。20世纪60至70年代以来,随着"发展"研究的发展,随着"现代化理论"的落伍,在传播学界,以勒纳、施拉姆等为代表的第一代发展传播理论范式也逐渐失势。1970年代,第二代范式出现。1980年代以来,随着传播技术的迅猛发展,发展传播理论进入第三代范式的构建阶段。应当说,这是"现代化理论"以及早期发展传播理论局限的必然命运,是历史发展的必然。

总之,通过上文我们不难看到,对于发展传播学来说,勒纳的学科创始之功是不容抹杀的。其传播与发展理论揭示了传播与社会变迁之间的因果关系,开辟了一个将传播学探讨和社会发展、社会现代化过程联系起来的新思路。在他的影响下,大众传播作为社会发展和现代化过程中的重要因素被引起关注。在学术界与相关机构中,研究者们开始广泛思考传播在社会变迁、社会发展过程中的角色与作用问题。他的研究,直接启发了施拉姆和罗杰斯等人。之后,许多第三世界国家的学者也纷纷开展了这方面的研究,他们从发展中国家的具体国情出发,注意克服西方学者的某些偏见,注意寻求符合本民族社会需要的理论与对策,从而使研究工作不断深入。正是由此,传播学中一个新的研究领域——发展传播学逐渐形成。至于勒纳的局限,事实上是一代人的局限,也可以说是一个时代的局限。

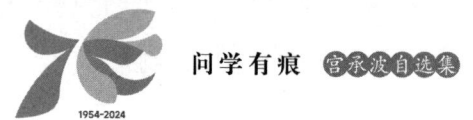

试论泰拉尼安的传播思想*

泰拉尼安是一位出生于伊朗的美籍学者,被誉为发展传播学第三阶段的代表人物。然而,由于学界对发展传播学研究,尤其是20世纪90年代以来的新动向一直没有应有的关注,因此人们对于这位学者的了解并不是太多。而事实上,他关于传播的见解独到,思想深刻,是值得深入解读和探讨的。

一、泰拉尼安其人其学

泰拉尼安1937年出生于伊朗圣城马什哈德,童年饱受战乱纷扰。二战爆发时,他的家乡被占领,在战争所带来的恐惧中,他目睹了"战争是如何将人变成了野兽"。① 孩童时代的阴影和对战争的愤怒极大地影响了他未来的职业选择,使他后来决定以更多的心力投入到国家发展与和平建设中去。

17岁时,他作为纽约《先驱者论坛报》邀请的青年代表来到美国,受到了艾森豪威尔总统的接见。之后不久,他来到了美国常青藤学院之一的达特茅斯学院求学。后来他在美国哈佛大学获得了硕士和博士学位,所学专业分别为中东研究和政治经济学。在校期间,他热心于伊朗的民主运动,回到伊朗后,还曾因此入狱,虽很快获释,但长达7年处于受监管状态。早年的经历使他的早期研究也更多地关注国家发展与世界政治。如20世纪70年代早

---

* 本文原载于《当代传播》2014年第3期,与管璘合作,收入本书时有改动。

① Daisaku I, Tehranian M. Global Civilization: A Buddhist–Islamic Dialogue [M]. London: British Academic Press, 2004: Foreword.

期发表的《中东：政府和政治》和《国家发展的系统性理论》。

从 20 世纪 70 年代末开始，他认识到了传播在国家发展中的作用，遂发表大量有关传播和国家发展的著作。其中，70 年代末到 80 年代初主要以发展中国家的发展和传播为主题，如 1977 年的《传播政策和国家发展：一个对比性的视角》《发展计划中的社会经济和传播指标：以伊朗为案例》。由此，他逐渐成为传播学领域享有国际声誉的专家，并得以在多个国家从事学术活动，其教学和研究的重点集中在国际关系问题，尤其是针对传播、和平、发展和民主等问题的探索上。

20 世纪 90 年代以后，泰拉尼安开始关注技术和全球化传播的主题，出版了如《权力的技术：信息机器和民主展望》《全球传播和世界政治》等论著。进入新世纪以来，他又进一步将传播问题放在了更为宏大的视野去考察，尤其是关注世界和平以及全球化局势下的文明重构问题，出版了如《全球文明：佛教和伊斯兰教的对话》《文明的对话：新千年时代的和平议程》和《全球化和身份认知》等著作。

2012 年 12 月 23 日，泰拉尼安在美国加州辞世。[①] 由于他的出身背景，这位学者的离世在美国并未掀起什么波澜。他的一生可谓著述丰硕，共出版了 25 本著作，发表了 100 多篇学术论文。其中多部著作被译为十几种语言，并获各种奖项。

纵观他的学术生涯，无论是早期他为国家发展和世界政治领域所做出的努力，还是中期对传播与国家发展所提出的见解，乃至后半生在信息化社会语境中结合政治、文化和宗教领域的知识涉猎而从更加宽广的角度对于传播的思考，均值得学界铭记。尤其是曾在多国从事学术活动的经历，使他的研究具备了鲜明的国际化视角。他曾到过世界六大洲一百多个国家，担任过多个国家规模和国际组织机构的负责人。他还曾在哈佛、麻省理工、牛津等大学任教。正如他自己所说，他是一位名副其实的世界游民。这些，都有助于

---

① Toda 全球和平与政策研究院对泰拉尼安的介绍：Toda Institute for Global Peace and Policy Research．http：//www．toda．org/about/majidbio．html；伊朗报纸对泰拉尼安逝世消息的报道：Majid Tehranian．http：//www．payvand．com/news/12/dec/1269．html。

他对世界文明和国家发展形成自己的看法，从而也促进了他对发展传播学核心问题的思考。

二、泰拉尼安传播思想的基本问题

发展传播学发端于20世纪50年代的美国，其研究核心是大众传播与国家发展、社会发展的关系问题。从学术范畴讲，泰拉尼安关于传播学的研究可大致归属于发展传播学领域。其第一阶段（1950年—1960年）的研究被称为看重经济发展的现代化范式，该范式认为，媒介有助于实现国家资源整合，能够提供国内和国际市场的对接机遇，激发国内市场对于现代化产品和服务的需求，有助于将资源转化为发展的动力，有助于将现代化价值和技术扩散进教育、家庭、营养、卫生、农业和工业生产以及都市和乡村生活中去。第二阶段（1960年—1970年）的研究则被称为强调"文化霸权"等意识形态问题的依附理论范式，该范式认为，将西方媒介渗透到发展中国家，只会加速这些国家对于发达国家在社会、经济、政治和文化上的依赖，消融他们对本民族身份的认同，从而在潜移默化中接受"消费主义"和"国际殖民主义"，同时将这些国家中一部分都市化、西化的精英群体的经济和文化利益特权化，并将其利益与广大乡村和半乡村人口的价值和利益形成对立。而事实上，西方媒介通过全球性的广告效应确实激发了欠发达地区明显的消费倾向，导致一方面要求这些国家引进其教育、卫生和基础设施方面的投资；而另一方面，却不仅没有为这些国家建立起真正促进发展的项目，反而还为他们培养了一批永久的压迫性和掠夺性的精英群体。这些，都成为欠发达国家和地区在现代化过程中无法避免的客观现实。① 为此，联合国曾向国际社会发出建立世界信息和传播新秩序的主张②，着意于实现信息流动方面的自由和平等。从20世

---

① Tehranian M. Global Communication and World Politics: Domination, Development, and Discourse[M]. Boulder: Lynne Rienner Publishers, 1999: 111.

② Macbride S, Abel E. Many Voices, One World: Communication and Society Today and Tomorrow[M]. Paris: UNESCO Press, 1980.

纪 70 年代末开始，发展传播学研究在美国似乎一度陷入颓势，一位非洲学者奥契巴甚至宣布发展传播学在 80 年代中期就已经消亡。而事实并非如此，大量学术期刊中的相关研究表明，有关"传播"和"发展"的话题后来被纳入多个学术领域，在沿着一条更加复杂、多元的道路发展着，其研究重点自然也从国家经济发展转移到了社会和文化等多个层面。

20 世纪 90 年代，发展传播学研究重新引起了人们的关注，泰拉尼安可谓这一时期的代表性人物，其发展传播思想主要是基于这一时期的时代背景提出。此时，苏联解体、冷战结束，世界格局发生了巨大变化，有关"发展"和"传播"的各种问题的讨论也出现了更加复杂的局面；同时，世界范围内出现的另一个变化是通信和信息技术的快速发展，使整个世界进入信息化、全球化时期，从而带来了如"信息""信息社会""信息经济""后工业社会"等新的研究话题。而对这些问题的探讨则激发了批判学派和新马克思主义思想家更多地转向后建构主义和后现代性的理论研究，以对这个被媒体和信息浸泡着的世界做出阐释。正是在这样的背景下，泰拉尼安清醒地看到了世界已进入全球化、多极化的信息时代，因此必须对原有的与传播和发展相关的各种概念和思维进行重新思考。基于此，他对传播、发展进行了新的定义，对传播和发展的关系做出了新的阐释，而他的一系列阐释实际上主要是围绕以下三个问题而展开。

（一）传播是什么——新的媒介技术应与传统的人际传播网络相结合

立足于全球化视野，泰拉尼安首先考察了信息化社会中的"传播"概念。其立足点较高，视野甚为宽广，主张将传播放到人类社会生活的大环境中去考察，将新的媒介技术与传统的人际传播网络结合起来进行研究。为此他将传播定义为"通过口头和非口头的方式进行意义交换的过程，而这些口头或非口头表意方式通过宇宙论、文化、内容和各种渠道发生作用"[①]。

---

① Tehranian M. Global Communication and World Politics: Domination, Development, and Discourse[M]. Boulder: Lynne Rienner Publishers, 1999: 85.

他不赞同麦克卢汉的"技术决定主义",认为传播技术决定社会发展的观念过于狭隘。他指出:"媒介技术中心"论者往往会忽略人际传播和组织传播的力量,包括忽略各民族沿袭已久的传统的、宗教的传播网络。他所倡导的"传播"将意识形态的形成、文化的表达(文字和视觉表达形式)、信息的内容与多层次的传播渠道①相结合,并将这些因素纳入传播过程。

(二)传播为了什么——以"人"为本的发展

在20世纪50至60年代,主导发展传播学领域的现代化范式认为传播是为了实现社会发展,社会发展程度则通过多种经济指标进行考量,例如人均工资水平、工业产量、都市化程度等,而泰拉尼安对此则提出了质疑。他认为用统一的经济指标去衡量一个国家的发展水平是僵化的、不科学的,因为每个国家都是千差万别的,都有其特殊的文化、社会和宗教环境,如果忽略了这些因素,过分强调一个国家的经济硬指标,往往会导致这些国家因过度发展经济而出现环境污染、财富不公平分配等问题,而这些问题又会进一步造成该国人民在社会和心理层面的错位发展。因此他认为,发展的核心应该是关注"人"的发展。

他指出:"如果我们重新考虑一些关乎人的重要因素,例如:文化水平、寿命、基尼系数(是用来显示收入分配的一种统计方法)和对于健康和教育设施的近用权,那么用这些来衡量的国家发展的排位和用传统经济指标来考量的国家发展的名次将会大相径庭。"②因此他认为,考察一个国家发展水平的高低,应当看其是否有能力发挥出现有社会制度的最大潜能,从而实现整个社会需求,并最终达到物质丰富和文化健康发展的目标。

(三)传播怎样才能为国家发展服务

泰拉尼安创新性地将传播和发展的关系与林肯对于人民和政府的关系进

---

① 这里的各级传播渠道是初级的人际传播、二级的组织传播和三级的媒介传播渠道。
② Tehranian M. Global Communication and World Politics: Domination, Development, and Discourse [M]. Boulder: Lynne Rienner Publishers, 1999: 84.

行了类比①,他用和林肯描述政府与人民关系类似的词组"传播的发展""用传播来发展"和"为了传播的发展"来说明"发展"和"传播"的关系,认为传播的发展应当为社会发展服务,传播的发展目标是实现社会发展,而理想的传播应为社会各阶层提供一个对话平台,为人们提供一个能够直抒胸臆的公共空间。

具体说,泰拉尼安认为发展传播的首要任务应该是拓展传播渠道,而拓展传播渠道的主要目的是拓展社会言论渠道,这是"传播发展"的核心内涵。通过传播的发展,将拓展出来的传播渠道为社会提供服务,例如通过传播技术实现远程教育服务、远程医疗服务、远程图书馆服务和远程银行服务等,这是"用传播来发展"的主旨。最后,他认为理想的传播应当不受利益集团和权力集团的干涉,政府间、企业间、市民社会间应该形成具有对话性质的传播和交流,而这种发展最终是为了实现社会各层次的平等交流和对话,这是"为了传播的发展"的核心。他指出,如果能够做到上述几点,国家和公共政策的决策行为就能够建立在有效传播和交流的基础上。正如林肯用"政府"和"人民"的关系来描述民主关系一样,健康的"发展"和"传播"的关系所反映出的也应当是一种民主,这种民主意味着经济民主(生产能力和就业水平)、政治民主(政治近用和参与)、社会民主(不断扩大的平等机会)和文化民主(文化意义的多元化),意味着社会整体多元、多层次民主水平的提高。②

三、泰拉尼安传播思想的深层解读

从上述可以看到,泰拉尼安的传播思想无疑是有个性的,其对于传播与

---

① 林肯将"民主"解释为政府和人民的关系,他讲民主就是要实现"一个人民的政府"(government of people)、"由人民来治理的政府"(by the people)、"为了人民谋福利的政府"(for the people)。在此,泰拉尼安用类似的语言结构 development of communication、development by communication、development for communication 来说明发展和传播的关系,并明确指出传播的重要性。

② Tehranian M. Global Communication and World Politics: Domination, Development, and Discourse[M]. Boulder: Lynne Rienner Publishers, 1999: 87.

发展关系的见解更是新颖、独到的。而这一切，都不是凭空产生的，均建立在他对发展传播学研究高屋建瓴的把握基础之上。他曾精辟地指出，经过半个世纪的跋涉，发展传播学已经从决定主义转向偏于"人"的非决定主义发展理论，已经从物质主义的发展观演变到对国与国之间依存关系的考察，已经从机械、生物的发展模式转向挖掘文化、语言的发展模式，已经从物理发展转向在人类社会大环境中的发展，已经从注重外部发展转向挖掘民族内驱力的发展，已经从传播技术中心化的观点演进到关注人际传播和组织传播等传播网络的发展。他还把"发展"视作一个整体，视作一个多维且辩证的过程，认为传播与发展互动的核心就是保存民族和地区的最高利益，同时更加关注人的发展和公民在传播过程中的参与性，并以实现社会的可持续发展为目标。这样的"发展"思路在人类社会的各个领域无疑都是有其存在价值的，"发达工业社会的环境保护主义，绿色和平运动，新殖民主义的解放运动和世界范围内的基督教原教旨主义，都被视为它的表现形式"①。这些见解，无疑展现了泰拉尼安对传播与发展关系的全新思考。

统观泰拉尼安的传播思想则可以看到，其最大创新点便是强调了"人"的发展，正是由此出发，他得以超越前人，成为新的时代的一个代言者。

泰拉尼安认为，在发展过程中最重要的一环就是要多考虑"人"的因素，尊重本民族的价值观，多考虑持续发展，要将现代化过程中的个人解放和社区健康发展加以平衡。②从广义上说，这就是一条社群化的道路，所谓"社群化"就是突出社群的、地区的利益和价值。为此，他提倡"将传播媒介作为内部发展而非外部发展的工具来使用"③。所谓内部发展，就是优先考虑当地的社会文化环境，充分考虑当地的宗教、文化等人际网络和组织传播网络，并将这些因素和媒介技术的应用综合起来，关注公众在传播中的参与过程，以

---

① Tehranian M. Global Communication and World Politics: Domination, Development, and Discourse[M]. Boulder: Lynne Rienner Publishers, 1999: 111.
② Selznick P. The Communitarian Persuasion[M]. Woodrow Wilson Centre Press, 2002.
③ Tehranian M. Global Communication and World Politics: Domination, Development, and Discourse[M]. Boulder: Lynne Rienner Publishers, 1999: 111.

促进不同利益群体之间的对话,从而最终达成解决问题、实现发展的目标。而强调以"人"为本的发展,就不能单纯关注经济发展指标,而是要注重"人"的发展系数,纠正对于物质生产过分依赖的发展观。

泰拉尼安认为,理想的传播模式是实现全社会各个层次的民主,从而促动社会整体发展。他虽对实现这样的传播情境寄予厚望,却也在其《权力的技术:信息机器和民主展望》一书中表示出了种种无奈。[①]他指出,新的信息技术为我们提供了前所未有的历史机遇,以激发各种各样的民主,尤其是直接的、参与性的"社群"民主,然而新的信息技术也造就了历史上前所未有的中央集权国家对于媒介的监管和控制。因此,虽然新的电子媒介可以将地方、国家乃至全球层面的交流和传播连接起来,然而要真正实现这种水平式的互动传播,还需要我们实现对媒介内容资源的开放和平等使用。如果媒体大佬和当局者只是想让市民通过"按键的幻想"实现瞬间的"使用满足",而拒绝人们真正进入公共领域,那么这种"社群民主"无疑也就成了纸上谈兵。因此,新的社群民主的实现需要我们更多地去了解技术是如何作用于各种社会规则和制度,从而使公众产生一种社群感并参与民主的。事实上,决定民主结果的关键不在于传播技术上的功能和设计,而在于传播者对于技术的"使用"或"滥用"出于什么样的社会目的。因此不难看到,技术是被社会制度中的各种组织和力量所利用的,他们总是同多年积累下来的权力结构、阶级层次、道德观、种族、性别等主导社会现实的多种元素所关联的,在社会传播的过程中,技术只能起到辅助的作用,它既不能解释也不能消解民主的种种问题。

而处在全球化的经济和文化体系中,一个国家怎样才能达到自身发展和世界发展的平衡,如何实现与其他国家文化和经济的平等对话呢?为此,泰拉尼安提出了建立一个平等的媒介和信息传播体制的策略,那就是选择性地参与世界资本主义体系,同时要学会理解民族间的发展差异和寻找发展共性。

[①] Tehranian M. Technologies of Power: Information Machines and Democratic Prospects [M]. Ablex Publishing Corporation, USA, 1990: 208-242.

他引用联合国开发署的报告说:"世界市场中有限的、不平等的资源分配使得发展中国家每年须多花费大约5000亿美元来弥补这种不平衡,这大约十倍于他们从西方发达国家的帮助中所获得的收益。这种不平衡分配模式同样也表现在媒介占有权上,约10%的人拥有着世界上约90%的媒介。西方国家的节目以绝对的数量渗入欠发达国家,已经产生了由西方文化输出品所统治的一种全球流行文化。"① 这一切,都对欠发达国家地区的民族文化和民族意识造成了冲击,所以他们将面临"完全现代化"还是"选择性现代化"的问题。对此,泰拉尼安对于"选择性现代化"持赞同态度。他说,如果仔细地加以计划,选择性地参与到世界资本主义体系中,就能够为资本和技术的转换提供机会,而不必使民族经济过分依附于外国。

那么,选择哪些又放弃哪些呢?这就要求发展中国家有甄别差异和寻找共性的能力。在后来的有关"重建文明"②的文章中,他曾阐述道,人类社会的文明系统是一个复杂多元的系统,从进化的视角看,有从原始文明到现代文明的不同阶段;从一个特定地区和一个国家的文明来看,常常是一种文明裹挟着另外一种文明。例如,在马来西亚地区,当地的文化和价值体系里有马来文化、英国殖民文化,同时还受到中国文化、印度文化、伊斯兰文化的影响,单就这一地区来说,文明的影响就是层层叠叠相互交织的,很难确定该文明属于这些文明中的某一种。事实上,世界上每个民族和地区的文化都是复杂的,都难以完全套用其他地区的成功发展模式。然而另一方面又必须看到,随着科技发展和传播技术的发展,工业文明和数字文明无论在世界的哪个角落又都是有其一致性的。因此,我们一方面要学会理解各种文明差异,

---

① Tehranian M. Rethinking Civilization: Communication and Terror in the Global Village [M] // Tehranian M, Lum B J (Eds.). Globalization & Identity: Cultural Diversity, Religion, and Citizenship. New Brunswick(U. S. A.)and London(U. K.): Transaction Publishers, 2006: 35.

② Tehranian M. Rethinking Civilization: Communication and Terror in the Global Village [M] // Tehranian M, Lum B J (Eds.). Globalization & Identity: Cultural Diversity, Religion, and Citizenship. New Brunswick(U. S. A.)and London(U. K.): Transaction Publishers, 2006: 35.

一方面则又必须能够在差异和发展之间寻找共性。他指出，历史经验表明，没有一个发展蓝图能够适应所有的时间和地点，各国之间存在差别，没有放之四海、普遍适用的发展路径，所以每个国家均应当寻觅自己的发展道路，找到自己的发展策略。

总之，泰拉尼安的传播思想从强调"人"的发展出发，找到了一条发展中国家在新的社会文化语境中注重挖掘民族内驱力的新的发展道路，其中蕴含了丰富的时代内涵，也展现出他本人的个性色彩。尽管他的理想与现实还存在距离，但其思考传播与发展问题的路径和方式值得充分肯定。

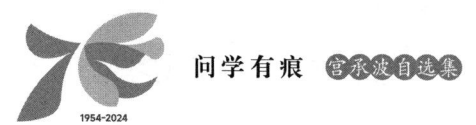

试论晏阳初的传播思想*

晏阳初（1893—1990），著名平民教育家、社会学家，20世纪国际舞台上大名鼎鼎的人物，有"世界平民教育之父"之誉。但是由于意识形态的原因，在中国内地了解他的人还不是太多。

晏阳初是一个典型的"教育救国"论者。① 他过高地估价教育的作用，认为在社会不良制度改变之前，教育完全能够独立担负起改造社会、支配国家前途的责任，而历史已经证明这只不过是知识分子的一种良好愿望而已；他提倡改良，热衷于农村改造和渐进发展，这与中国共产党所推行的暴风骤雨式的革命道路也是截然相左的。总之，在中国社会发展道路的方向性、原则性问题上用历史唯物主义的观点看，晏阳初显然是有局限的。此外，晏阳初还是一个虔诚的基督徒，这与共产党人的无神论主张也是格格不入的。正是由于这些原因，在相当长的一段历史时期，中国内地对晏阳初及其平民教育活动采取了避而不谈的态度。直到1980年代之后，随着意识形态领域的松动，他才逐渐被提及和认识。

本文试图对晏阳初的传播思想做出初步探讨。笔者考察认为，从传播学角度看，晏阳初的平民教育理论和实践中蕴含丰富的传播思想，而且颇具个性和特色，是一个值得探讨和研究的个案。

---

* 本文原载于《上海大学学报》2007年第1期，与艾红红合作，收入本书时有改动。
① 宋恩荣. 晏阳初文集[M]. 北京：教育科学出版社，1989：404.

一

在传播学看来,人的一切社会活动从根本上说都是传播活动。晏阳初是一位知行统一的平民教育家,他的传播思想与其平民教育理念和平民教育实践是一脉相承的,既寓于各种著述和言论中,也体现在他的平民教育实践中。所以,探讨晏阳初的传播思想,不能不对他的平民教育实践有一个大致的了解。

1893年10月26日[①],晏阳初生于四川巴中一个世代书香家庭。幼习四书五经,稍长入教会学堂。1913年9月考入香港圣保罗书院(香港大学前身)政治系。1916年入美国耶鲁大学攻读政治学与经济学,1918年毕业,获学士学位。

同年,受北美基督教青年会派遣,赴一战后期的法国战场任战地服务干事。其间,他在20万旅法华工中开展了卓有成效的汉语识字教育活动。他的工作是为华工们代写代读家信,由此他想到,如能教会华工们识字并逐渐写简单家信,岂不比代为写读更具长远意义?于是,他选取中文字典与国内近来报纸杂志中常见的一千余文字组成一读本,先教授其中素质较好者识字,识字的华工再用来教不识字的华工,从而取得良好效果。这是晏阳初平民教育活动的序曲,这是我国平民教育的起源。[②]正是在这一过程中,晏阳初不仅认识了苦力之"苦",也发现了苦力之"力"。[③]正是由此,他确立了以开发苦力之"力"、志在"智民"为己任的宏愿。

1920年,晏阳初于普林斯顿大学获硕士学位后回国,在上海基督教青年会全国协会智育部主持平民教育工作。1923年,晏阳初组织成立了中华平民

---

① 宋恩荣. 晏阳初文集[M]. 北京:教育科学出版社,1989:334,348.
② 吴相湘. 晏阳初传:为全球乡村改造奋斗60年[M]. 长沙:岳麓书社,2001:22.
③ 晏阳初在教授华工识字活动中有两大发现:一是中国诚朴农民智慧高、能力强,只可惜缺乏读书求知的机会;二是中国高级知识分子,竟是这样愚昧无知,完全不认识自己多数同胞的"苦"与"力"!参见:吴相湘. 晏阳初传:为全球乡村改造奋斗60年[M]. 长沙:岳麓书社,2001:28.

教育促进会总会（以下简称平教会），任总干事。平教会成立后，即在国内许多地方开展识字教育，很快在国内外引起一定反响。

在识字教育取得一定成绩后，踌躇满志的晏阳初开始进一步深思：中国是个以农立国的国家，85%以上的人口居住在农村，平民的绝大多数是农民，因此，不顾及农民的平民教育算不上是整个的平民教育。[①] 只有农村才是中国社会的基础与重心，因此，要救济中国，必先救济乡村，要建设中国，必先建设乡村。于是，为了使平民教育更趋系统化和科学化，他决定将平民教育进一步推向乡村。

1926年冬，在晏阳初的直接领导下，平教会选择河北定县作为"社会的实验室"，从此开始了一场蔚为壮观的平民教育和乡村建设运动。以晏阳初为首，许多中高级知识分子，都先后放弃优越的工作条件与舒适的都市生活环境，挈妇将雏，举家前往偏僻艰苦的定县，加入平民教育与乡村建设行列。[②] 此时，祖国大地正战乱频仍，一片民不聊生，农村中略有文化、有本领者皆纷纷逃离土地，到城市中甚至到国外谋生，而这些博士、教授却自愿放弃安逸的生活，来到定县农村开展平民教育工作，一时间可谓影响巨大，声名显赫。晏阳初、平教会、定县实验，在当时的朝野上下甚至国际上都具有相当的知名度。

在定县扎下营寨，晏阳初与平教会一干就是十年。直到1936年日寇进逼华北，平教会被迫南迁湖南，定县实验才随之终止。在晏阳初的一生中，定县十年可谓他人生的一道彩虹。在这里，在他的领导下，平教会对当地农民实施了一系列现代性观念与行为的普及教育，不仅在当时引起海内外关注，其后也留下了深远的回响。

1950年代之后，晏阳初的事业扩展到更为广阔的世界舞台上。以菲律宾

[①] 宋恩荣. 晏阳初文集[M]. 北京：教育科学出版社，1989：403.
[②] 包括如美国康奈尔大学农学博士、曾任广州岭南大学以及南京国立东南大学教授的冯锐，留学美国、曾任北平商业专科学校校长的姚石庵，美国衣阿华大学博士、曾任北京师范大学教授的刘拓，留学法国、曾任北京大学教授的孙伏园，以及美国哈佛大学博士熊佛西、瞿菊农（世英），著名社会学家李景汉等。

为基地,在亚洲的泰国、日本、印度、印尼,非洲的加纳,拉丁美洲的哥伦比亚等国,晏阳初继续从事平民教育与乡村改造运动。

晏阳初一生孜孜以求,致力于平民教育与乡村改造长达 70 余年,在国际上具有广泛的影响。他的卓越行为感动了世界,赢得了世界人民的广泛尊敬,获得了一系列荣誉。美国著名作家、诺贝尔奖获得者赛珍珠对他有一句形象的评价,称颂他"在世界黑暗之处点燃了一盏明灯",这似乎可以概括他一生的贡献。

二

综观晏阳初一生的著述与实践,笔者认为,其传播思想的个性或特色主要体现在以下几个方面。

其一,是面向普罗大众、志在"智民"的功利主义取向。

如前文所述,在对旅法华工的识字教育活动中,晏阳初发现了苦力之"力"。由此他认为,中国并不缺乏人才,而是广大民众的"脑矿"未开;所谓平民教育,就是开"脑矿"的工作,即为在国家教育系统上不占位置的 2 亿以上的青年与成人文盲创造受教育的机会。

1923 年,平教会成立时即宣布,以"除文盲,作新民"为根本宗旨。晏阳初对此做了明确阐述:"我们内受国家固有文化的陶育,外受世界共同新潮的教训,自觉欲修齐治平的责任,舍抱定'除文盲作新民'的宗旨,从事于平民教育的工作而外,别无根本良谋。"[1] 这一宗旨表明,在晏阳初看来,人的改造、人的教育是解决整个社会问题的根本和关键,"除文盲"是基础工作,"作新民"是其目标所在——而终极旨归则在于,通过人的培养和改造,自下而上,完成"民族再造"的历史使命。

在定县,经过调查研究,晏阳初总结出了中国人的"四大病症",他说:"在定县,我们研究的结果,认为农村问题是千头万绪。从这些问题中,我们

---

[1] 宋恩荣. 晏阳初文集 [M]. 北京:教育科学出版社,1989:20.

又认定了四种问题是比较基本的。这四大基本问题，可以用四个字来代表它，所谓愚、贫、弱、私。"①

所谓"愚"，指中国最大多数的人民不但缺乏知识，甚至目不识丁，而且普遍认为，读书只是"读书人"的事，与普通百姓无关。

所谓"贫"，指中国最大多数人民的生活贫困，不少人事实上是在生与死的夹缝里挣扎。

所谓"弱"，指中国最大多数的人民是毋庸讳辩的"东亚病夫"，其生死存亡只能付之天命，所谓科学治疗、公共卫生根本无从谈起。

所谓"私"，指中国最大多数的人民由于缺乏道德陶冶和公民训练，因此难以团结和合作，从而使得任何合理的建设事业都无法开展。

正是针对上述四大病症，晏阳初提出了著名的"文艺、生计、卫生、公民"四大教育：

以文艺教育攻"愚"。他们首先用《平民千字课》进行识字教育，扫除其中的文盲；然后，通过文学艺术教育，使平民能应用识字工具，丰富文化生活，从而培养知识力，以适应复杂的现代生活。

以生计教育攻"贫"。由于农村生产力低下，生产技术落后，经济上又无通力合作之组织能力，所以，只有普及科学知识和技能，才能提高生产力，改善生计组织，解决生计困难。

以卫生教育攻"弱"。即普及卫生知识，培养卫生习惯，用公共力量创办公共卫生事业，从而提高身体素质，使人人成为强健的国民。

以公民教育攻"私"。一方面，培养民众的团结力、公共心，使他们无论处在任何团体，皆能成为忠实而有效率的分子。另一方面，要在人类普遍良心的基础上，培养民众的判断力、正义感，使人人皆有自决自信、公是公非的主张。当全国乡村、广大农民成为一种有自信、有组织的力量的时候，整个社会的改革才有可能实现；当外部强权及其思想、文化、经济、政治的种

---

① 宋恩荣. 教育与社会发展：晏阳初思想国际学术讨论会论文集[C]. 长沙：湖南教育出版社，1991：27.

种影响到来之时,整个民族才会具备应对的能力。①

平教会的仁人志士们正是试图通过上述"四大教育",将自己的爱国情怀和报国之志转化为改造农村社会的实际行动,进而从中摸索出一条中国农村以至中国社会的自救自强之路。

通过上述不难看出,晏阳初从事平民教育的指向非常明确,那就是以"智民"、以人的改造为核心,志在救国救民,强国富民。也就是说,他的传播思想的一个突出特点是旗帜鲜明的功利主义取向,但这一功利主义不是面向富贵子弟的,也不是面向社会精英的,而是面向普罗大众,尤其是广大农民的——这是中国最大的弱势群体,也是中国国民的主体。从本质上说,这是一种教育传播或者说是教化传播的思想,是我国传统知识分子救世责任的反映,也是晏阳初传播思想的光华所在。

其二,是一切从受众出发、一切为受众着想的受众至上取向。

如前所述,早在定县实验以前,晏阳初对中国的农村和农民问题就已经有了较为系统的思考。在他看来,建设乡村的要旨在于使"农民科学化","20世纪及今后世界最大的挑战是,如何应用现代科学推广到广大落后的民间"②。他同时认为,中国的知识分子,脑子里常常不能摆脱一套与实际问题距离甚远的旧观念,往往戴上有色眼镜去看老百姓,这就使得知识分子与老百姓之间有了一条鸿沟;要消除这一鸿沟,就必须在知识分子与老百姓之间搭建一座桥梁。"我们需要给农民一把打开现代科学大门的钥匙。这就是简单化(容易教,容易学)、经济化(不经济,学不起)、实际化(不实际,他不学)"③。他对此还做了进一步分析:

(一)基础化——天下事应该学的太多,老百姓不能样样学到,你得把最需要的基础东西给他,使他们能树立根基而求发展自己。

---

① 宋恩荣. 晏阳初文集 [M]. 北京:教育科学出版社,1989:411.
② 吴相湘. 晏阳初传:为全球乡村改造奋斗60年 [M]. 长沙:岳麓书社,2001:13.
③ 宋恩荣. 教育与社会发展:晏阳初思想国际学术讨论会论文集 [C]. 长沙:湖南教育出版社,1991:27.

我们做工作的人，要做炼丹的功夫，把老百姓应该学的东西先精炼。好比维他命丸，使他们服一点就有很大的用处，学一点就能用上一点，我们这些学者研究者就该负起这个责任来。

（二）简单化——要能深入浅出，像陈筑山、瞿菊农两位先生，要作文章是下笔千言，但初到定县时，编平民学校用的千字课就感到困难，不是像作文章那么容易了。深入易，浅出难，把教材的内容和教学的方法弄简单，学的人学起来自然就容易。

（三）经济化——时间上要经济，因为老百姓终年忙碌，没有充分的时间来受教育，千字课就是适应这个条件来编制的，而且在经费上也要很经济，否则不容易推广。

内容上基础化了，方法上简单化经济化了，然后才能够普遍化！①

不难看到，为了能够有效地"把科学知识传播给广大农民"，晏阳初从信息的内涵（所谓"实际化""基础化"），到信息的建构（所谓"简单化"），甚至到信息的接收（所谓"经济化"——不仅时间上要经济，经费上也要经济）②，都做了充分的思考。

定县实验正是对晏阳初上述理念的贯彻和阐释。前往参与者大都受过高等教育甚至是欧风美雨的洗礼，但在晏阳初的影响下，他们都义无反顾地走向农村，甚至抱定了"要先农民化，才配化农民"③的思想。所以，虽然是

---

① 宋恩荣. 晏阳初文集［M］. 北京：教育科学出版社，1989：221-222.
② 下文中将会提及，定县实验中，平教会曾创办了我国第一座面向农民的广播电台——定县实验电台。定县实验电台的广播可谓红红火火，有声有色，不仅传播内容具体，通俗易懂，体现出很强的实用性，其传播方式也灵活多样，呈现出鲜明的对象化特点，充分发挥了无线电广播的媒介工具作用，可以说是真正了解了农民们的需要、适应了农民们的需求、走进了农民的生活，从而成为农民们的良伴和向导。尤为可贵的是，鉴于当时国内所用的广播无线电台和收音机等各项机件多系舶来品，价格昂贵，为降低产品成本，平教会的博士、教授们还为农民们研制出了廉价的电台机件和收音机！真可谓一切从农民出发，一切为农民着想。请参见：官承波. 中国第一座对农广播电台考［J］. 现代传播（中国传媒大学学报），2005（3）.
③ 宋恩荣. 晏阳初文集［M］. 北京：教育科学出版社，1989：217.

"秀才"下乡,但他们却都能够放下架子,"走出象牙塔,跨进泥巴墙",深入民间,穿农家衣,吃农家饭,住农家房,真心实意地向农民学习,进而站在农民的角度,从农民的实际出发去做"化农民"的工作。

站在农民的立场,一切从农民的角度考虑问题,"要先农民化,才配化农民",这无疑是一种完全从受众出发、完全为受众着想的受众至上取向。这是晏阳初现代民主思想的体现,也是他传播思想的又一突出特点。

其三,注重传播的系统性及其组合效果。

对于前述"四大教育"的实施,晏阳初和他的同仁们在长期的平民教育实践中总结出了三种行之有效的途径。

1. 学校式,即采用平民学校的形式,具体办有"初级平民学校""高级平民学校"和"平民大学"。初级平民学校主要针对 12 岁以上的文盲进行扫盲工作,采用的教材是晏阳初等人编写的《平民千字课》,着重解决识字工具问题。进入高级平民学校后,根据学员们已掌握识字工具,且脑筋灵敏、思想活泼的情况,再进一步实施较为系统的训练,甚至试图培养乡村领袖。而平民职业学校,则主要进行生产技术、选择良种、防虫治病等方面的技能训练——平民职业学校后来发展成为平民大学,旨在为平民教育和乡村建设培养高层次人才,培养县级以上的专家或组织者、领导者。

定县时期,晏阳初等人创立了"中国乡村建设育才院";抗战时期,在重庆歇马场进一步完善,定名为"中国乡村建设学院",并确定为本科层次。20世纪 60 年代,晏阳初则在菲律宾创办了"国际乡村改造学院"等。

2. 社会式,指高级平民学校或平民职业学校的毕业生们,以各种社会活动为中心,继续接受教育。如从平民学校毕业后可加入毕业"同学会"(或校友会),利用"流动图书馆",阅读农民周刊,并向该报投稿等。"同学会"会员还开展了向广大农民表演和解说农村建设的知识技能等活动。此外,平教会还组织戏剧社和辩论俱乐部,为村民办无线电广播、传播农业知识,举办墙报、板报,刊登当天新闻及知识技能,调解民事纠纷,以及植树、修路、农业展览、反毒品买卖、禁毒拒赌运动等等。这些,都有效地形成了社会教育的氛围。

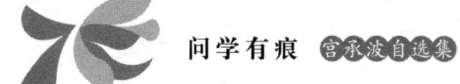

3. 家庭式，主要是"联合各个家庭中地位相同的分子施以相当的训练"，使家庭中的老少男女都能得到相当的教育，分别有户主、主妇、少年、闺女、幼童五种组合。家庭式教育的目的在于使家庭社会化，帮助改善家庭日常生活，解决家庭与学校之间的矛盾，增进家庭的社会责任感，减少对上学青年、儿童的反对和阻力等。

此外，晏阳初还十分重视大众传播媒介的作用。早在法国教华工识字时，他就曾创办《华工周报》。"对于现代传媒的作用，在最初的平民教育中，晏阳初就深有体会。"为了配合和促进乡村教育的开展，1925 年 3 月，在晏阳初的直接领导下，平教会创办了"中国历史上第一份以'农民'命名的报纸"——《农民报》[①]；1930 年 9 月，又创办了我国第一座面向农民的广播电台——定县实验电台[②]；等等。这些都说明，在晏阳初的思想结构中，大众传媒的位置是举足轻重的，其在信息传播、扩散中的意义已得到充分认识。

上述几种方式结合起来，所构成的是一种连续、立体的系统化传播，产生的当然也是一种组合效果。这些都充分表明，身为社会学家的晏阳初可谓深谙传播之道，这在当时传播学作为一门学科尚未兴起的背景下，不能不令人敬服。实践证明，这样的传播，自然意义巨大，影响深远，甚至会绵延几十年。据 1980 年统计，定州（即定县）是河北省内唯一的无文盲县；当年平教会引入的良种棉花、苹果、白杨等作物，引入和培育的良种鸡等，仍广受欢迎。另外需要指出的是，20 世纪 70 年代遍及中国农村的"赤脚医生"以及相关的培养计划，皆承袭自晏阳初在定县的实验；20 世纪 90 年代后期，我国部分农村推行的"村官直选"等政治体制改革试点，也可以视作当年定县实验的再生。

---

① 曹立新. 化农民与农民化：乡村建设运动中大众传媒的功能与策略分析［J］. 新闻与传播研究，2004（3）.
② 宫承波. 中国第一座对农广播电台考［J］. 现代传播（中国传媒大学学报），2005（3）.

三

经过粗浅的考察和思考,笔者认为,从思想渊源上说,晏阳初的传播思想应当说其根在中国,但枝干却是中西嫁接的产物。这是由他的教育经历和社会实践经历所共同决定的。

晏阳初生于一个塾师兼乡医的家庭,5 岁开始即习读《三字经》《百家姓》《孟子》《论语》《中庸》《大学》《书经》《诗经》等,接受的是正宗的中国传统文化教育。[①]其父晏美堂先生在研究经史之余,曾阅读译述的西方名著和梁启超的警世言论,深知"书香之外另有世界,西学乃潮流所趋",因此除督导幼年的阳初习读儒家经典外,1903 年即送他远赴保宁府城即阆中县境的西学堂求学。在那里,在接触西方先进科学知识的同时,晏阳初也开始了对耶稣基督的信仰。

正是在这样的背景下,传统儒家的"民本"思想、经世大同的理想,与基督的谦抑及"爱他人"的信念,便在晏阳初的思想结构中渐渐地发生了奇妙的融合。他自己就曾直言不讳地表白:"我是中华文化与西方民主科学思想相结合的一个产儿。我确是有使命感和救世观。我是一个传教士,传的是平民教育,出发点是仁和爱。我是革命者,想以教育革除恶习败俗,去旧创新,却不主张以暴易暴,杀人放火。……我相信'人皆可以为尧舜'。圣奥古斯丁说:'在每一个灵魂的深处,都有神圣之物'。人类良知的普遍存在,也是我深信不疑的。"[②]他还曾坦言,是"三 C"影响了他的一生。所谓"三 C",即孔夫子(Confucius)、基督(Christ)和苦力(Coolies)。

事实上,晏阳初的平民教育理念和传播思想也的确都与"三 C"密切相联,息息相关。

"民为邦本,本固邦宁"是儒家的核心思想之一,对晏阳初来说,这一思

---

① 宋恩荣. 晏阳初文集 [M]. 北京:教育科学出版社,1989:259.
② 宋恩荣. 晏阳初文集 [M]. 北京:教育科学出版社,1989:294.

想的影响可以说是极其深刻的,甚至可以说是他的思想之根。在传统儒家那里,这一思想是站在统治阶级立场,作为一种政治策略而受到重视的;而在晏阳初这里,他却从一个民主主义者的立场出发,有效地汲取了它的"民本"成分,转而将民众、民主视作目的。

另一方面,在中国,历来有"万般皆下品,唯有读书高""学而优则仕"等传统观念,因而形成了一个士大夫阶层,他们远离劳苦大众,不了解人民群众的疾苦,更看不到人民群众的潜在力量。如前文所述,晏阳初则因投身于平民教育而认识到"苦力"之"力",从而获得了超越。

从基督方面说,晏阳初虽然信仰基督,但他却不仅以基督的悲悯之心看待"苦力"之苦痛,而是以真诚的平等意识致力于开发"苦力"之潜力。他在一次讲话中曾说:"我们不是包打天下的英雄,我们不是解救众生的基督,我们只是广大平民的朋友。"① 他还有一句名言:"不是救济,让他发扬(Not relief,But release)。"② 可以看到,他对下层民众是完全尊重与信任的,是一种彻底的民主情怀。

此外应当指出,晏阳初的平民教育理念和传播思想的形成与社会现实的直接促动也是分不开的。在法国举办华工教育时,他就目睹了华工的愚昧无知,亲见了帝国主义者对华工的轻侮与蹂躏,已痛感到"苦力"之"苦"。回国后,看到三万万以上的文盲,名为20世纪共和国家的主人翁,实为中世纪专制国家的愚民。面对国家的落后、民众的贫苦以及列强的欺凌,晏阳初可谓痛感"国势衰微的种种悲哀"。如前所述,由于将中国的病源看作教育的缺失,因此才产生了"除文盲作新民""教育救国""智民"强国的思想。

总之,晏阳初的思想既超越了中国古代"民本"思想止于政治策略层面的局限,也超越了基督教的以怜悯为基础的"救世主"情感,在国家濒于危亡的现实面前,汲取西方资产阶级"平等""博爱"的人文精神和孙中山先生"民有、民治、民享"的民主精神,从而升华到依靠民众达成民主目标的现代

---

① 宋恩荣.晏阳初文集[M].北京:教育科学出版社,1989:333.
② 宋恩荣.教育与社会发展:晏阳初思想国际学术讨论会论文集[C].长沙:湖南教育出版社,1991:65.

性境界。正是因此，他的传播思想也呈现出一种独特的个性和风貌：

从其志在"智民"的救世责任感来看，无疑具有鲜明的中国传统色彩。这首先是儒家思想影响的产物，是中国传统知识分子"天下为任"的责任意识和教化观念的延伸；其次，也与近代以来广大仁人志士致力于救国救民的大潮是一脉相承的，同"五四"新文化运动、白话文运动等志在"智民"的时代追求是一致的。而从其眼光向下，面向普罗大众，尤其是广大农民的"草根"意识来看，无疑又与传统知识分子"惟上智与下愚不移"的贱视民众的劣根性分道扬镳，从而具备了近代资产阶级的"博爱"和民主意识。而其一切从农民出发、一切为农民着想的受众至上主义，则体现出一种完全平等的现代人文精神和民主观念。

当然，如本文开篇所言，晏阳初的思想中不可否认地存在着时代的、主观的局限性。但全面、客观地看，应当承认，晏阳初的成就是卓著的。他一生致力于平民教育，其所领导的平民教育与乡村改造运动取得了举世瞩目的成就。这些都是难能可贵的。他的思想反映了爱国知识分子的忧患意识与救亡图存的社会改革理想，其民族责任感、其进步意义都是不容抹杀的。笔者在此拟着重指出的是，晏阳初的传播思想对今天建设既立足中国，又能面向世界的具有中国特色的传播学来说是一笔不容忽视的遗产和资源，对今天的大众传播实践也不乏启示——尤其是在"三农"问题备受关注、对农传播方兴未艾的背景下，更是具有直接的现实意义。

从公益传播到建设性传播*
——《谢谢你为湖北拼单》之《小朱配琦》专场直播的突破与启示

从 2016 年电商直播伴随着网络直播风口诞生,各大电商平台纷纷推出直播带货模式,到 2019 年李佳琦、薇娅等网络主播"出圈",各大直播平台竞相入局电商领域,电商直播成为行业风口和各方必争的蓝海,2019 年甚至被标注为"电商直播元年"。2020 年,突如其来的新冠疫情将原来的许多线下场景和服务拉到了线上,再次推动电商直播行业应时上扬,直播经济获得暴发式关注。至此,有关电商直播的讨论尚围绕着营销模式、社交新零售、网红经济、数字化商业等关键词进行,内容电商化、电商内容化仅作为一种趋势和发展方向停留在内容创业者、电商从业者的观察与猜想中。

2020 年 4 月 6 日 20 时 15 分,《谢谢你为湖北拼单》公益直播上线。这场由中央广播电视总台(以下称总台)"央视新闻"客户端联合"淘宝"平台发起、由央视主持人朱广权和网红主播李佳琦共同担纲、被命名为《小朱配琦》的公益直播,仅用两个小时便吸引了 1091 万人观看,累计观看量 1.22 亿人次,直播间点赞量 1.6 亿次。直播间推荐产品几乎件件被"秒光",累计卖出总价值 4014 万元的湖北商品;微博话题"朱广权李佳琦直播"阅读量当晚便突破 3.3 亿次,迅速登上微博热搜第一位,持续霸榜 4 小时以上;[①]"小朱配

---

* 本文原载于《中国广播》2020 年第 5 期,与田园、张文娟合作,收入本书时有改动。
① 央视新闻. "小朱配琦"首度在线"营业",为湖北带货超 4000 万元![EB/OL]. (2020-04-07) [2020-04-30]. "央视新闻"微信公众号.

琦""朱广权模仿李佳琦"等相关微博话题阅读量也持续火热，打造了 2020 年开年以来最大的电商直播现象级活动。

事实上，就电商直播的主体而言，除电商平台、网红、演艺明星、线下企业之外，早已不乏政府、地方官员以及媒体的身影，县长直播带货助力当地脱贫、媒体直播助农等均已有先例。那么，此次《谢谢你为湖北拼单》公益直播何以引发如此大的关注？又为媒体的融合传播带来哪些启示与想象空间？这些均值得认真研究与思考。

一、角色重建 + 创新协同，融媒体生态下的社会治理

作为社会子系统之一，媒体一直以来都不仅仅是"作为信息传输渠道"而存在，还同时构建了连接人与社会的桥梁，大众媒体自诞生之日起便承担了一定的社会责任。

在融媒体生态下，大众传媒的社会功能不仅没有因为自媒体、社交媒体等对传播权力的分割而消解，反而得到强化。这是因为随着社会的媒介化趋势加深，媒体同时成为了"作为平台和网络的媒体""作为公共生活场域的媒体""作为人类社会一切活动运行基础设施的媒体""作为环境的媒体"[①]，或者说，媒体成了无处不在的环境。面临媒介生态变局，媒体必须对自身的社会价值与角色进行反思和重新定位。由此，建设性新闻（constructive journalism）概念应运而生。

作为一个"伞式"概念，建设性新闻统摄了适用于严肃题材的方案新闻（Solutions journalism）、专注于政治冲突的和平新闻（peace journalism）、致力于社区冲突的恢复性叙事（restorative narrative）以及聚焦于非暴力处理冲突的预期新闻（Expected news）四大分支。[②] 它根植于公共新闻（public

---

① 文春英，蔡利平."媒体X"：再论媒体的社会功能［J］.现代传播（中国传媒大学学报），2016（12）.
② 转引自：陈薇，王中宇.智媒时代下建设性新闻的价值理性与实践路径［J］.编辑之友，2020（3）.

Journalism）或大众新闻（popular journalism）等已有的新闻形式，以解决方案、未来导向、包容性与多样性、赋权于民、解释性报道以及协同写作作为实践准则[①]，强调媒体立足于公共生活，着眼于从积极的角度解决问题，倡导进步并推动社会发展。

在此视角下来观察《谢谢你为湖北拼单》公益直播，可以发现，无论是在价值导向还是在实践路径方面，活动都带有建设性新闻的某些特质，尽管定位为公益，它却远远超越了传递公益信息与公益理念、激发公益行为的公益传播，而完全可以概括为融媒体生态下由媒体自发打造的一场建设性传播活动。这从以下三个方面便可窥知一二。

其一，媒体在直播中建设性社会角色的构建。总台发起《谢谢你为湖北拼单》公益直播，目的是助力解决受疫情影响湖北农产品滞销之困，直播是其内化于自身的公共服务意识的外在形式。此时，媒体已经具备了面对问题并且解决问题的传播导向，同时，在传统新闻报道"5W"要素的基础上延伸出对"现在怎样"（what now）的思考。

其二，直播活动对新闻报道外延的拓展。围绕疫情造成的湖北农产品滞销难题，总台前期已开展了大量相关报道，3月底还曾推出"我给家乡带个货"专场线上售卖活动。自4月1日起，"央视新闻"客户端联合各大电商平台、生活服务平台和社交平台，联手淘宝、京东、拼多多、苏宁易购、物美、多点等数十个知名品牌，启动"谢谢你为湖北拼单"大型公益活动。这次公益直播，正是这场大型公益活动的一部分。它的实践形态和观照范畴已经迥异于近年来常见的民生新闻、扶贫报道、"暖新闻"、"善传播"等国内的建设性新闻样态，突破了"新闻报道与社会发展"这个单一层面，在监测环境、发现议题、展开报道之外，增添了主动参与的行为维度，使媒体不仅以"告知者"和"旁观者"身份构建公共对话，而且以"践行者"和"参与者"身份积极投身社会治理，具备了建设性传播的核心要义。

[①] 转引自：陈薇，王中宇. 智媒时代下建设性新闻的价值理性与实践路径[J]. 编辑之友，2020（3）. 原文引自：Hermans L，Gyldensted C. Elements of Constructive Journalism：Characteristics，Practical Application and Audience Valuation[J]. Journalism，2019，20（4）：535-551.

其三，直播活动的多方协同力量。不同于一般意义上的新闻报道或公益活动，在这场直播活动中，媒体不仅利用自身平台优势进行了倡导和呼吁，而且有效地调配和吸纳了网红的力量、公众的力量，促进各方资源广泛参与，以协作形式形成解决方案，以实现对公共领域和社会共识的维护。媒体、网红、公众三者合力共同完成了直播的内容生产。

必须指出的是，以5G为代表的各类新技术所带来的互动参与感和打破空间概念的消费体验感是促成这场由媒体主导、多元主体在公共空间聚集并推动问题解决的直播得以完成的前提。或者说，这场独具特色的建设性传播活动正是融媒体生态下媒体参与社会治理的一种别样图景。习近平总书记在十九届中央政治局第十二次集体学习时曾指出："从全球范围看，媒体智能化进入快速发展阶段。我们要增强紧迫感和使命感，推动关键核心技术自主创新不断实现突破，探索将人工智能运用在新闻采集、生产、分发、接收、反馈中，用主流价值导向驾驭'算法'，全面提高舆论引导能力。"这为主流媒体在面临技术冲击、影响力式微、流量焦虑、算法焦虑、假新闻泛滥等问题时的路径选择提供了根本遵循。而《谢谢你为湖北拼单》公益直播为融媒体生态下主流媒体甚至整个传媒业核心价值的重塑和生存方式的拓展提供了一种新的想象空间。

二、优质流量+魅力人格，"红人效应"引导下的关系连接

疫情期间，在以媒体为主导开展的直播助农活动中，《谢谢你为湖北拼单》公益直播并非首例。2月，南方报业集团"南方Plus"客户端曾联合广东省农业农村厅发起《我们帮你来卖货》直播；3月，湖北利川融媒体中心联合当地团堡镇商会推出"战'疫'助农、共渡难关"山药线上销售活动；4月，上海"澎湃新闻"和"趣头条"联合启动"买鄂"——助力湖北农产品推广月行动。此外，济南广播电视台、湖南经视频道等也推出了类似的公益直播活动。但相较而言，《谢谢你为湖北拼单》公益直播之所以能够获得现象级的关注度和影响力，与其对"人格化IP"的成功利用有密切关系。

在大众媒体向分众媒体再向社交媒体、自媒体发展演变的过程中，除功

能的转型、形态的更迭、内容的变化之外,还在传播方式上催生了一种新的尺度——人格化传播。人格化传播是指在传播中凸显"人"的因素,赋予传播主体、传播符号和承载在传播符号上的精神内容以人格化特质,帮助用户通过个性鲜明、情感饱满、以"人"为具象来感知媒体,以建立起用户对媒体的"好感和信任"的传播策略。①

在前期预热宣传中,"央视新闻"便为首场《谢谢你为湖北拼单》公益直播取了一个接地气而又容易让受众形成记忆点的名字——《小朱配琦》。由此,这场直播被高度具象化到了两位带货主播身上。作为一场直播中最重要的元素,这场直播的两位带货主播都有鲜明的个性化标签:朱广权,总台电视新闻节目主持人,2017 年在播报新闻时曾生产出"地球不爆炸,我们不放假;宇宙不重启,我们不休息"的网红段子,是 2019 年被网友喊话"C 位出道"的"央视 boys"之一,具有"最强段子手""押韵狂魔""央视 freestyle 之王"等众多"头衔";李佳琦,知名网络主播,成功挑战"30 秒涂口红最多人数"的吉尼斯世界纪录,是 2019 年的超级网红"带货一哥"。

对网友而言,主流媒体与网红个人的合作原本就已充满看点,而"朱广权+李佳琦"这样的搭配更不啻为"王炸组合","央视新闻"直播间与李佳琦直播间同框直播、同台带货,这对受众参与性形成了强效刺激。就这场带货直播来说,朱广权是跨界做自己不擅长的事,他所代表的主流媒体是优质内容的代言,对直播活动的合法性进行了"国家级"认证;朱广权个人的差异化人格也是后续人格化内容表达体系生成的保证。李佳琦是专业的人做专业的事,自带流量,能够以自身的意见影响力对所售卖商品进行"背书",是这场直播的重要"入口"。作为稀缺的"魅力人格体",他们均具有强大的内容生产能力和用户运营能力,同时他们所生产的内容也具备移动互联网语境下的可扩展性(以社交分享为导向)、可连接性(基于特定人群的圈层化表达)、可转化性(适度跨界,层次感更丰富,更具传播能力)、可识别性(对

---

① 史晨. 社交媒体语境下的人格化传播策略研究[J]. 新媒体研究,2019(6).

用户形成高度聚合的可辨识性和稀缺性价值)。①

从传播学理论的本体论来看,传播主要有两种类型:一种是二进位地、数值化地对信息符号进行编码,倾向于内容的表达;另一种是类似的通过象征符号如姿态、情感和背景等进行外在表象的传播,倾向于关系的表达。②《小朱配琦》专场直播正是通过"红人效应",将传统传播活动中"数值化线性表达"的信息传播转变为以人为中心的关系传播、人格化传播,从而实现了最广泛的关系连接。

三、次元破壁+差异话语,"反差萌"包装下的价值共建

面对全新的媒介传播生态,主流媒体需要突破自我,求新求变。以总台为例,从上线5G新媒体平台"央视频",到推出短视频专栏《主播说联播》、平民化报道形式《康辉的Vlog》,再到入驻抖音、快手、B站(哔哩哔哩)等平台,既是对新圈层的一次次入围,也是对自身"舒适圈"的一次次突围。此次《小朱配琦》公益直播更被业内坊间认为是"破次元壁"的新闻大事,"因为朱广权与李佳琦的跨界合作既象征着传统媒体从电视屏幕中走出来,也意味着草根网红得到了官方的认可,'主流'与'草根'之间的界限越来越模糊"③。

在这场具有强公益性的破次元壁直播中,尽管作为主流媒体的"央视新闻"放低姿态,走入"凡间",却并未将其视为迎合移动潮流风和用户审美的降维行动,而是始终没有放弃自身文化引领的重任。新闻主播朱广权与直播带货生态"不合群"的动作、风格和语言体系等,反而与专业带货主播李佳琦碰撞出奇妙的化学反应,产生出独特的"反差萌"效果。

一方面,朱广权与李佳琦截然不同的语言调性成为这场公益直播的最大

---

① 吴声著. 超级IP:互联网新物种方法论[M]. 北京:中信出版社,2016:52-53.
② 陈先红. 论新媒介即关系[J]. 现代传播(中国传媒大学学报),2006(3).
③ 完颜彪. 从康辉的vlog到"小朱配琦"直播,主流媒体的抗争与妥协[EB/OL].(2020-04-09)[2020-04-30]."暨者"微信公众号.

看点、亮点与卖点,也不断戳中网友"嗨点"。直播中,李佳琦以网友熟悉的超快语速介绍产品的特色,朱广权则以新闻播报语速将产品的历史文化背景糅入押韵段子。"有文化"的朱广权不仅让李佳琦感叹自己"被升华",也让网友大呼"不是来看直播的,是来上网课的"。他们在朱广权的"文化带货"和李佳琦的叫卖高频词"买它买它买它""好好吃"之间,欣喜地找到了不同次元碰撞的妙趣,而直播中不时穿插的"让朱广权以李佳琦的方式卖货""请李佳琦播一段新闻"等小环节更是彻底击中网友的期待欲。朱广权的语言体系与自身新闻主播身份的反差、与常见直播带货语言体系的反差,贡献了大量社交资产,吸纳网友广泛参与、互动,在"买"与"卖"的同时完成了直播内容的价值共建,其带货文案也在直播后被反复传播。

另一方面,朱广权第一次带货直播的紧张、窘迫和"被迫营业"感也让直播显得更为真实、生动。"有观众发现他不时翻着桌上的打印好的稿纸,忍不住在弹幕上吐槽'朱老师在对流程了';当李佳琦激情四溢地介绍某样商品时,朱广权有时会低头看稿陷入沉默,有人调侃'朱老师开始待机,插不上话';当直播接近尾声时,不少观众从他的表情中解读出'朱老师想下班了'。"① 而恰恰是这些貌似"不合时宜"的一举一动深深吸引了网友的关注,并不断延长网友的互动链。说完结束语后的朱广权在直播镜头前一边吐着舌头,一边倒向椅背,被网友做成表情包,成为当晚传播最多的视频。央视新闻微博话题"朱广权累瘫了"阅读量已突破3.8亿人次。此外,直播中的一些"小意外"也恰到好处地输出着笑点:直播是"云录制",直播到半小时的时候,涌入直播间的人太多,导致网络中断无法连线,两边主播只能自说自话;商品链接刚上完,商品便秒空,此时直播线路出现卡顿,结果定格了朱广权惊讶的表情;两个直播间连线一直不成功,两人只好在各自直播间继续卖货,朱广权却忘记了产品价格。这些不乏尴尬的"翻车"事故不仅没有伤及大雅,反而在有效黏合网友的同时创造出大量意外"互动话题"——"商品下架连

---

① 钟菡. 朱广权联手李佳琦"小朱配琦"的成功有哪些启示?[EB/OL].(2020-04-08)[2020-04-30].http://media.people.com.cn/GB/n1/2020/0408/c40606-31664919.html.

带着朱老师也一块下架了""求手语老师上线"。

四、主流媒体＋直播电商，多元场景赋能下的创新跨界

梳理当前的融媒实践，媒体＋公益＋直播的模式并不鲜见，媒体与电商的跨界也不乏先例。不过，此前媒体＋电商中的电商通常指一种业务形态，是媒体借助内容＋品牌＋渠道探索自身流量变现的尝试，也是其构建跨媒体生态系统的重要一环。对大多数媒体而言，直播电商仍是一个相对陌生的领域。而《小朱配琦》专场直播，因有李佳琦的加盟和朱广权的深度介入，成为一种并不多见的媒体跨界电商形态，也为媒体的跨界融合打开了想象的大门。

分析来看，这次跨界的成功与其多元场景的构建密不可分。网络直播基于其移动性，将处于不同时空、情境中的人随时随地接入流动网络，压缩到同一时空中，既颠覆了传统意义上固定而单一的物理空间，也在新的流动空间中以用户需求为导向创造出新的场景。但是，传统新闻直播中，"观看场景"是主要场景，"社交场景"是辅助场景；纯粹的电商直播中，"营销场景"是主要场景，"社交场景"则围绕"营销场景"展开。而《小朱配琦》专场直播却通过媒体与电商直播平台的跨界，将"观看场景""营销场景""社交场景"统摄相融，短时间内迅速将直播带货三要素"人""货""场"合而为一。在这一多元场景相互勾连的直播中，"观看场景"负责主场引导，"营销场景"提供精准服务，"社交场景"激发用户共情，且"社交场景"不再只作为辅助角色出现，而具备了一定程度的功能性意义，成为用户与主播完成价值共建的载体。由此，该直播场景不再仅仅是有形的时空场景，同时也是包含了社会要素、情感要素的价值场景，无论是社交指向的媒介接触，还是休闲指向的媒介接触、工具指向的媒介接触[①]，都能在这一场景中达成目标。

有了来自电商平台的加持和多元场景的赋能，媒体在这场直播中的收获

---

① 喻国明，方可人.传播媒介：理论认识的升级与迭代——一种以用户价值为逻辑起点的学术范式［J］.新闻界，2020（3）.

显而易见：从传播平台来看，直播在"央视新闻"客户端和"央视新闻"微博与"淘宝"平台同时上线，由于直播的目的最终指向卖货，需要受众观看后付诸明确的行动——购买，因此在工具性更强的"淘宝"上吸引了更多人观看。直播过程中，不时会有"佳琦直播间"和"央视新闻直播间"双方的品牌露出，此时，在电商平台形成的巨大流量或多或少实现了对媒体平台的导流，从而带动了媒体平台的传播力，而媒体受众与网红拥趸之间也实现了粉丝的相互转化与对流。从直播效果来看，公益往往更容易在社会效益中取胜，而此次带货公益直播却实现了流量与销量的双丰收，既达成了很好的社会情感动员效果，也收获了霸榜微博热搜、巨大流量的极佳传播效果。直播结束后，很快便有自媒体号发出相关讨论文章，直播本身成为热门话题。B站上由UP（uploader）主自发上传的"朱广权模仿李佳琦，最想删掉的一段视频""朱广权Reader教你如何介绍湖北特产"等碎片化短视频持续热传，后续央视新闻微博发起的"湖北特产晒单大赛"更是大大延长了直播的传播链条，提升了媒体在受众心中的好感度和影响力。

《小朱配琦》之后，总台《谢谢你为湖北拼单》公益行动的第二场直播《谁都无法祖蓝（阻拦）我夏丹（下单）》也紧凑上线，并持续火热。"央视频"联合"淘宝""长江云"平台，湖北省30个县的县长参与，共同推出《搭把手拉一把》14小时不间断直播。直播带货正在精准扶贫、媒体助农的公益道路上越走越宽阔。

总台的成功直播带货以天时、地利、人和激活了特殊时期的特殊效应。成功的《小朱配琦》背后，有没有经验不足值得总结？这些当然值得我们做认真的思考，但这丝毫不影响我们从这场特别的公益直播创新中挖掘出诸多的创意与启示：媒体需要在生态变局下重新思考自身的主流价值，建设性传播或许是一条可行之路；个体媒介消费的多元场景呼唤媒介内容生产和传播规则的改进与创新，媒体在泛内容创意上可以不拘一格；媒介融合大环境下，传统媒体和新媒体的内容输出形态、风格需要相互结合、借鉴；主流舆论场需要将民间声音汇入整体的宣传声量，形成舆论共振；社会公益与商业目标并非势不两立，而是完全可以共赢。

新时代背景下的"君子中国"形象建构刍议*

改革开放四十余年来,中国已成功崛起,党的十九大报告明确作出中国特色社会主义进入新时代的重大政治论断。今天,党的面貌、国家的面貌、人民的面貌、军队的面貌、中华大地的面貌均已焕然一新。立足新的起点,踏上新的征程,中华民族正在创造新的辉煌。面对世界百年未有之大变局和中华民族伟大复兴的历史性交汇,我们亟须解决一个问题:中国、中华民族应当以什么样的本质、身份确立自我?换句话说,中国、中华民族应当以什么样的角色、形象屹立于世界民族之林?

放眼世界,英国人以绅士风度著称,法国人以浪漫风格闻名,美国人以个性自由名世,俄罗斯人以战斗精神冠绝。那么,我们中国人(尤其是今日之中国人)、中国、中华民族应该以什么样的身份和形象屹立于世界民族之林呢?地球人都知道,古老的东方有一个历经磨难的礼仪之邦,如今正焕发出勃勃生机。那么,用什么样的概念表述它才是最合适的呢?在这里,我尝试推出一个"君子中国"的概念。

一、"君子中国"的历史与现实资源

"君子"文化在中国古代源远流长,可以追溯到先秦之远。"君子"一词的本义,特指"君之子",到了孔子手中,这一概念实现了从"有位者"到

---

* 本文原载于《中华君子文化》第四辑,九州出版社 2022 年版,收入本书时有改动。

"有德者"的转换。自此以后,"君子"的内涵积淀越来越深厚。

在儒家文化体系中,"君子"与"小人"是一组对立的范畴,"君子"的具体规定,首先通过与"小人"的比较而得到展现。如"君子和而不同,小人同而不和"①;"君子泰而不骄,小人骄而不泰"②;"君子喻于义,小人喻于利""君子坦荡荡,小人长戚戚"③;"君子成人之美,不成人之恶。小人反是"④;"君子上达,小人下达"⑤;等等。通过学识修养、思想道德、人格境界等一系列的对比,"君子"重利轻义、安贫乐道、胸怀天下的形象得以凸显出来。

尤其需要指出的是,在中国古代,既有"君子"之称,也有"君子国"之谓。所谓"君子",是对"有德者"的尊称;所谓"君子国",则是对理想社会的美誉。在"君子国"里,"君子"是整个社会的人格楷模和理想追求;可谓"君君,臣臣,父父,子子",长幼有序;可谓"老者安之,朋友信之,少者怀之"⑥;可谓"天下为公,选贤与能,讲信修睦。故人不独亲其亲,不独子其子,使老有所终,壮有所用,幼有所长,鳏寡孤独废疾者皆有所养"。在"君子国"里,"君子"个体塑造的指向是建构君子群体、君子社会,并最终建立起理想化的君子国度。

众所周知,近代以来,由于西方列强的坚船利炮和西方文化的破门而入,封闭、稳定的封建社会结构逐渐失去平衡,中国一步步沦为半殖民地半封建社会。随着社会的变迁,以儒家思想为核心的宗法文化逐步失去生存的土壤,所谓的"君子"文化也不可避免地步入危机。

如今,中国人的生活总体上已经达到小康水平,许多有识之士已经敏锐地认识到,重建"君子"文化恰逢其时。2014年6月13日,《光明日报》头版头条刊发了安徽省社科院研究员钱念孙先生的《君子文化与社会主义核心

---

① 杨伯峻. 论语译注 [M]. 北京:中华书局,1980:141.
② 杨伯峻. 论语译注 [M]. 北京:中华书局,1980:143.
③ 杨伯峻. 论语译注 [M]. 北京:中华书局,1980:77.
④ 杨伯峻. 论语译注 [M]. 北京:中华书局,1980:129.
⑤ 杨伯峻. 论语译注 [M]. 北京:中华书局,1980:154.
⑥ 杨伯峻. 论语译注 [M]. 北京:中华书局,1980:65.

价值观》一文。文章从贯彻落实习近平总书记"培育和弘扬社会主义核心价值观必须立足中华优秀传统文化"的高度,阐述了君子文化是中华民族的深层精神追求和独特精神标识,体现了中华文化的优秀基因;他呼吁,要采取有效举措激活和倡兴君子文化,在社会逐步形成崇尚君子品格、大兴君子之道、争做正人君子的风尚。如今,许多地方在地域文化建设方面已经迈出有力步伐。如山东省威海市将"君子之风,美德威海"确定为城市名片;安徽省将蒙城和桐城两座文化古城确定为君子文化推广试点县;等等。

在这样的资源和背景下,推出"君子中国"的概念可谓恰逢其时也。笔者认为,在重拾君子文化精髓的基础上,进一步推陈出新,建设一个新时代的君子社会、"君子中国",既是必要的,也是可行的。

二、"君子中国"的两个层次及其基本内涵

众所周知,今日世界不同于昨日世界,今日君子不同于昨日君子,因此,今日"君子中国"的内涵自然不同于封建时代的"君子国度"。那么,今日"君子中国"的具体内涵是什么呢?

首先,我们需要明确的是,同古代中国一样,今日之"君子中国"也包括两个层次,分别是"君子"个体("中国君子")和"君子"群体("君子中国")。两者既有联系又有区别,毕竟"中国君子"针对的是个体,而"君子中国"指向的是群体,二者的侧重点是有所不同的。

先看"中国君子"。所谓"中国君子",是不是应当偏重于个体的现代性人格的完善层面,应当具有如下特点?

如自强不息,厚德载物;诚实守信,重情重义;君子爱财,取之有道;勇于担当,顾家爱国;尊师重教,尊老爱幼;遵纪守法,洁身自爱;热爱公益,自觉保护环境;等等。此外,《论语》说:"质胜文则野,文胜质则史。文质彬彬,然后君子。"也就是说,质朴多于文采就难免显得粗野,文采超过质朴就难免流于虚浮,只有外在仪表与品格、学识等内涵完美地结合在一起,才能成为真正的君子。因此,当代"中国君子"在仪表风度、装束谈吐方面,

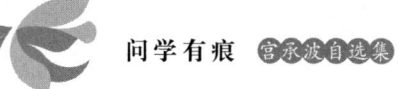

即使不必如六朝人那样"朗朗如玉山上行",也应适当讲究。

再看"君子中国"。所谓"君子中国",是不是应当偏重于当代世界格局中大国责任的担当层面,应当具有如下特点?

从国内视野来说,首先要办好自己的事。如奉行和谐社会理念,重视人民的幸福感;维护公平、正义,关注、关怀弱势群体;既要重视经济发展,也要重视政治进步;民主与法制共抓共进,坚持德法并举;等等。其次要坚持绿色发展,建设生态文明。直到今天,中国是世界最大发展中国家的国际地位并没有变,我们应从人类整体着眼,坚持科学发展、绿色发展、可持续发展。我们曾热烈欢呼工业文明的到来,并尽情品尝工业文明所结出的累累硕果,而今却不得不品尝工业污染这杯苦酒。从宏观角度来看,从农业文明到工业文明再到生态文明,是人类文明发展的一般规律,生态文明可谓人类文明发展的新形态。作为"君子中国",我们理应走在世界前列。

从全球视野来说,要树立勇于担当、敢于负责的大国形象。

一方面是勇于扶弱。崇拜强者是人类的天性,而扶助弱者则是人类一种深广的大爱。扶弱济贫既是"中国君子"的美德,也应当成为"君子中国"的美德。人类生活在同一个地球村里,共同走向富裕美好的生活,是地球村之大幸。扶弱济贫、合作共赢,就是"君子中国"的风范。长期以来,我们与广大发展中国家的互助合作,如今我们正在实施的共建"一带一路"、构建人类命运共同体等,无不是其具体表现。

另一方面是敢于抗强。孔子的"忠恕之道"明确反对以武力和强权征服天下,而是提倡以仁德治理天下。当今世界并不太平,霸权主义、强权政治依然存在,敢不敢抗强抗暴、主持公道,就成为检验一国是否为负责任大国的试金石。因此,我们应当始终站在和平稳定一边,站在公道正义一边,做世界和平的建设者、全球发展的贡献者、国际秩序的维护者。这才是"君子中国"应有的国际形象。

总之,"君子中国"的两个层次("中国君子"和"君子中国")虽然各有偏重,却是紧密联系、相互贯通的。从一定程度上来说,"中国君子"就是"君子中国"。究其原因,在于"君子中国"的实现依靠每一位"中国君子"

的确立,而每一位"中国君子"都代表了"君子中国"。这就要求每一位中华儿女都以"君子"的标准要求自己,人人争做君子。每一位中国人都成为君子后,"君子中国"不就自然实现了吗?

三、"君子中国"的实现路径

人人争做君子,这是"君子中国"实现的基本路径。具体来说,可从如下方面入手。

其一,从官员、知识精英阶层抓起。

《论语》说:"君子之德,风;人小之德,草。草上之风,必偃。"[①] 也就是说,具有"君子"风范的官员、知识精英阶层,其人格品行好比是"风",普通民众的行为道德好比是"草",风向哪边吹,草就会向哪边倒。

其二,自塑与他塑并重。

所谓"自塑",是指本国民众、本国媒体围绕本国的客观存在、主观认知和自我意志来塑造本国形象。所谓"他塑",是指一个国家,尤其是他国媒体基于自身的意识形态架构、情感意志和利益关系等塑造他国形象。"自塑"虽然是建构国家形象的主要渠道,但"他塑"也不容忽视。众所周知,一国的国家形象是"自塑"和"他塑"博弈的动态存在。目前,我们尤需重视和加强的应是"他塑"。山东农村有句俗语:"自夸千言,不如人夸一句。"

其三,重视视听传播。

视听传播是一个国家的经济发展、政策体制、民族精神、文化传承、外交事务、民众生活的形象记录和真实呈现,实际上传达的是一种政治理念和价值观。因此,视听传播是建构国家形象的重要手段,其艺术感染力和视听震撼力是传统的文字传播无法比拟的。近年来,我们一直在致力于向世界讲好中国故事,传播好中国声音。有了好的故事,再辅以生动而多元的影像传播,不就可以向世界展现一个更加鲜活生动、包容多元的"君子中国"吗?

---

① 杨伯峻. 论语译注 [M]. 北京:中华书局,1980:129.

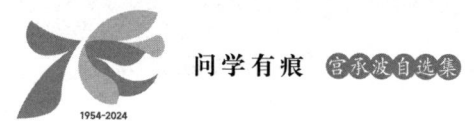

"陌生化"理论与媒介传播及媒体创意*

一、何谓"陌生化"理论

"陌生化"理论,是1917年由俄国形式主义美学的代表人物之一维克托·什克洛夫斯基(1893—1984)在其重要论文《作为手法的艺术》中提出的。

什克洛夫斯基认为,诗歌艺术的基本功能是对日常生活的感觉方式所支持的习惯化过程起反作用,诗歌的目的就是颠倒习惯化的过程,使熟悉的东西"陌生化"。他进一步认为,通过"陌生化"(或称"反常化"),人的意识得到升华,从而重新构造出对"现实"的普遍感受。① 也就是说,诗歌的要旨在于通过其特有的语音、韵脚、节奏、格律之类的"音位化"形式,将人们司空见惯的现实"陌生化",正是通过这种"陌生化",彰显出世界的本质。

关于"陌生化"理论,后人多从审美效果的角度加以理解。作为一种审美效果,事实上,"陌生化"可以说是审美领域的一种普遍现象。

众所周知,某种民族美能够突破民族范围而走向世界,固然是由于民族美本身含有某些人类共同美的因素;但是另一方面,从接受美学的角度看,

---

* 本文原载于《新闻传播学前沿2005》,中国传媒大学出版社2006年版,收入本书时有改动。
① 朱立元. 现代西方美学史 [M]. 上海:上海文艺出版社,1996:356.

也同受者审美心理求新求异、趋向"陌生化"的本质特征直接相关。对异民族来说，一种民族美总有其特异和"陌生"之处。譬如《蒙古秘史》，几个世纪以来，之所以一直引起外部世界的瞩目和浓厚兴趣，一个重要原因就是其展现了古代蒙古民族鲜为人知的广阔天地和一系列特异的精神现象。如作者把激烈残酷的战争，"人对人像狼一样"的攻伐劫掠视为正常的生产活动，完全取静观甚至赞赏态度，没有丝毫的恐惧或悲悯。再如，古代蒙古人有着强固的血缘家族观念，把部落团结、家族和睦视为生存竞争的前提条件，所以背叛家族、分裂部落的行为必然遭到严厉谴责和惩处，所以他们都重承诺、贵友情，为此甚至不惜付出生命代价。札木合与成吉思汗曾是情同手足的"安答"（盟友），后来在部落战争中反目成仇，互相攻伐。札木合被俘，自责践踏了誓言，背弃了友谊，主动要求"赐死"。他说："（我们）一块吃了不能消化的吃食，一块说了不能忘记的话语"，"（如今我）已成为你领襟里的虱子，你底襟下的草刺"，于是拒绝成吉思汗的赦免，俯首就戮（以毛毡裹身摔打致死——处死贵族之法）。再如，成吉思汗登基后兄弟不睦，他的母亲便当众盘膝而坐，裸露双乳，对他严加训斥："谁提着你们的肩膀，使你们和男子一样高？""你不是——暖乎乎地从这个肚皮里生出来的吗？"表现了古代蒙古人旷达率真、粗犷不羁的亲子之爱和特有的伦理道德观念。总之，《蒙古秘史》处处散发着一种浓郁的草原生活气息，古代游牧民族的思维特点、表情达意的方式、伦理道德观念以及风土人情等不由得令人惊叹，引人入胜，一幅幅雄奇瑰丽的风俗画和风景画生动地展示出一种特异的心理图式。正如郑振铎先生所称赞的那样，可谓浑朴天真，生气勃勃，"真实地传达出这游牧的蒙古人的本色来了"[①]。

"陌生化"效果既存在于不同的民族中，也存在于不同的地域中。鲁迅先生就曾经指出，民情风习、地方色彩，往往因为它的新奇和富于知识而能赢得异地受者的喜爱，"自己生长其地，看惯了，或者不觉得什么，但在别地方

[①] 梁一儒，宫承波. 民族审美心理学[M]. 北京：中央民族大学出版社，2003：180-181.

人，看起来是觉得非常开拓眼界，增加知识的"①。他以杨桃为例，说这种在南方司空见惯的东西，一旦让北方人见到，简直就像"看见了火星上的果子"，立刻激起求知欲与好奇心。于是，审美愉快便油然而生。

在日常生活中，"陌生化"效果更是普遍存在。熟悉的对象或刺激物，由于司空见惯、习以为常，往往导致心理功能的一种自动化或弱化倾向，造成兴奋神经的钝化产生情绪、情感上的厌倦和疲劳。唐代文学家韩愈就曾指出："夫百物朝夕所见者，人皆不注视也；及睹其异者，则共观而言之。……若皆与世沉浮，不自树立，虽不为当时所怪，亦必无后世之传也。足下家中百物，皆赖而用也；然其所珍爱者，必非常物。"黑格尔也曾指出："众所周知的东西，正因为它是众所周知的，所以根本不被人们所认识。"然而，一旦接触到新鲜的富于刺激性的对象，审美主体则会立刻产生惊喜。所谓"异"与"怪"的东西，之所以具有审美价值，正是由于其刺激性，由于审美主体由"睹异"从而产生"珍爱"和审美愉快。②

总之，求新求异，不断突破和超越旧的心理模式，建构新的心理模式，这是人的心理的一种固有的机制和品格。这是因为，新鲜的富于刺激性的审美对象作为一种反抗因素，必然要突破审美主体心理上的"先在结构"，这时候，就会激发中枢神经系统的兴奋，从而引起精神上的愉悦和满足。正是因此，人的审美注意触角才有一种自然地伸向陌生天地的欲望，从而促使行为主体不断地突破现实视域、不断地去未知领域中寻幽探秘，寻求意想不到的精神满足。新的审美客体或具有刺激性的信息，只要是健康的而不是病态的，是新奇的而不是怪诞的，就一定能够冲破时空界限，拨动心灵的弦索。这便是"陌生化"现象形成的心理学原因，也是"陌生化"效果的审美价值所在。

在这里，有必要特别指出的是，笔者认为，所谓"陌生化"效果，可以说是从受者角度接受审美信息时的一种感觉、一种效应；而从传者角度看，"陌生化"也可以看作一种建构、操控审美信息的艺术手段和策略。正是从艺

---

① 鲁迅. 鲁迅全集：十［M］. 北京：人民文学出版社，1982：156-157.
② 梁一儒，宫承波. 民族审美心理学［M］. 北京：中央民族大学出版社，2003：152-154.

术手段和策略的角度，笔者认为，"陌生化"理论能够对媒介传播及媒体创意提供重要启示。

二、追新求异："陌生化"理论的启示之一

作为一种艺术手段和策略，笔者认为，"陌生化"理论对媒介传播及媒体创意的首要启示是，媒介信息的建构与传播应当具有一种追新求异意识。因为，只有新异、新鲜的媒介信息，才能够有效地诱惑受众、抓住受众，获得良好的审美效果与传播效果。如前所述，来自异域的、陌生的信息不是更容易激发惊异、新奇的心理效应吗？

一些成功的媒介行为或现象，可以说是对"陌生化"理论的有力说明和阐释。如电视综艺节目，之所以赢得广大受众喜爱，有较高的收视率，一个重要原因就是其节目形态及节目内容变化多端，风格与众不同，信息传播富有新鲜感与冲击力。

再如美国的探索频道（Discovery），其收视率较高的原因即在于，该频道节目触角深广，视野开阔，陌生、新奇的信息滚滚而来。举凡人与自然、考古与地理探险、民族文化、动物乐园、环保与科技探索等无所不及，水下、空中，不断运动变幻的摄影技术带来的视觉冲击让人目不暇接。

再如云南省的影视产业。20世纪五六十年代以来，云南省的影视产业一直有不俗的表现。进入新世纪以来，更是呈现出勃勃生机，出现一大批内容丰富、形式多样的作品，在国内外获得各类奖项，引起广泛关注。

笔者认为，从传播学角度分析，云南影视产业兴盛的主要原因大概有以下两个方面：其一，从自然资源角度看，云南素有"天然大摄影棚"之称。云南是各种气候类型的大熔炉，是地形地貌多样性的博物馆，是生物多样性的大观园。这里的气候、地形、地貌以及生物多样性造就了旖旎迷人的自然风光，如香格里拉、三江并流、石林、大理、西双版纳等。正是这些鬼斧神工、让人叹为观止的自然景观，为发展影视产业提供了绝佳的条件。其二，从人文资源角度看，浩繁的民族文化资源为影视产业的繁荣提供了肥沃的土

壤。云南是中国少数民族最多的省份，现有少数民族25个，是一个世界上少有的多民族群体、多文化形态的共生带。在漫长的历史发展中，多民族共生的特殊环境，孕育、创造了绚丽多彩的少数民族文化，成为中华民族文化的一个富有特色的组成部分。各民族的神话、传说、史实等各具特色，引人入胜；各民族的歌舞、风俗、工艺品、服饰、建筑、饮食、节祭等交相辉映，丰富多彩，构成了特色鲜明的民族风情。总之，内容、题材上的少数民族特色，对一般受众的"陌生"感、诱惑力，无疑是其影视剧受到青睐、欢迎的重要原因。

由著名导演陈凯歌执导的电影《无极》就是在云南元谋影视基地拍摄的外景。在第56届戛纳电影节上，该片举行了声势浩大的影片推介会，引起世界近300位发行商、电影人和近百名各国记者的关注。评论界认为，该片吸引全球电影界的亮点之一即在于其浩大壮观的外景：雄奇俊秀的金沙江峡谷风光，雄浑苍凉、具有梦幻般色彩的土林，以及古朴深厚的民族文化，为影片中的一系列精彩场景注入了强烈的主观色彩，营造出充满想象力的魔幻气氛，使画面感直接而强烈，大气磅礴而又绚丽迷人，呈现出一种西南文化特有的神秘色彩。①

当然，也必须指出，强调媒介信息"陌生化"，并不是说越陌生越好。传播学的基本原理告诉我们，信息能否顺利地被受者所理解和接受，取决于信息内容与接受者经验范围重合的程度。其重合度过高，即为受者所熟悉，虽容易理解，但由于缺乏新意，效果自然不会好；而重合度过低，虽能引起受者兴趣，但由于受者难以获得准确理解，所以效果也是不会好的。比如，在中国，美国大片就不如韩国电视剧更受欢迎，何以如此？这是因为，儒家文化的浸润和影响，使中韩两国人民在家庭伦理、亲情友情等文化观念方面相知、相通的地方多一些，所以中国人的经验范围与韩剧的重合度必定会高一些，所以对韩剧中的信息内涵认知、理解得也自然会深一些，从而就会平添许多对韩剧的亲切感。正是由于同样的道理，政治意识较浓的电视剧以及

---

① 盛云富. 发展独具特色的云南影视文化产业 [J]. 中国广播电视学刊, 2005 (9).

洗练流畅、幽默风趣的东北小品剧似乎在中国北方更受欢迎，而缠缠绵绵、剪不断理还乱的港台电视剧则在南方更有"人缘"。有材料表明，1999年，《雍正王朝》在北京的收视率达到30%以上，在上海却不足5%；而同期，《还珠格格》在上海的收视率却达到40%。①

事实上，每个地区都有自己独特的环境资源，大众传播只有与环境资源相匹配，才能获得成功。媒介传播、媒体创意要获得满意的效果，就要对媒介信息的构建与传播自觉地追求一种"陌生"感，甚至可以认为，追新求异是媒介信息的本质特征之一；同时，还应当根据目标受众特点，在"陌生"与"熟悉"之间，恰到好处地把握一种分寸感。

三、化习见为陌生："陌生化"理论的启示之二

如上所述，媒介信息的构建与传播既然以"陌生化"追求为本质、为自觉，那么人们熟识的生活和现象是不是就无法进入媒介信息的视野了呢？当然不是。

"陌生化"理论对媒介传播、媒体创意的另一启示是，对于人们熟悉的生活和现象，如能化习见为"陌生"，与客观现实拉开适当距离，同样能够获得满意的审美效果与传播效果。像对本已熟识的风景，如以倒立姿势远望，仍可以领略到一种奇特新鲜的美。

电视剧《贫嘴张大民的幸福生活》之所以反响强烈，受到观众欢迎，其关键即在于既取材于市民生活，又超越于市民生活，与市民的日常生活似即似离，又非即非离。

电视剧《红蜘蛛》曾红极一时，给观众以强烈的视觉冲击和心灵震撼，虽连续播出，收视率仍居高不下。该剧以超纪实的手法真实地再现了10个残忍而又凄凉的女性犯罪故事，客观地展现了这些女性在生活中遇到的种种矛盾与冲突，记录了其心理蜕变的轨迹与生命终结之前的告白和忏悔。该剧导

---

① 李良荣. 新闻学导论 [M]. 北京：高等教育出版社，1999：191.

演都晓承认，其实《红蜘蛛》的制作比较粗糙，演员也都是自然朴实的群众演员，没有表演经验，之所以有那么高的收视率，是由于找到了与观众沟通的渠道——故事都是真实的，发生在杭州、温州、深圳、郑州、上海、武汉等地，观赏中你会感觉到，这些故事似乎在身边，又似乎很遥远。

《最后的山神》是一部反映鄂伦春民族传统生活的纪录片，虽然从人类学的角度看这不能算是一部好作品，但从追求收视率的角度看，却应当承认它是成功的。片子从景观到人物及其生活方式，都拍得很有美感，甚至有些诗意，鄂伦春人的无奈和艰辛没有了，鄂伦春人的生活被美化了。这是鄂伦春人的生活吗？应当说是，又不完全是。

《雾都夜话》是重庆卫视的一个品牌栏目，创办于1994年9月，是一个以重庆方言作为叙述语体的方言短剧节目，据说，也是中国电视节目史上的第一个方言栏目。

栏目开篇即直言不讳："这不是电视剧，这是真人真事，是地地道道的重庆人自己演自己的故事。"也就是说，栏目不仅是"讲述老百姓自己的故事"，更是"重庆人自己演自己的故事"，加上以重庆方言作为叙述语体，所以有着非常浓郁的巴渝风情和地方特色。内容上，定位于与老百姓的生活息息相关的话题，并且以情感故事为主。从子女上学、下岗就业、婚恋家务到柴米油盐，大凡近期老百姓操心费力的家长里短，《雾都夜话》都能予以及时反映。其中的演员，大部分由当地普通群众报名出任，虽经过挑选，但没有受过专业训练，所以表演上相当生涩。但是，创办十年来，从重庆到走向全国，从周播到日播，《雾都夜话》走过了10年传奇，其收视率创造了重庆电视台文艺类栏目之最，甚至超过了电视剧，是重庆地区收视率和收视份额唯一进入全国前十名的栏目。

该栏目何以如此富有生命力呢？节目创办之初，制片人就走街串巷，用半年时间深入三峡库区和各区县调查老百姓究竟喜欢看什么。开播之后，栏目组又和重庆电信局联合搞了一个强大的声讯网，每期节目播完之后，都会有很多电话打过来，观众有的哭，有的骂，纷纷讲述自己对节目的评价，还有的观众受到节目感染，把自己的生活经历告诉栏目组。这些意见、这些来自老百姓的真实素材,都成为节目内容的来源。可以这样说,屏幕上的故事,基本上都是近期发生的真人真事。正是因此,制片人马及人才说:"《雾都夜话》之所以能够成功,我想它就是做到了用老百姓的话说老百姓的事!"①

但是笔者认为,问题并没有那么简单。事实上,见诸屏幕的节目其实都是从浩如烟海的素材中经过严格挑选出来的,是其中有一定深度和社会意义,反映了生活中种种规律和哲理的部分。文学上的形象化、情节化、典型化手法,在这里都有充分的体现。所以笔者认为,同"从受众中来,到受众中去"的亲民宗旨一样,既熟悉、又陌生的所谓"陌生化"感觉,也是该栏目成功的重要秘诀。实际上,所谓"陌生化"的过程,也就是一个对现实进行艺术处理的过程,是一个现实生活艺术化的过程。什克罗夫斯基认为,"艺术的目的是要使人感觉到事物,而不是仅仅知道事物。艺术的手法就是使对象觉得陌生,使形式变得困难,增加感觉的难度和时间的长度,因为感觉过程本身就是审美目的……"② 也就是说,艺术的目的在于更新人们对生活的经验和感觉,所以,要有意识地造成一种与现实生活的差异和距离,以便激起审美主体的新鲜感。舞蹈是步行,却超越了步行;诗歌是语言,却超越了实用语言。所以,诗歌创作中,适当运用冷僻字、外来语、典故、隐语等,往往可以变习见为新知,化腐朽为神奇;音乐中基于情境的特殊需要而出现噪音与不谐和音,不但不破坏乐曲的整体美,反而会增添特殊的韵味。在崇尚高雅的社会风气下,普希金故意为他的女主人公取了村姑或女仆们常用的名字(如达吉雅娜),又以文为诗(如"甲虫嗡嗡叫"),结果,反而给他的作品带来一股清新的气息。在《战争与和平》中,托尔斯泰用非军人的眼光来看战场,使私有制和战争显得更加刺眼、荒唐与不合理。"不用事物的名称指称事物,而是像描述第一次看到的事物那样去加以描述,就像是初次发生的事情,同时,他在描述事物时所使用的名称,不是该事物中通用的那部分名称,而是像称呼其他事物中相应部分那样来称呼。"故意不说出熟悉物品的名称,熟悉的似

---

① 陈蕾. 浅析方言节目《雾都夜话》的核心竞争力 [D]. 北京:中国传媒大学,2005.
② 什克罗夫斯基. 艺术作为手法 [M] // 维戈茨基. 艺术心理学. 上海:上海文艺出版社,1985:69.

乎也变得陌生了，从而增强了作品的吸引力。①

因此笔者相信，将"陌生化"作为一种手段、策略，自觉地用于媒介传播及媒体创意，必然会有令人满意的收获。但是应当指出，在这一过程中，必须遵循艺术规律，按艺术特有的规律办事；否则，就可能会事与愿违。文学、艺术规律是一个内涵丰富的体系，包括文艺与社会生活的关系问题，如文艺与政治、经济和其他社会意识形态的关系，文艺发展与社会发展的关系等；也包括文艺自身内部的关系问题，如文艺的继承与革新，以及各民族文艺的相互浸润和影响等；还包括文艺创作的规律，如形象化、典型化，以及内容与形式的相互关系等。要想有效地运用"陌生化"策略，就必须对这些规律进行深入研讨和灵活掌握。

---

① 梁一儒, 宫承波. 民族审美心理学 [M]. 北京：中央民族大学出版社, 2003: 179-180.

走下殿堂的学术*
——《传播中的心理效应解析》评介

记得好像是一代平民教育家晏阳初先生说过一段话，其大意是：由于知识分子们的脑子里常常不能摆脱一套旧观念，所以大都喜欢做所谓的"象牙塔"学术，也就导致知识、学术与普通民众之间有一条鸿沟。直到今天，我们仍不难看到，所谓"专著"遍地是，新概念满天飞，本来很简单的道理却越绕越弯。学者们的书一本比一本厚，也一本比一本难懂，似乎只有这样才称得上是"学问"。

读过《传播中的心理效应解析》（以下简称《解析》，刘京林等编著，中国传媒大学出版社，2009年5月版）一书，我被深深地打动。该书令人称道之处恰恰在于，这是一本有用且好读的书，是一部走下殿堂的学术新著。

一般人认为，心理学是那种有点"玄"的学问，难懂、难把握，因而不免望书兴叹，畏书而退。《解析》一书则从"心理效应"这一视角入手，精心选择了130个心理效应概念，同时与人类传播活动，尤其是与当下生机勃勃的大众传播活动结合起来展开阐述，通过一个个生动的案例解说，那些枯燥的甚至不知所云的概念鲜活起来，使玄奥的、让人望而生畏的心理学走向了实践、走近了人们的生活，成为可触、可感、有用、有趣的学问。

此外，该书搭建了一座"易读"的桥梁。

---

* 本文原载于《新闻战线》2009年第10期，收入本书时有改动。

一本好书，只有首先吸引读者，为读者所识、所接受，才能进一步展现其风采，发挥其效用。因此，如何搭建一座通向读者的桥梁至为重要，也就是所谓化繁为简、化难为易的问题。大众媒介信息通常要求其编码形式简单，内容通俗、平易，其原因即在于此。"一篇提出足以使全世界震动的重要论断的社论，如果写得只有受过大学教育的人才看得懂，那么，它将失去88%的读者。"①

大概正是出于"易读"的追求吧，《解析》一书没有像一般学术著作那样分章设节，追求所谓的体系化，而是采取了一种词典式的著述方法。130个心理效应词条按照汉语音序排开，完全是直线式的；每个词条之下，先是经典注释，后是通俗解说、案例阐释，部分词条还专门设置了延伸阅读、相关实验等，有的甚至还配置了相应的图片。如此简明的构架，一方面有效地缩减了篇幅，一方面也给人以眉清目楚、神清气爽之感，读者可以根据需要、兴趣和心情随时查询、随意翻阅。这样的结构尽管松散、缺乏体系感，但却凝练而充盈，从而有效地消解了阅读压力，大大提升了读者的阅读兴趣和阅读快感。从这一角度说，《解析》一书可称得上是一部"别裁"的学术著作。

现代社会的一个重要取向是重视民生，讲究平权、共享，无论是阳春白雪还是下里巴人，都要尽可能惠及民众。学术传播同样如此，必须有用、易读，必须面向现实，追求生活化、平民化。国外的"简明英语运动"，从20世纪70年代就开始了。"五四"以来，我国的"白话文运动"以及汉字改革、简化汉字运动，实际上也是一场"简明汉语运动"。目前，中国正逐步迈向现代社会，学术面向现实、面向民众应当成为一种潮流、一种要求。学术著作应尽可能通俗易懂，而不是故弄玄虚；应尽可能简明扼要，而不是拐弯抹角；应尽可能具体形象，而不是过分抽象和概括。这是文化传播、学术普及的需要，是一个民族振兴、国家发展的必要前提。

然而，正如有学者所感叹的：深入易，浅出难。学术走下殿堂绝非轻易

---

① 赛弗林，坦卡特.传播学的起源、研究与应用[M].陈韵昭，译.福州：福建人民出版社，1985：69.

之举。从这一意义上说,《解析》一书可以说是做出了积极的探索和尝试,无疑为我们提供了有益的启示。刘京林教授致力于传播心理学的教研近三十年,著述良多。今推出这样一部著作,大概也是出于学术传播层面的考虑吧,可谓用心良苦。笔者在此由衷地祝贺,同时也代表广大读者深致谢意。

中国第一座对农广播电台考*

1930年,世界广播事业还在起步阶段,中国广播事业更是处于草创时期。而这时候,在中国北方的一个小县城里却出现了一家专门面向当地农民的广播电台,这就是由中华平民教育促进会总会(以下简称"平教会")在河北定县(今定州市)开办的定县实验电台。

一

提到定县实验电台,就有必要首先介绍一下晏阳初和平教会的大致情况。晏阳初,四川巴中人,生于1890年,卒于1990年,世界著名的平民教育家、社会学家。1913年就读于香港圣保罗书院。1916年入美国耶鲁大学攻读政治学与经济学,获学士学位。1918年赴法国,任北美基督教青年会战地服务干事,其间,他曾在20万旅法华工中开展了卓有成效的汉语识字教育活动。1920年,晏阳初在美国普林斯顿大学研究院获硕士学位;同年回国,在上海基督教青年会全国协会智育部主持平民教育工作。1923年,组织成立中华平民教育促进会总会,任总干事。平教会成立后,即在国内许多地方开展平民教育工作。由于其卓越的平民教育工作,晏阳初于1928年被耶鲁大学授予名誉博士学位。

为使平民教育走向乡村,也为使平民教育更趋系统化和科学化,1926年,

---

* 本文原载于《现代传播》(中国传媒大学学报)2005年第3期,收入本书时有改动。本文得到著名广播电视史专家赵玉明教授的审阅和指导,在此谨致谢忱。

平教会选择了河北定县作为"社会的实验室",全面推行晏阳初所提出的"文艺、生计、卫生、公民"四大教育。一批留学归来的博士、教授,如美国康奈尔大学农学博士、曾任广州岭南大学以及南京国立东南大学教授的冯锐,留学美国、曾任北平商业专科学校校长的姚石庵,美国衣阿华大学博士、曾任北京师范大学教授的刘拓,留学法国、曾任北京大学教授的孙伏园,留学美国哈佛大学医学院的陈志潜,著名社会学家李景汉先生,等等,都先后参与了这一实验。当时,祖国大地正战乱频仍、民不聊生,农村中略有文化、有本领的人纷纷逃离土地,到城市中谋生,而这些留学归来的博士、教授却自愿放弃城市的安逸生活,偕眷属来到落后的定县农村开展平民教育工作,一时间可谓声势浩大。晏阳初、平教会、定县实验,在当时的朝野上下,甚至在国际上都享有很高的知名度。

定县实验电台是定县实验的一个组成部分。作为一种现代传播媒介,无线电广播是平教会用来推行、实施上述四大教育的重要工具。对此,参加过当年平教工作的郑烔裳先生曾有如下回忆:"我们在这农村破产、灾祸遍地的中国,从事促进平民教育的工作,与探讨或解决农村一切问题之实验,这现成有效的利器,如果用得其法,必能帮助我们收到一举百效的功绩。幸于民国十九年(1930年)六月,承天津中国无线电业公司经理胡叔潜先生,慷慨借予价值数千元的电台一座,供我们做研究的工具。"①

他们将播音设备运抵定县县城安装,于是传播设施(广播电台)建起来了。然后,他们从6个示范性的村庄做起,随即又在定县境内选定了13个大小、远近、穷富、智愚等情形各不相同的村子,每村安置一台公用的四管式收音机,再配以相应的辅助设施,于是收听工具也具备了。

同年9月底,他们开始了播音的实验。②

就这样,一座专门面向当地农民的广播电台诞生了!

定县实验电台应当是我国的第一座对农广播电台。

---

① 郑烔裳. 广播无线电在农村教育中的实验[J]. 民间,1934,1(6).
② 郑烔裳. 广播无线电在农村教育中的实验[J]. 民间,1934,1(6).

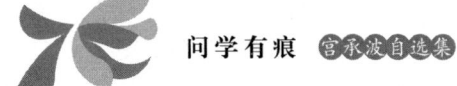

了解广播史的人皆知,广播媒介诞生于1920年,于1923年传入中国。在定县实验电台开播前,我国已有国营电台三四十座;私营电台更多,仅上海一地就有四十多座。当时的广播节目也比较丰富,如名人讲演、政治宣传、新闻、音乐、戏剧、卫生以及商业广告等。但从其传播内容及指向看,这些电台都是以城市居民为传播对象的;在当时收听工具还相当昂贵的情况下,实际收听的也的确是城市中少数有经济能力和相当接受能力的人。对于大多数处于穷乡僻壤、收入微薄,甚至生计都难以维持的贫苦农民来说,连见过收音机的都屈指可数,更别说接受这一现代文明成果了。与之相反,这一时期,在新兴的苏联,有线广播却正在迅速地普及广大乡村,成为政府对民众实施政治教化、进行科学普及和文化传播的利器。正是基于上述鲜明的比照,平教会的有识之士们才"痛切地认识到目前中国广播事业的病态,愤慨地鼓起了对于无线电广播教育研究的勇气,真实详确地感觉到平教会电台在中国播音事业上所负使命的重要"。[①] 于是,定县实验开展不久,平教会便明确地提出了"担送收音机进村"的口号。

这就是说,定县实验电台事实上是平教会开展的定县实验的产物。在1930年的中国,如果不是平教会这样的特殊机构,如果没有定县实验这样的特殊机缘,无论从社会条件还是从技术条件看,设立专门的对农广播电台似乎都还缺乏必要的基础。因此我们可以断定,定县实验电台作为中国的第一座对农广播电台应当是没有疑问的。

毋庸讳言,中国的第一座对农广播电台在中国新闻史上的地位是不言而喻的。但是,相关权威著述却均未有提及,如方汉奇教授主编的《中国新闻事业通史》(三卷本)、赵玉明教授主编的《中国广播电视通史》(上下卷)以及河北省广播电视志等;上网搜索,专门的考证或论述也未曾见到。这说明,这一史实尚未引起新闻史学界、广播电视史志界应有的关注。发掘这一史实,对于新闻史建设来说无疑具有重要意义。

---

① 胡慰三. 农村与广播事业 [J]. 民间,1935(2).

二

70多年前的条件是可以想见的,但是当年先驱者的努力却难能可贵,甚至在许多方面都令人震惊。在寻找、梳理资料的过程中,笔者的这种感受不断得到强化。

在定县电台开播之初,工作人员就预设了这样几个问题:

(一)何种节目的内容是农民需要的?
(二)何种播送的方法能使农民充分了解?
(三)怎样使农民增进接受无线电教育的能力?
(四)怎样使性别不同、年龄不等的听众都产生兴趣?
(五)怎样使农民在听讲之后能应用于日常生活?①

正是在不断寻找上述这些问题的答案的过程中,定县实验广播呈现出以下几个鲜明的特点:

其一是传播内容的对象化。

定县实验电台的节目内容,主要是"宣传平教工作及农民生活上有关系之事件,包括农业常识和农民四季疾病预防等现实需要的东西"②,"以介绍和训练改进平民生计所必需之知识技能为宗旨"③,即所谓生计教育。

我们知道,土地是农民的命根子,农村生活以四季流转的农业生产为核心,春种秋收、卖粮购物无疑是农家生活中的日常大事,也是平教会生计教育的主体内容。对于农民需要了解的有关知识,电台都因地、因时地进行传播。如清明节前后正是当地种植棉花的时期,电台就用通俗的土话、清楚的

---

① 郑炯裳. 广播无线电在农村教育中的实验 [J]. 民间, 1934, 1 (6).
② 晏阳初. 平民教育运动的回顾与前瞻 [M] // 宋恩荣. 晏阳初文集. 北京: 教育科学出版社, 1989: 217.
③ 李济生. 晏阳初与定县平民教育 [M]. 石家庄: 河北教育出版社, 1990: 47.

发音、温和诚恳的态度，把品种最优、抵抗力最强、产量最高的棉籽名称、每斤的价格、发售的商号及耕种方法等，一而再、再而三地加以广播。再如，由于当时信息流通不畅，没有知识的农民不能识字看报，也不知外面的商业行情，因而奸商往往任意操纵农产品及日常应用物件价格，涨落无定，可怜的农民只能任其盘剥，丝毫没有挣扎的能力。为维护农民的经济权益，电台参考各地商业状况，根据实际物价行市，统计出一个物产的标准价格单，每天反复地向当地农民进行广播。农民以电台公布的产品价格情况来决定是否买卖交易，便不至于再吃大亏了。这样把农村实用知识的传授和相关技能的训练结合起来，当地农民的经济操纵能力大大提高了。

卫生教育也是电台的主要传播内容。对于一般城市人不屑一顾的卫生常识，如洗澡洁身、洗衣除污、保护眼睛、喝煮沸的水等，农民却知之甚少，甚至一无所知。针对这一现状，电台开展了许多这方面知识的普及宣传。尤其是在预防天花、接种牛痘、防控传染病等方面，电台都不厌其烦地反复宣传，以求农民听懂、理解并接受。

此外，电台的传播内容中还包括公民教育（思想道德教育）和文艺教育。为了提高农民的社会公德意识和社会参与意识，电台把一些传统的教化故事加以改编，然后广播给农民听。对于国内外大事、要事，电台也都及时予以发布，以使"农民不出村，能知世界事"。电台人员还常常结合当地农民熟悉的地方戏曲，编写有关播音稿，并选编唱片故事，在广播中教授音乐、戏曲等，使农民们得到许多富有乡土特色的文艺教育。

其二是传播方式的对象化。

平教会认为，对农民播音不仅需要播音员声色清脆、读音正确，而且还要结合农民的实际认知水平，尽可能采取他们能够接受的方式。

当地农民很少与外界接触，只能听懂当地方言，电台便"因材施教"，起用当地人做播音员，使用本地方言土语进行广播。不仅如此，在组织收听的现场，他们还利用直观的图画、收音员的暗示以及辅导表格等多种手段辅助缺乏知识的农民收听，以使他们喜闻乐听，易于理解和接受。如春天或初秋时节，正是天花的高发期，电台便因时制宜，教导农民预防天花的方法：先将天花的危害告知农民,如果言语不足,再配合图画讲解,或编成歌词及鼓词;同时,对如何接种疫苗、每支药剂的价格等问题,电台都真诚恳切、不厌其烦地详加介绍。

在播送新闻时,电台也注意结合农民们的原有认知能力,配以相关的图画、说明或者课堂讲解等辅助收听,结果证明都非常有效。例如,在1932年1月,日本侵犯上海时,电台每日都把外部传来的有关消息播送给农民。起初,工作人员觉得农民们听了节目之后没有什么特别的印象,好像充耳不闻。对于他们的这种"麻木"现象,电台人员没有如一般知识分子所认为的那样,把它归结于乡民无知,不能团结和不爱国,而是经过深入调研后发现,原因在于农民知识程度的不足:他们不知道上海是外国的地方还是中国的地方,更不知道日本鬼子的暴行几何!于是,电台一方面利用图画揭露敌兵的狰狞面貌,以及敌兵的残暴奸淫、掳掠烧杀等暴行来刺激他们;另一方面又画出上海的地图悬挂在教场的墙上,在报告战况的情形以前,先详细说明地势。这样,农民才知道上海是我国的领土,租界是外国人的势力和护符。有了这些基本认识之后,电台再报告战争的情形时,农民们就陡然改变了以前沉闷的态度,有的慷慨激昂,有的摩拳擦掌。九一八事变之后,电台几乎每天都播送关于东三省的消息,有效地加深了农民对东三省的认识。1933年3月,日本侵占了热河,国民党军与日军在长城一带相持的时候,电台及时报道了消息,并以地图做了辅助说明,农民都兴奋异常,有的青壮年自愿与父母妻子分别,加入敢死队。其他老弱不能去的,也多愿意捐出其血汗钱,以犒劳拒敌将士。当时,定县捐输给前线的衣物和食品的数量极多,表达了农民群众抗敌救国的强烈情感。①

在教唱歌曲时,电台人员则将所编制的农民歌曲贴在墙上,先教他们认识文字,再解释词句的意思、音符的唱法,就像小学校教儿童一样,等喇叭响起的时候,电台人员就引领他们随声附和,同声合唱。对当地的秧歌、民谣、村曲、山歌等,电台也都加以改良,舍短取长,按照上述方法教给农民。

---

① 郑烔裳. 广播无线电在农村教育中的实验[J]. 民间, 1934, 1 (6).

对于戏剧，电台还利用留声机唱片，在开机播音前，先说明唱片内的剧情，使农民了解戏剧的来历，把唱片中的唱词也贴于墙上；关于字句的解释，唱法的拍子、调子，也都一一说明，使其深入人心，易懂好学。

关于节目的播出时间，电台则根据季节的不同而随时调整，力求符合当地农民的作息规律。经过实地调查，电台人员发现农民的日常需要和作息时间与城里人截然不同，于是他们就依照农民一年间的生活次序，每天早晨6点广播天气预报，晚上8点广播各村乡集市、庙会、蔬菜、粮油价格等，有时还在集市前一天预报物价，使打算第二天上市交易的农民做到心中有数。

可以看到，内容具体实用、通俗易懂，形式灵活多样、因势而变，是定县实验广播的突出特点。

其三是传受双方的有效互动。

传受双方的互动性特征体现在定县实验广播的方方面面。在传播者方面，电台的每一个节目都是经过对受众情况的认真调查、仔细研究之后而精心设计的。定县实验的显著特征是秀才下乡，但他们都持有这样一种观念，就是自己所受的教育与农民差距太大，"要重新教育自己，要先农民化，才配化农民"[①]。正是因此，那些博士、教授都深入民间，穿农家衣，住农家房，虚心向农民朋友请教弄不懂的农家事，真心实意地向农民学习。为了使节目越来越适用于当地农民，越来越为农民所接受，使实用知识的传授和新闻节目的播放更加有效，在对农众广播时，电台人员皆自觉地走向民间，主动了解民众实际接受时的情形，从而不断改善节目的内容与形式。

在受众方面，农民并不是完全被动地收听，而是有一部分人直接参与了稿件的修改和播出（播出的稿件一般都是先由文学部的人写好，再请本地人修改），另有一部分受过培训的当地人还直接参与了广播电台和收听设备的管理业务。

从传播过程来看，当电台播音时，平教会把收音机装在村子里的戏台上，

---

① 晏阳初.平民教育运动的回顾与前瞻［M］//宋恩荣.晏阳初文集.北京：教育科学出版社，1989：217.

由专职人员鸣锣通知村子里的民众来听。当广播平教同志歌或其他歌曲时,即由平教会会员在旁边领导大家一起唱。显然,这种组织传播、人际传播相配合的形式有利于电台人员及时收集反馈信息,以便对节目加以改良。正是这样一种工作机制,构筑起了电台(传者)与农民(受者)之间的良性互动关系。

不难看到,定县电台为提高传播效果而采取的许多措施和手段,与现代传播学研究的规律可以说是完全吻合的。

三

如上所述,定县实验电台的广播可谓红红火火,工作开展得有声有色。利用广播,平教会对当地农民实施了一系列现代性观念与行为的普及教育。"定县的科学文化普及工作是惊人的。"美国著名记者斯诺实地采访后曾做出这样的评价。其中,广播电台的功劳是显著的。遗憾的是,1937年抗日战争全面爆发后,平教会工作被迫退出,定县广播也自然地随之终止了。

定县实验广播何以如此成效卓著?究其根源,这与晏阳初先生的科普思想是一脉相承的。

早在定县实验开始以前,作为一代平民教育家,晏阳初先生对中国的农村和农民问题就已经有了系统的思考,并形成了自己的独立见解。他认为,要提高农民素质,就必须使"农民科学化";要使农民科学化,就必须使"科学简单化"。他指出:"20世纪及今后世界最大的挑战是,如何应用现代科学推广到广大落后的民间。也就是如何将科学简单化,农民科学化。"[1]他还说:"如何把科学知识传播给广大农民,这是世界科学家面临的最大挑战。我们需要给农民一把打开现代科学大门的钥匙。这就是简单化(容易教,容易学)、经济化(不经济,学不起)、实际化(不实际,他不学)……"[2]

---

[1] 吴相湘. 晏阳初传:为全球乡村改造奋斗六十年[M]. 长沙:岳麓书社,2001:13.
[2] 晏阳初. 平民教育运动的回顾与前瞻[M]//宋恩荣. 晏阳初文集. 北京:教育科学出版社,1989:227.

晏先生认为，中国一般的知识分子常常不能摆脱脑子里一套与实际问题距离甚远的旧观念，这好比戴上有色眼镜去看老百姓，是看不清楚的，使得知识分子和老百姓之间有了一条鸿沟。要消除这个鸿沟，就必须在知识分子与老百姓之间搭建一座桥梁。

（一）基础化——天下事应该学的太多，老百姓不能样样学到，你得把最需要的基础东西给他，使他们能树立根基而求发展自己。我们做工作的人，要做炼丹的功夫，把老百姓应该学的东西先精炼。好比维他命丸，使他们服一点就有很大的用处，学一点就能用上一点，我们这些学者研究者就该负起这个责任来。

（二）简单化——要能深入浅出，像陈筑山、瞿菊农两位先生，要作文章是下笔千言，但初到定县时，编平民学校用的千字课就感到困难，不是像作文章那么容易了。深入易，浅出难，把教材的内容和教学的方法弄简单，学的人学起来自然就容易。

（三）经济化——时间上要经济，因为老百姓终年忙碌，没有充分的时间来受教育，千字课就是适应这个条件来编制的，而且在经费上也要很经济，否则不容易推广。

内容上基础化了，方法上简单化经济化了，然后才能够普遍化！①

无论是定县实验，还是定县实验广播，皆源于先生的上述思想。平教会的仁人志士视广播为乡村改造、社会教育的良好工具，却时刻站在农民的角度考虑问题；他们既能以高出农民的视角审视问题，又能依据农民的接受能力去处理稿件；节目既注重实用知识与技能的传授、训练，注意农民的人格、学识教育，也注意适当的娱乐消遣……他们可以说是真正走进了农民的生活，

---

① 晏阳初.平民教育运动的回顾与前瞻［M］//宋恩荣.晏阳初文集.北京：教育科学出版社，1989：221–222．

真正了解了农民的需要，适应了农民的需求，真正实现了对象化传播，从而成为农民的良伴和向导。

尤为可贵的是，鉴于当时国内所用的无线广播电台和收音机等各项机件多系舶来品，价格昂贵，为降低产品成本，平教会的博士、教授们还为农民研制了廉价的电台机件和收音机。

1934年，他们成功研制出小电台机件，价格相当低廉。至于收音机，除油漆和电镀等细微问题尚待完善外，1934年，平教会研制出了收音机的全部机件，装配出两种三管式和四管式收音机，外观优美，效率极高，与舶来品相比是有过之而无不及，但成本却相当低廉。"后来我们自己研究制造无线电广播机和收音机，于是慢慢全县各村都有了收音机，外边到我们这里订购的也很多。同时在机器之制造上，对收音机及其应用品，亦加以研究。期以低廉成本，制造成本，将来推广乡村，不须购买外货。现在除真空管外，收音机各件，已均能自制。经过五年的设计研究改进，也即到1935年，获得成果：省、城市、县各单位适用广播电台及村庄适用收音机（除中国不能制造的真空管外，都是国产零件，售价低廉，极便农民管理）都能承应制造，山东菏泽县也已采用，湖北、江苏若干县也在装设中。"①

真可谓一切从农民出发，一切为农民着想！正是因此，定县广播才真正把传播的对象定位在农村和农民，定县实验才成为一个令世界关注的成功样本。在重视"三农"、重视对农传播的今日，笔者深切地感到，重温定县实验，当年先驱者们的种种努力仍不乏借鉴和启示意义。

---

① 民国丛书：第四编[M]．上海：上海书店出版社，1992：80．

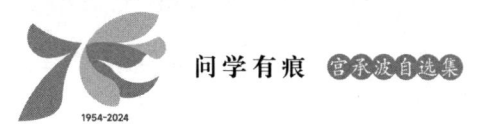

中国广播电视发展的首次全程考察与审视[*]
——《中国广播电视通史》评介

作为中国新闻事业史的重要组成部分，相对于报刊史，关于广播电视史的研究一直是一个薄弱部分。多年来，片断、零散的探讨虽陆续不断，但相对系统的研究成果却一直鲜见，通史性论著更是付之阙如。2004年1月，第一部全面、系统地反映我国广播电视事业近80年发展历程的《中国广播电视通史》（以下称《通史》）一书终于问世了。

该书由广播电视史专家、北京广播学院教授赵玉明领衔主撰，国内学界、业界有关广播电视史研究的十余名专家、学者参加撰著，北京广播学院出版社出版。赵玉明自20世纪50年代末60年代初开始致力于中国广播电视史研究；80年代，受原中央广播事业局委托，他曾主持征集、编选《中国人民广播回忆录》，先后出版4集，在学界、业界均有较大影响；1987年，他出版的个人专著《中国现代广播简史》，第一次较为全面、系统地概述了1923—1949年中国广播事业的发展历程；如今的《通史》一书，当是他几十年来厚积殚思的结晶。

《通史》分上、下两卷，洋洋60余万言。它的问世，标志着中国广播电视史研究在整体上已初具形态。

---

[*] 本文原载于《中国广播》2004年第5期，收入本书时有改动。

一、视野开阔，内容全面、系统

本书的起讫时间为1923年至2000年，首次对中国广播电视事业近80年的发展历程做了全景式描述，全面展示了中国广播电视从无到有、由小到大的曲折的发展历程。

总体来看，全书是在社会变迁、科技进步、思潮嬗变的大背景中，以社会进程为经，以地域、经济、政治等因素为纬，将众多事件与人物在纵横两个维度上展开的，可谓体大思精，内容丰富。如第四章《解放区地方广播事业的建立》一节，作者即先按地域展开框架，进而以时间为线索，分头概述了三大解放区广播逐步成长壮大的历程。再如第九、十章《社会主义新时期的广播电视事业》，作者分作上、下两个部分，先从纵向四个阶段概述了这一时期广播电视事业发展的一般情况，然后又从法制建设，产业经营的探索，教育、社团和研究工作，科技和工业，以及对外交流与合作等几个方面展开，对相关的几个重要领域做了专门阐述。总之，全书视野开阔，内容全面、系统，框架张弛有度，是几十年来的中国广播电视史研究的一个总结和集成。

特别值得指出的是，本书还以独立章节概述了香港、澳门和台湾地区的广播电视事业。港、澳、台自古以来就是中国的一部分，其广播电视事业理应成为中国广播电视事业的一部分。同时，由于港澳台地区的特殊背景和体制，探讨其广播电视事业，不仅有利于丰富和完善该书，而且还能够为我们当前的广播电视改革提供必要的参照和借鉴，因而具有重要的现实意义。

二、取精用宏，史料翔实、可靠

编撰历史著作，一个首要问题是史料的获取。《通史》一书娴熟自如的史料驾驭、详略得当的布局安排、准确精辟的观点阐述，正是得益于对史料的充分占有。

相对于其他史料，广播电视史料的获取可能尤为困难。这是因为，一方

面,中国广播电视事业已经历了近80年的发展历程,时间漫长,电台、电视台数量庞大,所涉事件复杂,人物众多;另一方面,广播诞生之后,很长时间被视为报纸的有声版,尤其是早期许多声音史料没有保存下来,而文字史料大多散见于书刊、报纸、档案之中,迄今为止经过加工整理的不多。总体来看,关于广播电视的史料可以说繁杂而散乱,研究基础相当薄弱。为了找到一两条有用的信息,作者往往需要阅读大量文献或资料。如在谈到20世纪30年代上海民营电台广播节目腐朽、没落的本质时,作者是在鲁迅的杂文中找到佐证的:"在《知了世界》一文中,鲁迅通过在炎热的夏季,富人收听广播消闲享乐,穷人则挣扎在死亡线上的强烈对比,揭示出旧中国广播为剥削阶级服务的本质。"

当然,史料获取重要,史料求证则更为重要。正是因此,本书的史料,从寻找到校勘、整理、选择,撰著者都十分细致、谨慎。他们所秉持的原则是,材料虽力求周详,但更求准确、客观,志在为后人留下一部"信史"。所以本书资料翔实、可靠,通篇贯穿着历史著作应有的实录精神,这不仅是撰著者日积月累、锐意穷搜的结果,也是在详尽、全面占有材料的基础上精心甄别和提炼的结果。

三、述论结合,史实与观点并陈

本书不仅对中国广播电视事业的发展历程做了全景式描述,而且还对这一历程做了较为准确、客观的评价和分析。

夹叙夹议,面对客观事实敢于阐发观点,是《通史》叙写的一大特点。如对于外国人在华开办广播电台,作者一方面指出"这无疑是对中国无线电主权的侵犯",另一方面充分肯定了它的进步意义:"开阔了中国人的视野,进一步传播了无线电知识,揭开了中国广播事业的第一页"。对于国民党电台的广播宣传活动,作者也是从客观史实出发,对不同的时期给予了不同的评价。如对抗战初期的国民党广播,作者就实事求是地给予了高度的赞扬,认为它的救亡宣传极大地鼓舞了全国军民的抗日斗志,"写下了中国广播史上的悲壮篇章",是"国民党广播史上颇有光彩的一页"。

此外,《通史》在每章之后都有一个小结,上、下卷之后又各有一篇结束语,其中,既有成功的经验,也有失败的教训,这是作者对我国广播电视每个时段的发展特点所作的初步概括和总结。如对于"文革"时期的广播电视事业,作者明确指出,同其他事业一样,在林彪、江青反革命集团的控制下,这一时期的广播电视发展遭受了重大挫折,宣传带来严重思想混乱,队伍本身也遭到残酷迫害,留下了沉痛的历史教训。在此基础上,作者及时地概括、总结了三大教训,强调了广播电视领导权问题,广播电视的性质、任务和作用问题,以及坚持和发扬人民广播的优良传统问题。这些对当代广播电视事业都是颇具启发意义的。

四、图文结合,注重以图证史、以图示史

目前,我国新闻史著作多倾向于资料的汇总和事实的陈述,读来难免有枯燥之感,《通史》则在叙写风格上有所探索和突破。在历史展开的过程中,该书既重视文字叙述的作用,也重视实物(图片)说明的价值。

作为中国广播电视事业发展的实物性见证,本书收录了100多幅图片。这些图片系赵玉明教授经年所积,首次集中面世。从1920年8月上海出版的《东方杂志》最早关于无线电广播的报道,一直到90年代末《光明日报》登载的北京广播学院首次招收博士生的简章,本书既包括相关报刊报道,也包括各种实物、留影、表格、题词等,大量图片穿插在各章节之中,与文字浑然一体,既活泼了行文方式,也丰富了本文内容。例如,对1976年四五运动的记载,当谈到录音员刘万勇记录人民战斗呼声的事迹时,便随之附上了记载他英雄事迹的文章及其使用的盒式录音机的照片。图片本身就是从某个角度对历史的展现,大量图片构成了一幅生动的历史画卷,形成了一种真实的历史氛围,使读者对人物、事件的触摸更加鲜活,对我国广播电视事业发展历程的认知也更加具象、直观。

当然,作为一部开拓性著作,其不足之处也在所难免。首先,从总体框

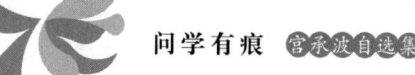

架看，该书的分期基本上是按照中共党史、中国革命史和中华人民共和国史的分期模式处理的。应当承认，在政治背景下研究广播电视事业是必要的，因为政治环境和氛围势必会影响广播电视事业的发展，但是，这样的模式也势必给人以千篇一律的"老套"之感。如能尝试按照广播电视事业自身的发展线索和规律来分期和叙写，也许会更有价值、更具吸引力。其次，该书穷根溯源，对许多重要电台、电视台的产生和成长都做了细致入微的描述，在微观考证上可谓一丝不苟，但也应当承认，在宏观把握上该书还未能真正摆脱微观史实的羁绊，尚缺乏一种高屋建瓴的大历史视野。也就是说，该书基本上还属于一部经验性、表述型著作。但开风气不为师，也许正是因此，赵玉明教授在《后记》中坦言：这只是一部铺路式的著作，希望"若干年后再编写出一部崭新的《中国广播电视通史》来"。

总之，《通史》首次对几十年来中国广播电视事业的产生、发展做了全程考察与审视，是我国新闻史研究的一项开拓性的重要成果。从学术层面说，本书对于我国广播电视史研究无疑具有继往开来的里程碑意义；从实际应用层面说，鉴往知来也是时代的需要。改革开放以来，我国广播电视事业突飞猛进，其在我国新闻事业体系中的地位已越来越得到突显，对其产生、发展的历史进程进行系统整理和分析，从中总结经验，寻求规律，也已经越来越成为一项迫切任务。无论从哪层意义上说，《通史》都可以说是做出了重要尝试和开拓。

浅议电视台台标的创意与设计[*]

近年来,随着电视频道数量的激增和竞争的不断加剧,电视台台标的重要性越来越得到凸显——观众手中的遥控器,往往被小小的台标牵着走。事实上,台标是电视媒体品牌构成的重要元素之一,对培育观众的"约会"意识,对一个台或一个频道的品牌塑造具有非常重要的意义。

综观当前国内电视台台标的创意与设计,择其要者,不外乎以下几种类型:

其一,电视台英文名称的首位字母缩写后加"TV"字样。如中央电视台采用的就是这一设计思路。CCTV 台标从 1978 年启用,当时中央电视台采用这一设计主要是出于英语翻译和英文缩写的需要,同时也试图体现一种与世界交流、沟通的情怀。此后,北京电视台(BTV)、南海电视台(NHTV)、南方电视台(TVS)、沈阳电视台(SYTV)等都效仿了这一模式。

其二,电视台汉语拼音名称首位字母的变体,再附加其他"象形"符号或汉字标识。这是目前国内电视台台标中最具普遍性的一种设计思路,尤其在省级卫视中使用得最多。如陕西电视台的台标就是以黄色"S"变体和蓝色矩形衬底所组成的图案。黄色"S"变体是"陕"字拼音的第一个字母,象征三秦大地,象征九曲黄河,象征陕西巨龙般腾飞的身影;蓝色矩形象征天空,象征现代科技,象征陕西人大海般的胸怀。同时,黄色"S"变体的上下两端向外辐射,象征开放的陕西走向全国,象征黄土文化走向世界。

---

[*] 本文原载于《新闻界》2007 年第 1 期,收入本书时有改动。

其三，采用中文名称的变体。如四川电视台的台标是"四川"二字的变体，广东电视台的台标则是"广"字的变体。再如，山东电视台，其台标既像是"山"的形状，又是"山东"第一个拼音字母的变体。这类台标的设计，所遵循的基本上都是这一思路。

综上所述，各电视台台标的创意与设计均可谓用心良苦，然而令人遗憾的是，从实际传播效果来看似乎并不理想。如第一类设计，其优点无疑既简洁大方，又显示了与国际"接轨"的前卫意识；但问题在于，我们的电视传播所面向的主要是中文受众，对于大多数中文受众，尤其是普通百姓来说，由于缺乏基本的英文阅读和分析技能，对英文标识有一种天然的陌生感。这样的台标，不经过长期"磨合"着实难以识记。再如第二类设计，随意搜索一下现有的卫视频道，会发现这样一种现象：很多电视台台标中最惹人注目的标识是其中文的"广西""吉林""安徽""江苏""陕西""山西""甘肃"等字样，而不是其费心设计的变体拼音符号。之所以造成这样的尴尬，笔者认为，主要是由于其拼音变体难以辨识。按照广电总局的规定，台标要处在屏幕的左上角，所占空间很小，如果拼音变体的设计难以辨识，表意性不明显，一般观众与其去费心辨析、思索，倒不如直接去看一目了然的中文标识了。第三类设计与第二类情况大致相似，同样是由于变体表意性不明显而难以辨识。

笔者认为，要想设计出理想的台标，首先应当对台标的角色有一个正确的认识和定位。如果说把一个台、一个频道比作一个人，其所传送的节目、栏目是人的肢体、语言甚至心灵，那么台标就如同一个人的面孔。也就是说，台标是电视台递给观众的名片，是电视台的"形象大使"；好的台标，应当是观众关掉电视、脱离节目内容后，仍印象深刻并能够准确记忆和描述的美丽的"蝴蝶结"。从这样的角色定位出发，台标不仅要蕴含必要的内涵，还应当具备突出的特色和鲜明的个性。

依笔者管见，台标的创意与设计至少应遵循以下几个原则：

首先，应体现出电视台的文化特色或地域特色。这就要求我们对于台标的创意与设计既要从大处着眼，又必须从小处着手。所谓从大处着眼，就是说要着眼全局,站在全国乃至全球高度准确测定本台的方位;所谓从小处着手,则是指要立足当地,真正发现自己的与众不同之所在。在中国文化中,有许多独具民族和地域特色的品牌形象,如长城、故宫;各地域文化或物产中也有许多品牌,如山东的孔子、四川的熊猫;等等。这些都可以作为台标设计的参照物,通过变形设计而体现出一种文化特色或地域特色。在这方面,云南卫视是一个较为成功的范例,其台标以当地特色名禽孔雀图案为标识,同时是"云南"汉语拼音的第一个字母"Y"的变体,这样的设计既显示了出鲜明的个性,又体现了浓郁的地方特色。

当然,也有些台标的设计虽然试图体现一种特色或个性,但是由于台标与电视台本身的实际关联度不高,所以也就难以获得好的效果。如西安电视台的台标,单看其文字阐述似乎很有创意:"用中国书画的'点',似火焰升腾,象征西安充满朝气、与时俱进;似花瓣绽放,预示西安的明天无限美好;似滴水散开,昭示电视事业厚德载物、任重道远……用现代文化元素构成的外形轮廓,象征西安城墙,四边城门敞开,象征外向型城市的开放意识与经营城市的开拓理念,与中间动感强劲的'点'结合,形成一种向外的张力,寓意西部开发,只争朝夕,也寓意正在崛起的西安电视台……有限空间、无限发展。"这样的创意虽内涵丰富,却不免过于微言大义了!对于一般观众而言,如果见不到这些文字,还会有如此丰富的想象吗?还能联想到"西安电视台"吗?再如湖南卫视和湖北卫视,笔者曾随机向多人询问其台标的含义,结果没有一人能说出其所以然。

其次,应与电视台的定位和风格相契合。当看到一个台、一个频道的台标时,人们应当能自然地联想到它的节目内容和风格。从这一角度审视,凤凰卫视应当算是一个成功的范例。

凤凰卫视台标的主体是两只旋转的"金凤凰",一凤一凰,一阴一阳,像在当空起舞,又像两团燃烧的火,极富动感地组合在一起。它巧妙地借用了中华民族传统文化中的吉祥之鸟"凤凰"的形象,既充满美感,又寓意丰富,"借喻凤与凰的阴阳交融,宣示东方文化与西方文化的互补、传统文化与现代

文化的整合"①,从而直观地表达出该台主要面向海峡两岸及香港、澳门地区、传播中华文化的媒体定位,突出了凤凰卫视开放、灵动的总体风格,也表现出凤凰人期望展翅高飞的宏图大愿。短短几年里,凤凰卫视在全球华语观众中迅速打造了鲜明的形象和品牌,除了它的节目富有特色外,其台标的特立独行也可以说是其中的一个原因。"将悦目的、富有煽动性的形象与大众的幻想结合,却消除了意识形态坚硬的边界。在千差万别的世界各地,华人获得了共同的形象感召。"②

最后,从美学和形式设计角度说,台标应当便于辨识和记忆。这有以下两方面的要义:

其一,应当简洁大方,直观醒目。在有限的创意空间内,如果标识过于复杂,则既不易辨识,更难以突出和醒目。传播学之父施拉姆曾提出过一个著名公式:受众选择的或然率=预期能获得的报偿/付出的代价。该公式表明,某种媒介或信息是否被受众选择,由两方面决定:"预期能获得的报偿",即媒介或信息的价值对选择者而言是高还是低;"付出的代价",则包括时间、开销、方便程度等。"人们总是希望付出最小的代价,而获取最大的报偿",某种媒介或信息能否被选择,关键在于它们在多大程度上是方便易得的。就是说,一个电视台的台标要想被观众能识、能记,就必须尽可能降低观众的识别"代价",使他们少花时间、少费劲就能够轻松地理解和记忆。上海东方卫视能迅速引起受众关注和青睐,其新台标的简洁醒目、颜色搭配协调不能不说是其中的一个原因。"方便是金",简洁、醒目才能易识、易记,这似乎是一个人人清楚但却往往忽略的问题。

其二,应当符合中国人的认知特点。一方水土养一方人,一方人有一方人的价值取向和思维习惯,这便是文化的核心所在。台标若顺应受众价值取向和认知习惯的传播,自然会更具吸引力和感染力,会有效地提高传播效果。我们知道,CNN 的台标是三个英文字母的连写,它既巧妙地嵌入了"新闻频

---

① 刘长乐. 凤凰卫视新时代的新理念[EB/OL]. (2002-05-01)[2006-12-10]. http://www.phoenixtv.com/.

② 戴佩良. 凤凰卫视董事局主席刘长乐:凤凰经历7年之痒[N]. 经济观察报,2003-09-02.

道"概念，又符合英文世界通行的首位字母缩写方式，这无疑是 CNN 以西方受众为主要面向的策略和精明所在。我们的电视面对的主要是中国受众，因此，台标的设计就应当尊重中国人的认知特点和接受习惯，以中文或富有本土特色的"象形"符号为主，而尽量避免英文标识或拼音标识。河北电视台新近开办的农民频道就用了毛泽东手书的"农民"二字作台标，让人既易识易解，又倍感亲切，过目难忘。

总之，台标的创意与设计应当以有利于吸引观众眼球、强化观众记忆，有利于媒体的品牌塑造为主旨。但从目前的情况看，个性模糊、难以辨识可以说是我国电视台台标设计存在的一个普遍性问题，能够让人望其形知其意，并留下深刻印象的寥寥无几。正因如此，笔者认为，在当前的电视改革、创新浪潮中，台标的创新或优化也应当成为其重要组成部分。当然，也许有人会担心，各台台标启用已久，在一定程度上已得到大众认可，再做变化是不是会影响观众忠实度，造成已有观众的流失？笔者以为，由于台标的面孔模糊、识别性不强，事实上，目前多数电视台或频道的观众忠实度并不怎么高，有些台标虽启用数年之久，但观众却仍然辨不出、记不住。在这时，如能率先革新"洗面"，可能不仅不会造成已有观众的流失，反而还将有利于赢得受众的关注和青睐。

新媒介生态下广播媒体的生存逻辑探析[*]

通常，媒介种群及其内部的各主体（如媒介机构或组织、媒介工作者等）之间会建立一种约定俗成的内在规定性或指导思想，其自发的指向是保持种群整体以一种最适应当前内外部环境的方式存在，从而确保其正常高效地运转，维护该媒介种群在媒介生态系统中的竞争优势，以进一步推动整个种群的延续与发展。这种具有一定目标指向性的内在规定或指导思想即可称为媒介种群的"生存逻辑"。"逻辑"一词既可以表示客观事物发展的规律，也可以用来指称思维的规则或规律性，本文所述的"逻辑"更多地偏向后者。生存逻辑规范着媒介的存在方式、取食习惯、发展样态、竞争行为等，它依据媒介生态格局的变化而调整，以使媒介种群总是能够获得适宜的生存空间。新媒体在生产与传播方式、文化与制度等层面都将传统媒体推向了一个崭新领域，适应变化了的生态环境，重新设定生存逻辑，正是当前广播媒体所面临的问题。

一、用户逻辑

"用户"原本用来泛指一切产品、技术或服务的使用者。如今，传媒人更乐于将其与传统的"受众"一词替换，以表明新媒体时代的媒介接触主体已

---

[*] 本文原载于《中国广播》2014年第8期，人大复印报刊资料《新闻与传播》卷2014年第12期全文转载，与田园合作，收入本书时有改动。

由过去那种只能被动接收信息、几乎没有发言权的听众（Audience），变为了能够自主选择和使用媒介、与媒介展开互动的用户（User）。这一新媒介生态的特征提醒广播：要想生存，必须摒弃过去的"媒介中心主义"，让渡信息传受关系中的主导权，以用户为中心，关注他们的兴趣、体验和媒介使用习惯。

（一）挖掘"金字塔底层"市场

细心观察当今的媒介不难发现：无论是报纸对读者群的争取，还是广播电视对收听/视率的追逐，无论是网站对流量、点击量的争夺，还是社交门户对粉丝数的索求，不外乎是想扩大自己的用户圈子。那么，最大的用户群在哪里？借用商业大师C.K.普拉哈拉德（Prahalad）"BOP"（Bottom of the pyramid，意为"金字塔的底层"）理论的观点——世界上最令人兴奋、增长最快的新兴市场不在那些拥有高收入、高身份、高学历的"金领阶层"，而是在世界金字塔的底层。广播设备构成简单，收听成本低廉，具有一定的"草根媒体"色彩，因此它要做的，不是刻意与新媒体争抢那些所谓时尚、高端用户，而是牢牢扎根于社会生活，关注社会底层的诉求，寻找适合自己的最大用户圈。

交通广播正是因为牢牢抓住了有车族的需求，不仅挽救了生存状态一度低迷的广播，也在新媒体时代一直延续着其影响力。与此类似，对农广播是另一个有待深耕的领地。广播具有传播速度和延展广度上的优势，其传播方式灵活、渗透性好、定向性强、移动传播的特点恰好可以为农民所用，是农民了解政策、获取信息、学习科技、愉悦身心的最佳媒体。农民对涉农科技信息和知识、致富行情等有着强烈的需求，相较于价格昂贵、操作复杂、技术要求高的现代化信息媒体在其手中的低拥有率和使用率而言，广播更易于成为农村地区最便利、最廉价、最有效的信息获取工具。广播完全可以此为切口，开拓出另一个潜力巨大的用户圈。

（二）创建"粉丝经济"

李开复在其《微博：改变一切》一书中，指出了"微博粉丝"数与博主

影响力的正相关性，认为"在微博时代，如果你有100个'粉丝'，就相当于办了一份时尚小报，可以在朋友圈子里享受被尊重、被阅读的乐趣"，而"如果有1000万个'粉丝'，你就像电视播音员一样，可以很容易地让全国人民听到自己的声音"①。对于当时拥有1955万（现为6349万）"粉丝"的"微博女王"姚晨，有观点认为："她每一次发言的受众，即便不算微博'转发'后的间接传播，也要比《人民日报》的发行量多出近7倍。"②抛开此种类比的合理性，仅数字本身就值得深思：其实，用户获取信息的需求一直存在，不同的是在哪里获取信息。

传统媒体与新媒体平台的区别已日益明晰：前者卖的是内容，后者卖的是价值、是魅力；前者的传播链条是生产与消费，后者的传播链条是发布与被欣赏、被追随。这一切又导致前者的传播对象是受众，后者的传播对象是"粉丝"。"粉丝"，这个比受众更专业、更挑剔却也更热心的群体，比受众具有更高的忠诚度和黏合度。一旦他们成为某种媒介的关注者，便很容易转化为这种媒介产品和服务的购买者，进而成为这一切的推销者、传播者，他们的口碑营销对于媒体来说至关重要。与新媒体相比，广播媒体手中掌握着许多传统媒体所独有的优势资源，在"粉丝就是生产力"的时代，广播若能充分利用这些资源，与新媒体深度融合，精心打造自己的品牌，赢得更多用户的认可，走一条"传统用户—'粉丝'—'铁杆粉丝'—广播节目订户"的转化之路，定能创造属于自己的"粉丝经济"，争取到更多用户。

二、服务逻辑

如今，"服务"几乎成为所有行业的关键词。对媒体而言，信息采集、加工和传播的所有努力都要围绕为用户提供满意的服务这一核心来进行。在新

---

① 王湛. 你有100个粉丝就相当于办了一份时尚小报［EB/OL］.（2011-01-16）［2014-03-10］. http：//news. 163. com/11/0116/04/6QGB8DAA00014AED.html.

② "微博女王"姚晨不是人民日报的"对手"［EB/OL］.（2012-04-28）［2014-03-10］. http：//gb. cri. cn/27824/2012/04/28/2165s3663267.htm.

媒体大潮来袭之时，信息不再是稀缺资源，受众的信息需求更为主动，网站、微博账户和微信公众号几乎成为报纸、广播、电视等传统媒体的"标配"。但一个被忽略的关键事实是：转型并不意味着转场，而是要建立服务意识，从过去的内容型媒体转变为服务型媒体。

（一）服务个性化

"个性化"是物质产品极大丰富和审美情趣显著分化后人们对包括媒介工具在内的许多事物的共同要求。度过物质稀缺时期后，工业社会的批量生产一度让人们从"物质丰盈"中获得极大满足。但如今，这种满足感却远不及"与众不同""独一无二"所传递出的价值。无论是口语传播时代还是网络传播时代，人们最想获取的永远是能够最真实、快速地贴合自己需求的那种服务。由此，为用户提供个性化的服务就成为广播服务逻辑的第一要务。

目前，"个性化定制"在网络广播、在线广播等平台中已不罕见，如声破天（Spotify）、Last.fm、豆瓣电台、考拉FM之类的平台都可以通过记录用户喜好和操作习惯等了解用户需求，并最终实现针对不同用户的精准推送，在这些平台周围都聚集了大量年轻的拥趸。今天，传统广播也逐渐显现了"服务意识"的萌芽。2012年，上海东方广播有限公司推出了两款新媒体产品——"驾车宝典"和"动感101小移"。不同于当前多数交通广播路况的线性式通用播报，"驾车宝典"可以根据用户所在位置提供个性专属路况的播报，告知车主其所在位置的周边交通情况，此外还提供诸如车务管家、智能导航、商家优惠、汽车医生、综合救援、一键秘书等基本功能，既从广播媒体本身出发，又完全从听众、用户的实际使用角度设计，正是"大规模个性化定制"思维的体现。"动感101"手机移动客户端也不仅能让受众随时随地收听广播节目，更融合了录音、歌曲查询、一键互动、在线评论、热点活动等一系列实用并且个性化的功能。①

---

① 祁贺. 广播新媒体拓展：做的就是"大规模个性化定制"［EB/OL］.（2012-06-26）［2014-03-10］. http://tech.ifeng.com/media/detail_2012_06/26/15570543_0.shtml.

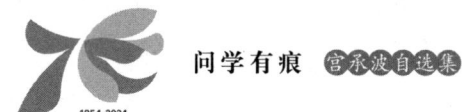

无疑，个性化的服务更能维持用户黏性，如何将"以内容换广告"的思维转变为"以服务换用户"的理念，适位生产，精准传播，为用户提供贴心、个性化、"量体裁衣"式的服务，是未来广播媒体完善自身的重要方向。

（二）从满足需求到创造需求

在市场营销界，"创造需求"是一个经常被提及的话题。它的提出建立在消费者的需求日益多元、多变、异质性的背景之下，认为消费者需求正表现出一种"无主流化"的趋势，不再是组织生产的最佳标尺。若想在激烈的商战中取胜，关键要创新，即生产需要的重要性要胜于生产产品，创造需求的重要性要胜于适应需求。

在这点上，乔布斯为我们做了很好的榜样。他认为大多数消费者其实并不清楚自己的需求，而是大都局限在既有的需求中，优秀的供应者可以创造需求。综观MacBook、iPhone、iPad等一系列苹果产品，几乎都是创造需求的产物。在拥有这些东西之前，人们并不能准确说出它们所具备的特征，更不知道自己需要的是什么样的产品。实物产品尚且如此，就更不必说精神产品了。媒体生产的无论是内容，还是价值、魅力，都属于典型的精神产品，因此便更需在创造需求上下功夫。广播媒体若想为用户提供最好的服务，就要突破在现有节目、平台上进行"改善"工作的旧思路，避开竞争红海，从用户期望的信息生活出发，在充分调研而又不背离用户现实需求的基础上"无中生有"，创造需求，发掘自己的蓝海，为用户提供智能化的服务。

三、"绿色传播"逻辑

通常意义上人们所理解的"绿色传播"，往往指媒体要远离低俗，以社会效益为要旨，生产为人民群众所喜闻乐见的文化产品。而此处所说的"绿色传播"，则指在此基础上，针对广播媒体的特点及当前面临的环境为其量身打造的新理念。具体地说，它要求广播做到以下两点。

（一）抓牢听觉资源

最有智慧的媒介，能够在自身的充分调动下使人们达到各种感官的平衡，而不是过分强调某一种感官而使其他感官退化。在这一点上，广播的听觉传播无疑顺应了人类的感官需求，它是一种智慧的、"通感"的媒介，尤其在激发人脑的想象力、拓展人的思维、打造独特的媒介审美空间方面，具有不可替代的巨大作用。长久以来，广播以"绿色媒体"的形象独立于众媒体之外，正是因为它是唯一的非视觉媒体。

不可否认，视觉和听觉都是获取信息的有效途径，甚至视觉感受比听觉感受更加生动直观。但是有利有弊，海量的信息、屏幕的辐射，都会使眼睛疲劳，造成视力下降，对人的身心健康造成伤害。历数当今的几大传媒工具，报纸是纯视觉媒体，刊登于纸张上的文字和图片都必须用眼睛看；电视是视听结合、音画并茂的媒体，显然图像要优于声音；网络则是整合了多种传播手段、具有多媒体功能的新媒体；而包括手机、数字电视、户外彩屏、楼宇电视在内的许多其他终端，争夺的也都是"眼球"，而不是"耳朵"。在此背景下，唯有广播的"非视觉"传播成功地解放了眼球。正如麦克卢汉所说："非视觉世界蕴含着丰富的前文字时代的生命力，广播是一种深刻而古老的力量，是连接最悠远的岁月和早已忘却的经验的纽带。"[①] 在纷繁嘈杂的媒介环境中，当视觉终端中娱乐、低俗、浮躁成风时，受众的眼球已不堪重负，人们需要回归一个"生态休闲"的时代，而此时，广播的声音魅力弥足珍贵。抓牢听觉资源，发挥声音优势，树立"绿色传播"理念，营造良好的用户生态环境，是广播彰显自身价值、体现媒体关怀的源泉所在。

（二）变信息供应者为信息筛选者

报纸从最初的"单页"变为今天的"厚报"，电视从以前的录播演变为今天的"直播常态化"，手机从开始每天只有两条新闻早晚报发展到今天定时推送新闻的客户端，互联网更是"一网打尽"，几乎汇集了所有信息的网页导

---

① 麦克卢汉.理解媒介：论人的延伸[M].何道宽,译.北京：商务印书馆,2000:371.

航、超链接、实时更新的消息滚动栏、一触即可实现转发的微博……现代人获取信息的渠道、数量前所未有地"立体化",信息繁殖的速度、广度、量度几近极致。多样的媒介终端、多元的传播方式、新奇的传播手段似乎正在合力构筑一个巨大却混乱的信息市场,这使得身处信息洪流中的人们遭遇一个新问题:太多信息就相当于没有信息。

在这样信息泛滥的时代,媒介和媒介使用者都面临着一个信息选择的问题。相对而言,媒介使用者的信息选择很大程度上是被迫的,是想在海量信息中获取有效信息所必须采取的手段。与亲自动手相比,他们其实更希望有人能够把整理好的信息捧到面前。这就为具有专业背景的传统媒体提供了一个转变角色的机会:做庞杂信息的筛选者。在新旧媒体一齐打响"信息战"之时,广播媒体若能独立于信息洪流之外,专心、耐心地充当广大用户的信息过滤器,细选、精选优质信息进行有针对性地投放,再辅之以自身独特的"非视觉"传播手段,乃是真正践行"绿色传播"理念的关键所在。

四、社交逻辑

从本质上讲,新媒体并不是反传统的,它只是对传统媒体在既有传播环境中的传播惯性构成了冲击。从媒介发展史的角度看,任何媒体都曾经是新媒体,也都成为继它之后的下一种媒体的参照系。而只有当旧媒体发现自己的不足,并主动吸纳新媒体的传播逻辑,使媒介格局重新结构化之后,一个良好的媒介生态环境才最终形成。对包括广播在内的所有传统媒体而言,要想获得长久生存与发展,社交逻辑是一个不得不吸纳的新型传播逻辑。

(一)内容"众包"

2006年6月,美国著名科技杂志《连线》的记者杰夫·豪(Jeff Howe)在一篇文章中首次提出"众包"概念,并阐述了其中心理念:比起最具才华、最专业的员工,数量庞大而多样化的劳动力群体总是能提出更好的解决方案。把这一理念应用到新闻工作领域,杰夫·豪(Jeff Howe)认为:参与者自告奋勇地去完成的话题，都是处于他们熟悉和热爱的领域。在这些领域，他们的优势比职业记者大得多。①

这是一个"社交传播"的时代，社会传播体系日益关系化、网络化，作为平台的传播渠道和作为信息的传播内容，其背后的专业机构出现了分化与分工。在此背景下，传统媒体一方面固然要试图重建自己的渠道优势，另一方面也要看到和适应渠道与内容分离的新传播格局。②目前，广播已经搭建起包括网站、微博、微信、各类机构和成员账号在内的立体化传播集群，利用这个集群实现和维护"众包"的成本极低，而作为具有资金和资源优势的专业化新闻传播机构，广播又完全能够在该集群中占据重要的传播节点地位，依托自身的公信力和品牌优势推广优质信息资源，同时在这个过程中获得新闻采编和节目创新的灵感。此外，不同于一般的互动和用户参与，"众包"所倚重的更多是用户的集体智慧，鉴于"参与生产的人才最关心生产"③，"众包"不仅能为消费者营造更多的参与感，也可以提升"众包"新闻产品本身的市场价值。

（二）深度平台合作

与社交平台合作，可能是所有传统媒体在成为真正的社会化媒体之前的必经阶段之一，广播也不例外。当然，这种合作不仅限于目前开通的社交平台账号，而是与社交平台实现真正的深度对接。无论是电视纪录片《舌尖上的中国》，还是电视真人秀节目《中国好声音》、电视剧《甄嬛传》，都是这方面成功的先例。借助于社交媒体，传统的传播媒介电视所传递的内容得到了从立意到视角都迥异于前的二次传播，其影响力也得以超乎寻常地渗透和扩散，上演一场由电视和社交媒体合作出演的"传媒大戏"。它们完全脱离了传统的节目播出时长的限制，持续为老百姓提供着话题。

---

① 王晨郁. 一次"众包"新闻实践带来的思考［J］. 中国记者，2012（7）：78-79.
② 王舒怀. 传统媒体转型的社交化路径：人民日报官方微博的运营实践［J］. 青年记者，2013（12）：13-14.
③ 王晨郁. 一次"众包"新闻实践带来的思考［J］. 中国记者，2012（7）：78-79.

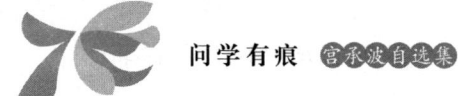

　　提供争议、制造话题、在微博上展开讨论、在微信上聚合舆论，几乎成为这类节目社交化的固有逻辑。电视正逐渐深谙此道。遗憾的是，目前在广播媒体领域，尚未有与社交平台实现无缝合作的成功案例。当然，越来越多的广播人已意识到"社交"元素的重要性，许多广播电台纷纷在手机客户端推出"社交广播"平台，为用户提供实时收听、点播、与主持人互动、上传自制广播节目等服务，意在满足听众的社交需求。但是，仅有这些还远远不够。广播媒体要想与社交平台实现有价值的合作，不应仅仅变更内容传播场所，而应真正依托内容和平台特点建立起分工传播。

智能音频传播策略：基于多维场景用户体验的探讨[*]

智能化迭代出新，耳朵经济悄然崛起，声音传播场景化有利于构建音频交际语境，达到理想的收听效果，而不断革新的人工智能技术可利用大数据、智能化、算法推荐等技术，将音频与日常场景对接、延伸，实现信息、场景、服务三位一体的智能音频传播，进一步深化受众的音频体验层级，加强传受双方连接的紧密性。

有必要指出的是，在媒介融合进程中，我们不应只关注技术的发展，用户与受众才是关键。音频传播正在转变为一种新型连接器，连接用户、平台及内容生产者。音频传播具备伴随性、共在感、亲密性等天然优势，在满足用户获取海量资讯的需求的同时，应将多维场景的用户体验置于首位，以用户为本位，关注人本身的需求、感受和情感体验，并将其视为音频传播的逻辑起点和落脚点。

基于此，笔者划分出私人移动、私人固定、封闭公共、开放公共四重声音传播场景（见表1）。不同传播场景对应不同的音频需求，各场景中音频内容的适配程度，决定了受众能否产生情感共鸣，满足收听心理，实现深度互动与融合。

---

[*] 本文原载于《当代传播》2018年第4期，与陈曦合作，收入本书时有改动。

表 1　四大场景中的声音传播需求

主要声音传播场景	具体场景	各场景下的音频需求
私人移动场景	驾车、旅行、跑步等	地理位置追踪、天气及景点等本地资讯服务等
私人固定场景	起床、刷牙、做饭、洗澡、读书、睡前、美容护肤等	充盈碎片时间、艺术享受、助眠安梦等
封闭公共场景	办公室、图书馆、教室、地铁、公交车等	缓解压力、消磨无聊时光等
开放公共场景	展览馆、科技体验馆、体育赛事现场、演唱会等	多维感官体验、深度沉浸体验等

一、私人移动场景：培育便捷随身的"声音陪伴者"

如今，技术发展日新月异，智能音频产品悉数登场，使人们的日常生活更加便捷，而在驾车、旅行、运动等私人移动场景中，听觉陪伴不可或缺。因此，音频传播应充分利用场景价值，开发智能音频产品并拓展相关服务，满足用户贴身随行的听觉需求。

（一）数据追踪优化车载音频体验

出于安全考虑，驾车场景中车主无法注视屏幕，却可通过耳朵获取资讯、享受音频娱乐。考拉 FM 自上线以来，始终专注于车载音频娱乐市场，目前已与 90% 的汽车品牌展开合作，累计 700 万 + 车载设备被激活。[①] 智能网联时代，与传统车载音频不同，需打造与技术嫁接的新物种，将各类智能系统"移植"到汽车内，开创场景 + 智能电台新模式。

首先，各大音频品牌应从用户的伴听需求出发，考虑驾车时段的安全因素，减少手动搜索功能；其次，车载音频应划分具体时段，并智能播放相应的音频信息，用户可依个人喜好跳过或回放音频，在安全驾车的前提下享受听觉体验；最后，音频系统可引入图谱搜索和 LBS 定位系统，实时分析地理

---

① Zaker 新闻．服务 700 万车主，专注车载音频娱乐的考拉 FM 获亿元级投资［EB/OL］．(2018-01-08)［2018-02-10］．http：//www．myzaker．com/article/5a52c5cd1bc8e00c4c000001．

位置及路线状况，提供语音即时服务，实现 O2O 闭环系统下的安全出行。

如此，车载音频系统依托高性能智能语音服务，在解放驾驶者双眼双手的同时，带来车载场景垂直化、对象化和个性化的智能驾驶、便捷交互及愉悦体验。

（二）智能音箱垂直渗透旅行场景

除了驾车场景，私人旅行场景也应借力信息存储平台与识别汇集系统，让音频产品更懂用户，进一步升级优化语音交互体验。当前，亚马逊、谷歌、微软、苹果先后推出 Echo、Google Home、Invoke、HomePod 等智能音箱；在国内市场，叮咚 TOP、小雅 AI 音箱、联想智能音箱、天猫精灵 X1、小爱同学等市场销量呈增长态势，预计 2018 年人工智能音箱将全力爆发。[①]

智能音箱应运用机器学习与模型算法等技术提升语义识别准确率，为用户精准分发音频信息，打开旅行场景新认知和新入口，不仅可满足用户语音点播歌曲、相声、评书等娱乐需求，充实旅途寂寞时光，还可通过与智能音箱"隔空"互动获取本地美食、酒店、景点门票、民宿攻略等旅行信息。

（三）语音手环深度连接运动场景

兼备运动及睡眠监测功能的运动手环早已上市，但技术开发者应进一步研发智能语音运动手环：其一，音乐播放功能增添运动热情，营造活力动感氛围；其二，语音助手随时应答用户请求，实时播报身体状态；其三，内置的体脂测量仪可依据人体状态打造适量、适时的个性化运动教程。借助此手环，智能语音服务将垂直渗透到运动场景中，一方面，产品可满足用户在户外跑步、室内健身等场景中的收听需求；另一方面，产品开发者可借助运动场景拓展受众市场，构建用户、商家及行业多方共赢的新型传播生态圈。

---

① 创业邦研究中心．2018 中国人工智能白皮书［EB/OL］．（2018-05-10）［2018-06-10］．http://www.qqcjw.com/a/20180523/4367.html．

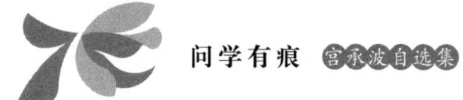

移动互联时代，私人移动场景中的智能音频产品将深度拓展音频服务价值，用户通过界面操作即可实现人机信息交互，使人体、音频、物体三座"孤岛"相连。未来，智能音频产品将成为管家、秘书、购物向导，甚至是娱乐家、表演家，让创新技术与精神诉求充分契合，进而引发音频传播"声态链"的变革。

二、封闭公共场景：开启情感共鸣的"语音解压阀"

在嘈杂的办公室、拥挤的地铁和公交车上，人们戴上耳机似乎便可逃离喧闹。然而，与其他场景相比，封闭公共场所具有一定的特殊性。因此，智能音频应明确差异所在，构建满足用户听觉体验的闭环声音环境。

（一）创建智慧广播音频流缓解压力

放眼国际，智慧广播音频流呈现出多样态：美国国家公共广播电台（NPR）与亚马逊、谷歌、苹果等公司合作，成为其智能语音的默认新闻提供商，用户只需连接设备，便可获取实时更新的个性资讯；美国有线电视新闻网（CNN）也搭载亚马逊 Echo 设备，智能化播放新闻及娱乐信息，满足用户的自主收听需求，随时随地知晓全球新闻。

我国传统广播电台也可借鉴国外经验，运用智能科技打造智慧广播。首先，采用智能技术分离双向声道，打破"热"媒介单向传播的特性，用户可通过手机按键变换声道，体验益智测试、常识普及、轻松一刻等音频内容；其次，可增设智能音频搜索引擎，根据用户语音自动识别内容、适配信息；最后，打造创意内容在线实验室，用户可自主进行内容生产，深度孵化优质创意，以此启迪受众、引发思考。

智慧广播流融合传统广播与智能技术的双重力量，延伸了音频在封闭场景下的传播形态，不仅可以满足传统广播听众的收听需求，也可以优化场景服务，带动听觉体验的不断升级，为广播电台创造绝佳的发展机遇。虽然当前各大广播电台语音识别技术有限、交互体验不足，但随着语音技术的更新与完善，智慧广播音频流将逐步成为广播融合发展的主流。

（二）细分受众打造智能听书新潮流

近年来，"罗辑思维""晓松奇谈""樊登读书会"等自媒体音频平台不断涌现。此类音频产品通过微信公众平台传播内容，不仅满足了用户的求知心理，也承载着他们的情感寄托。在下班搭乘地铁、公交等公共交通场景中，智能听书音频产品尤为适用，听众可充分利用碎片时间激发思考。

在内容层面，智能听书应全面覆盖用户的各类兴趣喜好，无论是经典传统文化诵读，还是互动参与的趣味创作都应被囊括其中，用户只需点击手机屏幕，便可轻松获取高品质、对象化、集成性、开放式的音频内容，形成移动场景听书潮流，有效促进阅读习惯的养成。在渠道层面，除了微信平台，各类音频产品还可搭载虾米音乐、豆瓣FM、QQ音乐和网易云音乐等内容集成类App，拓展听书渠道。在受众层面，智能听书不应仅局限于上班族，儿童跟随父母外出处于公共交通场景时，也可通过智能音频拓展知识、丰富思想。

为了加强中小学生对课文内容的理解，2018年5月，中央广播电视总台集结了70多位优秀的播音员、主持人和顶级录音师，依托全国中小学语文示范诵读库，启动了以敬畏之心重读经典，倾力打造高标准、高品质的"有声语文教材"的活动。[①] 以此为基础，将"最好听的课文"与智能音频传播对接，将"有声语文教材"植入其中，打造扎根儿童市场的有声读物App。如此，一方面学生能充分利用上下学时间记忆课文内容，感受文学魅力；另一方面，收听文章可在一定程度上提升学生的专注力，从而弱化公共交通空间的嘈杂声。在用好声音弘扬中华优秀传统文化的同时，App可开发与课文学习相关的周边产品，开拓智能音频消费市场，助力广大中小学生深入理解课文内容，形成从"语同文"到"声同音"的移动传播链。

---

① 白瀛. 中央广播电视总台、教育部联合推出有声语文教材［EB/OL］.（2018-05-20）［2018-06-10］.http://gd.people.com.cn/n2/2018/0520/c123932-31601656.html.

三、开放公共场景：研发可视可感的"在场"连接器

（一）采用 VR 音频深化现场沉浸体验

VR 技术发展迅猛，各类体育比赛、演唱会等现场活动逐步运用 VR 可穿戴设备加强观众的临场体验感，但大多数 VR 产品只将用户"带入"现场，呈现全景视觉画面，声音并未发挥效用。而人脑大量处理选择性信息时，唯有依据声音才能对视觉情况做出准确判断，假如没有声音匹配视觉效果，VR 的沉浸体验感将尽失。

因此，对于视听体验需求极强的现场活动，如演唱会、体育比赛等，可尝试为观众提供头部跟踪沉浸式 VR 音频。此类可穿戴 VR 音频，一方面让用户根据声音信息调整关注点；另一方面，依托智能头部追踪和三维声制作技术，运用声音定位功能统一声画内容的 VR 音频，将强化立体声效果，深化受众的临场感与真实感。

与此同时，还可推出社交 VR 赛事转播 App，以 VR 音频头盔连接用户，实现多人共同观影。此类软件将极大增强 VR 体验的社交性，用户佩戴头盔后可轻松实现与其余观众的语音交谈，也可轻松调换座位、调节音量。在体验过程中，用户可看到一系列实时比赛数据，并能够随意切换视角，近距离观看运动员。在不需要社交体验时，用户可选择随时关闭交谈功能，享受私人 VR 观赛。

（二）集成智能声音装置拓宽声场视域

万物互联时代，智能技术引领身体各部位加入听觉，不断革新受众的感知体验。里昂国立音乐创作中心艺术总监 James Giroudon 策划了"声场与视域"国际声音装置艺术展，将声音艺术、视觉艺术与当代先锋设计的新媒体艺术融合，参观者可与现场各类智能装置进行对话，体验奇妙的艺术氛围，

感受"可见的声音"与"听得到的物体"。①其中,"声音立方体"暗室,运用立方体智能感应周围人声频率、音色及音量,通过各类色块呈现观展环境;"此时此地"声音视觉装置——连接玻璃板的铂金 CD 扩音器发出不同频率的声响,视觉效果也随之变幻,充满未知感与神秘性;"建筑声音"装置通过观展人触摸巨石感应信号,展现人体、声音与物体的联结状态。

以上仅为国际声音装置艺术展的冰山一角,但在我国,此类视听感官的融合创新却很少见。我们应充分意识到,智能音频集成装置可广泛应用于艺术展览、科技馆、未来体验馆等公共场景,智能声音感应装置与身体的有机结合,将生发出多维度、多形态的声音体验。如今,数字媒体时代推动技术与艺术建立了亲密关系,让声音以诗意流畅、动态延续的方式自如切换成为现实,人们可在触知互动中体验声音与感官、科技的碰撞。可以预见,未来声频技术将不仅运用于艺术享受层面,也将在不同领域、各个层面发挥实际效用。

四、私人固定场景:探寻智慧懂你的"心灵触媒"

(一)充盈碎片时段,强化家居场景音频服务

音频产业的智能化发展,助推"个人音频产品"时代的到来,共享、个性、参与的智能音频逐渐成为互联网的新入口。因此,音频从业者应垂直细分家居场景,针对起床洗漱、做家务、家庭医疗等碎片时段,打造符合特定场景的智能音频服务。

传统观念中,顶级音乐作品与日常生活相距甚远,但加州大学音乐学教授戴维·柯普已写出智能谱曲程序②,让音乐创作有迹可循:模仿巴赫风格的"EMI",可创作歌剧、协奏曲、合唱曲和交响乐;基于机器学习的"安妮",可随外界声音环境不断变化音乐风格。然而,此类"成熟硬件+机器学习"

---

① 刘薇. 国际声音装置展落 A4 当代艺术中心[EB/OL].(2017-06-18)[2018-02-10].http://sd.ifeng.com/binzhou/yishudongtai/detail_2017_06/18/2452257_0.shtml.

② 赫拉利. 未来简史:从智人到神人[M]. 林俊宏,译. 北京:中信出版社,2017:294-295.

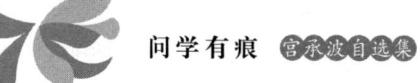

的谱曲程序凤毛麟角,并未得到广泛应用。音乐从业者应提示专业敏锐度,与科技人才联手研发颠覆传统创作概念、破除既定谱曲规则的程序,在延伸音乐艺术价值的同时,使大雅之堂的高品质音乐进入寻常百姓家,满足不同家居场景的听觉需求,让用户在任意时段均可享受音乐文化,深化听觉关联体验。

除了智能谱曲,在厨房场景可增添智能音频播报系统,让用户可通过语音互动获取烹饪秘籍,做出美味菜肴;在洗手间场景,支持自定义上传词条的电动牙刷,让用户充分利用碎片时间学习一个单词、知晓一个热点事件、获取重要日常信息;而医疗健康领域的家居智能语音设备,将便利独居老人获取健康医学知识,从容应对突发情况……此外,还可探索其他家居场景,如起床、陪伴孩子等时段的智能音频传播新途径。

(二)打造助眠音频,营造睡前场景舒适氛围

蜻蜓 FM 数据显示,"睡前场景"是音频节目收听率最高的场景[①],用户在此场景中需要放松休息。然而,快节奏、高压力的都市生活让一些人很难尽快入睡。因此,针对失眠者开发营造睡眠氛围的智能助眠音频产品尤为必要。

科技公司应发挥自身优势,打造甜美梦境的声音向导——助眠音频 App。首先,可遵循医学人士及心理学专家的科学指导,创造温暖平和的人声语音;其次,依托智能技术构建极简风的"轻应用",通过点击主屏幕钟摆式图形即可进入声音催眠状态;再次,用户可选取多种催眠场景,感受海洋、雨天、花园、森林等环境中不同的音效和人声;最后,通过调节音乐、背景、人声的比重,用户将聆听到更为舒适的自然环境声音,达到最佳入眠效果。

在开发应用软件的同时,科技公司还可针对睡眠障碍用户开发助眠枕。一方面,用户连接手机 App 便能同步获取实时更新的音频文件,也可上传个人喜爱的音乐或电台节目;另一方面,增设"自定义语音"上传功能,用户

---

① 蜻蜓 FM. 2018 年中国睡前音频收听场景研究报告[EB/OL]. (2018-03-21)[2018-06-10]. http://finance.china.com/list/11173296/20180321/32210920.html.

可将个人语音上传至个性化音频模块，让父母、伴侣、子女通过云端获取语音，感受亲密家人的熟悉声音，弥补录制语音缺乏人文关怀的问题。这种动静结合、软硬兼备的智能助眠音频产品，通过枕头传递声音，帮助用户实现高质量睡眠，调节生物钟，保持活力。

顺应广大女性的爱美心理，美妆产业可研制"面膜电台"满足护肤时段的听觉需求。此面膜在具备护肤功效的同时，还可开启敷面膜场景的创新体验。例如，扫描面膜包装二维码即可获取音频列表，用户可依个人喜好选取收听内容；作为礼物赠送时，还能录入音频祝福，个性化定制互动音频；此外，通过玩转多种创意概念，打造心情、旅行等主题的"IP声音面膜"，充盈用户护肤的碎片时间。

五、结语

毫无疑问，在互联网"下半场"，看和听势必成为人们获取信息的重要途径。而视觉疲劳之时，声音通道始终空闲，音频成为最直接且明确的表达方式。音频数字化处理手段、AI智能音频识别、声纹识别、音频嵌入等技术，通过构建用户画像，大大增强了音频传播的精准性、针对性及有效性。数字化和智能化主导音频产业进入全新阶段，遵循用户体验为王的智能音频技术，在"万物互联"中可以不断生发出新的增长点。

因此，音频传播产业应充分发挥人工智能、大数据与算法推荐功能，为实现受众更深层级的场景音频体验锦上添花。与此同时，需对智能技术保持理性期待，警惕"茧房效应"和"隐私泄露"等不良后果，明确技术终究是工具，无法替代声音内容本身的人文关照功能。未来，依旧是声音的大航海时代，多维场景下的音频内容与技术发展究竟该如何融合与平衡，将成为智能音频场景体验更深远的研究课题。

全媒体热潮之冷思考[*]

近年来,对于全媒体的讨论与实践正成为一股席卷传媒学界和业界的热潮,与此同时,在这一热潮下也出现了诸多乱象。归纳起来,主要表现在两个方面:一是部分媒体盲目跟风,将全媒体改造视作传媒发展的灵丹妙药,不顾自身条件一哄而上;二是有些媒体在进行全媒体转型或实验时急功近利,忽视媒体发展的规律,导致自身发展受限。笔者认为,在这些乱象的背后,隐藏的是对全媒体从概念、定位到实现路径的理解偏差甚至误解。因此,媒体人有必要冷静下来,对其做一番理性梳理和思考。

一、全媒体是一个相对的概念

全媒体是伴随传媒技术的进步和新媒体的崛起而催生的一个概念,从不同的角度可以有不同的理解或诠释,目前学界对其并没有明确的界定。但无论如何,不容回避的一点是,全媒体概念的提出是与媒介融合密切相关的,是对媒介融合大趋势的一种回应,它概括了媒介融合对媒介形态、信息传播、经营管理、内容生产等方面的影响,意味着多种媒介形态的融合、不同媒介管理理念的汇聚以及多种信息表现方式的整合。

必须指出的是,具体到一种媒介、一个媒体而言,全媒体是一个相对的概念。

---

[*] 本文原载于《中国广播电视学刊》2012年第11期,与翁立伟合作,收入本书时有改动。

一方面，从纵向发展的角度讲，全媒体是相对于转型之前的单一媒体形态而言的。无论何种媒体，在完成全媒体转型之前都是相对独立和单一的，一旦实现全媒体运营，就会在媒介形态、传播符号、媒介技术等方面同其他媒体建立全方位的联系。面对新旧媒体的融合互动，任何一种媒介形式或传播手段要想发挥最大效应，都无法孤立地存在，只有借助新技术实现不同媒介形态、不同信息传播方式乃至不同信息资源平台的有机整合，单个媒体才能实现信息传播效果的最大化，这也正是全媒体的理论立足点之一。需要注意的是，全媒体对媒介形态、传播手段、传播技术、传播符号等"广而全"的整合是建立在特定的媒介形态基础之上的，需要这一特定媒介形态及其统领的信息传播方式、传播技术、传播符号等要素的支撑。抛开特定的媒介形态谈论全媒体运营，势必会成为无根之木。因此，任何一种媒介要进行全媒体运营，必须以自身为依托，在把握自身的传播特质和优势的基础上，才能进行进一步的全媒体整合工作。从这一意义上讲，全媒体与其说是广而全的媒介拓展或扩张行为，不如说是专而全的媒介整合营销策略。全媒体的全，在于其全方位的信息传播手段、全面的感官调动以及全系统的传播网络；全媒体的专，在于其立足于自身的专业性与依托于优势技术的专一性。全与专之间的相互对立又相互统一，成为全媒体的题中应有之义。

此外，全媒体之所以"全"，指的是媒介形态、传播渠道、传播方式、传播符号等要素的全方位跟进，而不是传播内容的包罗万象。实际上，恰恰相反，全媒体时代的传播内容追求的是分众化或细分化，信息传播和内容生产由过去的粗放型转变为精耕细作的集约型。在全媒体时代，受众需求日益细化与多元化，全媒体传播能够实现对受众市场的"超级细分"[1]，使同一传播内容可以针对不同受众的个性化需求，选择不同的传播渠道和传播方式，从而达到最佳传播效果。因此，正确认识全媒体，必须明确全与专的辩证关系，避免以偏概全。

另一方面，从横向发展的角度看，全媒体这一概念也是相对的。随着互

---

[1] 姚君喜，刘春娟."全媒体"概念辨析[J].当代传播，2010（6）：13-16.

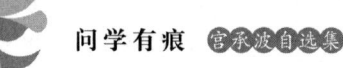

联网、手机等新媒体的迅速崛起,传统媒体受到越来越多的冲击,其生存空间日益受到挤压,在这种背景下,向全媒体集团转型,成为传统媒体应对新媒体挑战的不二法门。无论是报纸、期刊还是广播、电视,其传统的信息传播渠道和传播方式都过于单一,而网络媒体、手机媒体等新媒体所特有的多元化的传播渠道及多媒体信息传播方式,无疑能弥补传统媒体的天然不足。于是,传统媒体通过改组、投资、并购等方式同新媒体相融合,组建报业、广播电视业的全媒体集团,便成为传媒业发展的主流趋势,这也自然成为全媒体概念的主流指向,以至于现在一提到全媒体转型或运营,人们便理所当然地默认是以传统媒体为主体的行为。实际上,传统媒体的全媒体转型只能算作全媒体概念的一个维度,其另外一个维度则是新媒体在媒介融合背景下所做的全媒体尝试。在全媒体时代,传统媒体需要借助新媒体实现战略转型和二次起飞,而新媒体也需要利用传统媒体完成跨越式发展。新媒体在渠道的多元性、内容的海量性、原创性及传播方式的互动性上具有传统媒体所不可比拟的优势,但它也有自身的劣势和短板。比如,其信息碎片化、无深度,原创内容良莠不齐、缺少必要的把关,等等。正因如此,新媒体才需要借助传统媒体在内容质量、信源权威性、受众基础等方面的优势,以弥补其自身的局限。

从这一意义上说,全媒体意味着传统媒体与新媒体之间的互动,它不仅包括传统媒体对新媒体的融合、借鉴,也包括新媒体对传统媒体的整合、吸纳。在当下的全媒体语境中,全媒体运营往往被片面地理解为传统媒体应对新媒体的策略,这导致的直接后果,便是传统媒体在它所构建的全媒体集团中的地位逐渐式微,甚至形成对新媒体的盲目依附,最终失去了自身原有的特色和竞争优势。这诚然与传统媒体在当今传媒竞争格局中的相对弱势地位有关,但我们也应清醒地认识到,全媒体战略或理念对于新媒体来说同样具有至关重要的作用。一刀切地将新媒体排除在全媒体的操作主体之外,不但会影响新媒体的长远发展,也会干扰传统媒体理性地进行全媒体转型。

二、全媒体的战略意义大于战术意义

尽管全媒体热潮来势凶猛，但总体看来，传媒业对全媒体的实践才刚刚起步，尚处于探索阶段，无论是业界还是学界，对全媒体运营之于传媒发展的意义仍不甚清晰。有学者认为，全媒体化并不是传媒发展的终极目标，它只是媒介融合过程的一个阶段，传媒业需要探索"由'全媒体化'走向媒介融合的可能路径"。[1]也有学者将全媒体作为融合背景下媒介进行全方位营销的一种有效手段，并由此构建出全媒体营销的新型营销模式。[2]还有学者将全媒体定位于业务形态的整合与技术体系的再造，将全媒体发展视作业态升级、技术变革的契机。[3]笔者认为，全媒体作为媒介融合的产物与应对机制，是一种兼具全局性、综合性、长远性、理念性的构想，其战略意义远大于战术价值。

首先，"全媒体"具有宏观性和全局性，不是某个传媒企业的个体化行为，也不是某个城市、某个地区的局域化实验，而是新媒体兴起之后整个传媒产业发展的大趋势、大背景、大环境。在我国，从2008年《烟台日报》启动"全媒体数字采编发布系统"至今，大大小小的报刊、广播电台、电视台都或多或少地进行了全媒体转型或实验。在诸多全媒体转型尝试中，有的媒体取得了巨大成功，有的却经营惨淡，究其原因，很大程度上是由于部分媒体将全局性的发展趋势误判为个体化、局域性的既成事实。换句话说，尽管全媒体化是传媒发展的大趋势，但这一战略性趋势在转化为具体战术或发展策略时，需要结合操作主体的资金实力、发展规模、核心优势等现实情况，并不是所有媒体都可以随心所欲地进行全媒体化改造。

其次，全媒体运营是一种综合性、多元化、立体化的传媒产业实践，并

---

[1] 彭兰.如何从全媒体化走向媒介融合：对全媒体化业务四个关键问题的思考[J],新闻与写作，2009（7）：18-21.

[2] 黄升民，刘珊.三网融合下的"全媒体营销"建构[J].现代传播（中国传媒大学学报），2011（2）：1-8.

[3] 吴晓东，刘建宏，尚峰.关于全媒体的探索研究[J].广播与电视技术，2010,37（12）：24-31.

不只是单一层面的媒介变革。媒介的全媒体转型，涉及传媒运营的方方面面，从内容生产到平台建构，从技术创新到流程再造，从业务模式整合到管理革新，从组织机构改革到经营理念升级，各个层面不可或缺，不能偏废。全媒体的战略性意义，在于它能够统筹传媒产业从微观到宏观的系统架构，任何单一层面的变革都不能称之为真正的全媒体转型。在我国目前的全媒体实践中，许多媒体过于急功近利，片面追求媒介形态的多元化，投入了大量资金和资源建设所谓全媒体平台，却忽视了没有能力完成业务模式、组织机构、管理机制等其他配套措施的跟进，结果往往是全媒体运营效果大打折扣，甚至流于形式。

再次，全媒体转型与改造是一个长期的过程，不可能一蹴而就，而且从现实来看，我国绝大多数媒体的全媒体转型正处于起步探索阶段，距离转型完成或构建起成熟的全媒体体系还有很长一段路要走。从盈利角度来看，尽管新媒体的发展一日千里，但目前仍缺乏明晰、成熟的盈利模式，多数新媒体的盈利前景并不明朗，由此构建的全媒体集团无疑也将在很长一段时间内面临不同程度的盈利困境。因此，在现阶段探讨全媒体，更多的是对媒介长远发展的战略性构想以及宏观布局，其次才是针对某一具体问题的战术性对策。

最后，全媒体与其说是一项正在展开的传媒产业实践，不如说是内化于媒体从业者头脑中的经营理念与业务思维。在全媒体视域下，信息从采集、编辑、加工到传播、发布，都应该考虑全媒体传播的要求，以适应媒介融合的发展趋势，使内容生产实现从单一媒介思维向全媒体思维的转变。同时，这种全媒体理念还应作为一种指导思想贯穿媒介运营的方方面面，从宏观上影响传媒发展大局。

全媒体的战略意义大于战术意义，意味着至少在现阶段，并不是所有媒介都适合进行全媒体战略布局。媒介的全媒体化，除了需要大量资金、政策、人才等要素的支持外，还需要媒介具备较强的市场竞争力和风险承受能力，这对于一些规模较小、自身发展尚不成熟的媒介来说是不现实的。因此，媒介需要充分考量自身发展要素和外部环境因素，再确定全媒体改造的合适时机。

全媒体的战略意义大于战术意义，还意味着传统媒体与新媒体在全媒体格局中的不同地位或角色。对于许多传统媒体来说，全媒体转型在很大程度上是应对新媒体挑战、寻求生存空间的权宜之计，全媒体之于传统媒体，可以说是"箭在弦上、不得不发"的战术选择；而对于新媒体来说，全媒体布局则是其主动整合传统媒体、促成传媒产业格局重新洗牌的战略选择。传统媒体与新媒体在全媒体格局中的地位高下、实力高低，不言自明。可以想见，当占据绝对优势地位的新媒体向全媒体大举进军时，以当下传统媒体的实力，能保全自身已是万幸，更不用谈什么报业全媒体、电视全媒体了。所以，尽管全媒体时代以各种媒介的融合、统一为基本预设，但终归存在传统媒体的全媒体与新媒体的全媒体之别，未来全媒体时代的市场竞争，将是传统媒体的全媒体同新媒体的全媒体之间的博弈，或是前者向后者争取市场份额与生存空间的过程。

三、全媒体转型路径存在不确定性

在全媒体还停留在实践发展的初级阶段，探讨各媒介或媒介集团实现全媒体转型的模式或路径，需要综合考虑包括政策、资金、人才在内的媒介内外部环境的诸多因素，而在这些因素大致明朗之前，全媒体的实现路径存在较大的不确定性。

目前，综观我国大大小小的媒介（集团）已付诸实践的全媒体转型路径，大致可以总结为以下四种：

一是平台捆绑型。采用这一路径的媒介，通常以自身为依托，同时发展其他媒介平台，并将不同平台捆绑在一起，以实现形态上的全媒体化。比如，以报纸为基础，开发网络报纸、手机报纸，达到报网互动、报纸移动化的目标。这种全媒体实现路径相对省事、讨巧，也是全媒体发展早期许多中小型的传统媒介集团倾向于使用的改造模式。但这在本质上并不能算作真正的全媒体改造，最多只能算是一种全媒体形态建设。

二是以点带面型。采用这一路径的媒介，通常首先建设全媒体业务平台，以平台构建为契机，带动内容生产流程再造，同时完善资金、人才、管理、机构等相关配套要素或机制。南方都市报业集团就采用了这一路径，从内容整合入手，建立起内容平台+内容数据库+网站的全媒体平台，并以此为基础，掌控更多来自社会机构、终端、互联网的信息资源，将内容提供商、企业用户吸附到这一平台上，形成密集化的内容利益联盟。

三是平稳推进型。这一路径与以点带面型的全媒体转型路径恰好相反，它通常以人才引进或重新调配为基点，以组织机构整合为铺垫，以政策改革或创新为契机，在做好充分的前期准备的基础上，推出全媒体业务平台，实现全媒体转型。采用这一路径的代表媒体当属最早进行全媒体实验的烟台日报社。早在1999年，烟台日报社就尝试将不同业务部门的职能进行整合，让文字记者也承担起摄影职责；2006年，烟台日报社开始进行人力资源改革和机构改革，建立企业化的收入分配体系和数字资产管理平台；①2007年，新闻出版总署启动全媒体数字采编发布系统工程建设，将烟台日报社作为试点单位，为其进行全媒体转型提供了良好契机；在上述一系列准备的基础上，2008年烟台日报社组建全媒体新闻中心，将其作为全媒体业务的平台。

四是全线突破型。这一路径将媒介内部环境同外部环境结合起来，实现全媒体改革的内外联动，具有较强的示范意义。浙江日报报业集团的全媒体改造就采用了这一路径，从而在较短的时间内实现了内部发展转型与外部联合扩张的全线突破。在内部转型上，浙江日报报业集团通过建立报网互动平台、加强读者数据库建设等措施，积极推出全媒体产品，为用户提供基于网络媒体和移动互联网的信息服务。在外部联合扩张上，浙江日报报业集团通过联合战略伙伴，延伸产业链，一方面积极介入电影、电视、动漫、互联网等领域，完善全媒体产品布局；另一方面将资金投向与新媒体内容生产和技术创新相关的潜力型项目，完成报业集团在新媒体产品和技术支撑方面的战略布局，最终实现横

---

① 张垒.全媒体运作：条件、风险和挑战——来自烟台日报传媒集团的案例分析[J].中国记者，2009（5）：50-52.

向与纵向一体化的扩张。①

　　需要指出的是，以上几种全媒体转型的典型路径目前仍处于发展探索之中，还存在不成熟的地方，也并非适合所有媒介。具体到单个媒介，应根据自身情况选择不同的全媒体转型路径。

　　当然，除了媒介自身情况会影响其全媒体转型的路径选择之外，媒介外部环境也是极其重要的影响因素，如政策环境、资金环境、人才环境等。以政策环境为例，在我国，政策规制对于全媒体转型发展的作用尤其重要。一方面，我国传统媒体尚处于转企改制的过程中，"一元体制，二元运作"的体制模式使得媒介不能完全自由地参与市场竞争，也就无法充分利用市场资源进行全媒体改造；另一方面，不完全市场化的体制特点也决定了媒体在进行全媒体转型时要更多地受到政策的限制和影响，而我国针对媒介融合以及跨行业、跨区域、跨媒介经营的相关政策的不确定性，则为全媒体运营增加了重重阻力。在未来的发展过程中，如何处理好媒介自身发展同政策、资金等外部因素的关系，将是我国传媒业进行全媒体转型的又一难题。

---

① 王纲.报业集团全媒体转型的路径选择[J].传媒，2012（2）：29-32.

网络文化与文明篇

新媒体文化精神论析*

关于文化，著名人类学家爱德华·泰勒曾做过这样的表述："文化，或文明，就其最广泛的民族学意义来说，是包括全部的知识、信仰、艺术、道德、法律、风俗以及作为社会成员的人所掌握和接受的任何其他才能和习惯的复合体。"① 尽管今天的人类学家并不完全接纳这一来自 19 世纪的经典定义，但我们还是可以从中一窥文化的丰富内涵。在这里，需要着重指出的是，文化不仅是历史的产物，也是活生生的现实，它现实地体现在人类社会当下各种各样的创造性活动当中。新媒体文化便是这样一种现实性的文化。

新媒体是技术催生的产物，是时代的产物。新媒体的诞生，带来了人们交往方式、行为礼仪的一系列变化，甚至掀起了新一轮的社会经济与政治变革；同时，在新媒体语境下，人们创造了许多新的艺术形式，形成了许多新的思维方式和行为方式——总之，新媒体"在文化、技术和观念上震撼着我们生活的根基"②，从某种意义上说，它已引领我们进入一个崭新的时代。因此，毋庸置疑，一种迥异于传统媒体文化并具有丰富内涵的新媒体文化业已形成。尽管新媒体文化有着各种形态，如网络文化、手机文化等的区分，也有着物质、精神和制度等层面的区分，但作为当代文化的一个子系统，新媒

---

* 本文原载于《山东社会科学》2010 年第 5 期，人大复印报刊资料《新闻与传播》卷 2010 年第 9 期全文转载，收入本书时有改动。
① 泰勒著. 原始文化：神话、哲学、宗教、语言、艺术和习俗发展之研究 [M]. 连树声，译. 桂林：广西师范大学出版社，2005：1.
② 凯利. 网络经济的十种策略 [M]. 萧华敬，任平，译. 广州：广州出版社，2000：7.

体文化的方方面面都不是孤立存在的，而是相互影响、相互关联、相互制约的，从整体上彰显出一种特有的文化精神。在文化各要素中，最为核心的是价值观念和意义体系。所谓文化精神，简单说即"文化模式的价值效用在人们头脑中总的观念反映"①，是一种文化的成员在态度、情绪及价值观上所表现出的独具一格的内在品质，是这种文化中基本的、整合的、具有决定力的价值系统。

本文拟着重对新媒体所带来的人文社会层面的行为方式及其价值取向进行省察和反思，试图从中略窥新媒体文化的精神风貌。目前，以互动性为主要特征的新媒体主要以网络和手机为代表，所以本文的省察与反思也不妨聚焦在网络文化和手机文化领域。

一、强调互动，追求平权

相对于传统的大众传播而言，网络传播的突出特征是交互性，而网络传播的交互性得益于当代传播技术的进步。一方面，网络技术的发展使信息的线性存在方式演变成为立体化的网状结构，因而使一对一、一对多、多对多的传播成为现实，从而彻底打破了传播的单向性；另一方面，数字技术的发展使信息的采集和制作变得异常简单，而网络媒体的普及及使用成本的低廉为人们提供了便捷的发布和传输渠道。由此，交互性成为网络传播的突出特征，也成为网络媒体吸引大众的坚实后盾，正如泰普斯科特所指出的："网络世代的文化核心就是互动。"②

具体说来，网络传播的交互性包括两层含义，即信息发送者和接收者之间的交流是双向的；参与个体在信息交流过程中均拥有控制权。

在网络空间，任何人都可以自由地参与，无论何种身份，都可以实现传递信息、表达情感的诉求，成为网络内容的创作者和网络文化的建构者；同

---

① 冯天瑜. 中华文化辞典 [M]. 武汉：武汉大学出版社，2001：8.
② 泰普斯科特. 数字化成长：网络世代的崛起 [M]. 陈晓开，袁世佩，译. 大连：东北财经大学出版社，2003：111.

时，任何参与网络传播的个体，既可以是信息的接受者，也可以是传输者，传者与受者之间的界限不再那样泾渭分明，传受双方均可以在任何时候、以任何方式获得关于新闻、娱乐、教育和消费等方面的资讯，并可以得到即时的信息反馈，从而实现真正的双向交流。如其中的社区论坛、新闻跟帖留言等，都实现了传受者之间的直接交流与对话。

与此同时，在网络空间中每一位参与者都可以根据自己的需要和兴趣选择性地参与交流，都能够发表观点并得到响应或批评，就是说，网络传播的传受双方对信息交流过程拥有平等的控制权。我们以网络文学为例略做说明。首先，网络文学实现了创作主体的平民化，任何网民都可以将自己的所思所想、将自己幻想中的故事创作为一篇散文或小说发布到网上，供大家浏览阅读；其次，网络文学的创作过程一般是创作与评论同时进行，作者每写完一段就可以上传到网上，随之也会被阅读和评论，其创作思路和写作过程会受到读者的影响；最后，任何读者对作品不满意，都可提笔进行"同人"写作，自由地改写或续写该作品。在网络文学创作中，任何网民都可以参与创作过程，读者与作者可以共同完成创作，他们的话语权完全平等。

此外，网络文化的交互性并不局限于网上，在线下依然发挥着作用，而且影响力颇大。比如，人们通过网络方式所进行的拍卖、购买等交易行为，将线上线下融合成一个整体，无疑属于更深层次的互动形式。

手机最初的基本功能在于移动通信，但在流动的空间中，它将电话功能推向极致，最大限度地满足了人们交流、沟通的欲望。它使通信过程挣脱了时间、空间的羁绊，赋予人们追求互动的更大自由，人们可以随时随地随性地进行交流和沟通，人类天涯咫尺的梦想因而不再是梦想，"地球村"的隐喻也不证自明。从最初被富人们把玩的奢侈品"大哥大"到时下几乎人手一部的时尚手机，伴随着人们使用频率的提高，手机逐渐成为现代人类生活中不可或缺的必需品。社会经济的急剧发展使人类生活水平得到前所未有的提高，当汽车、电脑、家庭影院、高级别墅逐步进入人类生活时，人们却依然执着于沟通的诉求。毕竟，人类是社会性的动物，人们可以没有奢华的物质享受，却不能缺失与他人的交流。

与此同时，移动通信还最大限度地满足了人们对于信息资讯的追求。在信息爆炸的时代，如何最快、最新甚至最广泛地获取、筛选信息成为现代人的重要需求。互联网的横空出世无疑为人们获取信息提供了便捷的途径，且以其超大容量的信息内存在诸多媒体中拔得头筹；而手机的无线上网则弥补了电脑不易携带的缺陷，使咨询、上网、炒股等变成随时随地的举手之劳。

不可否认，手机传播使人类交流摆脱了时空的束缚，使人们对信息乃至文化的需求随时随地随身可得到满足，在开放、流动的空间中，传者与受者、生产者与消费者之间的随意性互动，形成了手机文化产业无可替代的竞争优势，而其追求互动、平权的价值内核更是彰显出特有的时代精神。

二、回归"本我"，崇尚自由

网络传播的一个重要特点是可以匿名，网民登录后可以获得一个虚拟的身份。正是这一虚拟性，使网络为网民提供了几乎毫无限制的精神空间，成就了人类现实中难以企及的自由境地。

处于现代社会中的人们，普遍有一种远离现实，摆脱现实中禁令、秩序的约束，在反抗、破坏以及重建中得到快感的心理需求。作为一种与现实分离的虚拟世界，网络世界提供的正是这样一片类似"狂欢广场"的自由天地，正是因此，"虚拟现实"成为人们指称网络的通用词汇。在迥异于"日常生活"的语境之下，网络主体可以进行年龄、性格乃至性别上的虚拟，"小丑"可以加冕为"国王"。身份的虚拟性、隐匿性给了网民充分的自由。在这里，网民可以将等级、地位嗤之以鼻，将演员或者观众的身份界定抛在一边，通过网络聊天、电子短信、电子邮件等实现各种身临其境的生存体验；可以运用技术性手段将想象中的故事、情节和场景逼真地展现在人们面前，甚至如尼葛洛庞帝所说："在虚拟现实中，你可以张开双臂，拥抱银河，在人类的血液中游泳，或造访仙境中的爱丽丝。"① 总之，你可以"笑"傲江湖，快乐至

---

① 尼葛洛庞帝.数字化生存［M］.胡泳，范海燕，译.海口：海南出版社，1996：143.

上，在虚幻的世界中体验现实中无法想象的感受，是一种完全释放心灵、回归"本我"的自在体验，并在自由、狂欢中，通过对现实、传统的颠覆，进而构筑起一种以"我"为主的新型文化空间。以博客为例，它为普通民众提供了一个完全受自己控制的网上言论空间，"在属于自己的网络空间里，你就是主宰，控制这里的一切。人的主观能动性得到充分的发挥，在一个追捧明星的大众娱乐时代，平民可以转瞬成为英雄，边缘可以很快成为中心，弱者也可以悄然成为人们的焦点"[1]。正是因此，博客的内容文本都极具个性色彩，从新闻评论，到私人日记，到各类图片、影像，只要你愿意，都可以在此自由地发表、展示。

有人指出："互联网是个人王国的产物，而移动通信则是自由王国的产物。"[2] 手机无线上网以更加方便、自由的形式进一步彰显了其自由的本质，进一步凸现了后现代语境下崇尚自由的价值取向和解构权威的社会理念。所以，手机上网，不能不说是手机与互联网强强联合的壮举！

总之，新媒体一方面为人类交流带来了新的天地，使人们的信息交流和精神交往更加方便；另一方面则构筑了一个充满自由与民主理想的"乌托邦"，为人类开辟了一片自由的精神空间。在这里，人类的想象力得到了充分展现，普罗大众可以尽情地"狂欢"。

三、标榜"草根"，抗拒精英

约翰·奈斯比在《大趋势》一书中做出阐述，传统文化建立在一种金字塔型的结构之上，其传播方式通过由上而下和由少到多的单向渠道，遵循由中心向四周甚至是强行扩散的传播模式。社会评论家列维斯更是明确指出，精英文化面向的是受教育程度或文化素质较高的少数知识分子或文化人，旨在表达他们的审美趣味、价值判断和社会责任。也就是说，传统文化

---

[1] 罗攀.博客：网络一族的"大众情人"[J].青年记者，2006（20）.
[2] 基恩，麦金托什.自由经济：无线世界移动商务优势[M].刘洋亚，赵敏，译.北京：机械工业出版社，2002：中文版推荐序.

本质上是一种精英文化，其内容常常被赋予道义、理想和使命，是统治阶级"开启民智"的工具，肩负传播重任的是官员、学者等所谓社会精英。从这一意义上也可以说在漫长的历史文化积淀中，精英文化是其中的主要形态。自古以来，文化权力都牢牢地掌控在文化精英手中，"渡人济世"是他们始终追求的人文理想，他们始终希冀通过自身的文化"关照"发挥一种引导、规范和教化的作用，实现社会关爱的终极价值。无论是在传统社会文化独裁的背景下，还是在新文化运动文化普及的追求中，广大知识分子都义不容辞地将自己归位于所谓引导社会大众的"疗救者"角色。新媒体文化则颠覆了这一结构。它排斥所谓权威和中心，表现出强烈的反叛性和戏谑性。

先看网络。尽管网络文化的成分中也有精英文化，但更为重要的是它为平民文化提供了施展的舞台。伴随网络媒体的涌现，每个网民或每台联网的计算机都是网络上的一个节点，平等的网络节点替代了中心和权威，传统意义上的传者与受者的界限消失。在开放的网络世界中，所有的信息及文化内容均是由每个节点贡献的，所有的文化活动也是由每个节点之间的互动传播而得以完成的，在这里，人们获得了平等的信息权和话语权。它为网民提供了话语解放的平台，建构了自由民主的舆论氛围，从而使平民文化、"草根"文化成为主流。

再看手机。手机短信肇始于1992年的英国，1998年开始在我国发端，2000年以后便以燎原之势迅速蔓延和扩张开来，并日益受到人们的追捧。我们知道，由于文字表达比口头表达所需时间要长，所以较之口语，文字能够更加充分地表情和叙事。传者可以有较长时间的思虑和推敲，以便对信息进行精心编码；而受者解码的时间也相应延长，能够去揣摩字里行间的别番韵味。正是因此，作为以文字为载体的通信手段，手机短信使人们得以更好地表情达意。还需要指出的是，手机短信之所以能够在中国迅速风行并成为一道亮丽的风景，大概也是由于文字有利于表达"含蓄"的意义，契合了中国人一向含蓄内敛、注重自我保护的特点。

尤其值得注意的是，在经历了通信工具和修辞性叙事阶段后，手机短信的社会参与与文化批判功能逐渐显现。伴随着新的社会语境的不断强化，这一功能越来越得以凸显。目前，手机短信已经脱离了传统的私人话语空间，向公共话语空间迅速挺进，在主流媒体空间和许多重大文化活动与事件中充当起文化批判者的角色。大众文化的崛起需要寻求某种平台，手机短信便当仁不让地担负起了这一重责，正所谓"时势造英雄"。2005年在唱响中国大江南北的"超级女声"活动中，短信对于参赛选手晋级与淘汰的决定性作用初露端倪，如今从权威媒体到社会各界，对手机短信作为文化批判工具所具有的强大力量越来越予以重视。按照福柯的观点，"空间是任何公共生活形式的基础，空间是任何权力运作的基础"[①]。手机短信的兴起无疑为民众构筑了一个开阔的话语空间，成为民众参与社会活动的一个平台。即便这种权力还未触及其他更为广阔的意识形态领域，但也预示了民主社会的开放与包容，是社会进步的体现。在当下现代主义和后现代主义浪潮的冲击之下，手机短信早已不再满足于民间或草根阶层的修辞性文本创作以及私人空间的传播。2004年，中国首部短信小说《城外》被电信运营商以18万元的高价买断版权；同年，新华社也播发了我国首部短信新闻故事《赵家富》。手机短信创作获得社会广泛关注，不仅成为一种成规模的产业形态，也成为一种具有强大影响力的文化形态。从某种意义上说，手机短信承载了广大民众抗拒社会精英和文化权贵垄断公共领域的诉求，无疑是抗拒文化霸权的一柄利器。对于强势的精英文化而言，它的出现具有不可小觑的意义。

总之，手机的出现为大众话语权的崛起起到了良好的助推作用，我们有理由相信，在未来的发展中，手机将获得更加广阔的生存空间。

四、高扬感性，尊重个性

人类文化的一个重要特点是崇尚理性，它是社会组织化的文化基础。启蒙运动时期，众多思想家正是在对"理性"的标榜中完成了自我的升华，人

[①] 包亚明. 后现代性与地理学的政治[M]. 上海：上海教育出版社，2001：13-14.

类文明也由此提升到一个新的高度。它既是对理性的尊崇，更是对"人性"的唱诵。然而，这一切却被后现代性质的新媒体文化击碎了。

后工业社会的概念由美国社会学家 D. 贝尔在《后工业社会的来临》一书中提出，意欲描述 20 世纪后半期工业化社会中所发生的历史性剧变。他认为，美国、日本、苏联以及西欧等的发展，将导致在 21 世纪出现一种新的社会结构和形态，即后工业化社会；在后工业化社会中，传统价值体系开始崩溃，人们将逐步抛却理性而趋向感性，这便是后现代主义的崛起。后现代主义植根于后工业社会土壤之中，反映了从传统的以"生产"为中心的社会向以"消费"为中心的社会的转变。新媒体文化生逢其时，可以说是后现代文化的一个组成部分，而高扬"感性"是其中的一个重要特征。

如上所述，在人类文明的演进进程中，由于对理性的尊崇，"感性"曾长期被置于原始、蒙昧、肤浅、本能的地位，如今网络空间的开放却为其提供了生存的乐园。感性体验源自感官，而感官是身体的一部分，感性在本质上表现为身体在一定时空下的直观体验。事实上，身体在当下文化景观中的价值早已不言而喻，诸多学者对于身体价值的探寻也可谓不遗余力，如巴特、布尔迪厄、巴赫金、福柯等都可以作为这一领域有建树的人士，人们通过他们的研究获知了不同社会的人群使用自己身体的种种方式。身体的发现成为感性文化异军突起的一种表征，从而直接带动了人性的复归。当如"木子美""馒头血案"一类现象充斥网络时，舆论先是哗然，继而又陷入沉寂。对此，与其说是人们已逐渐习以为常，倒不如说是中国人开始走向人性化追求、个性化探索的标志。

在追求人性、探索个性的过程中，人类不仅开始重视身体的价值，而且开始注重视觉化的感官体验。在印刷传播中，靠文字呼风唤雨，人们注重意义的追求；在网络世界里，人们需要的是刺激、快乐，形形色色的网民虽诉求不一，背景各异，但却有着共同的追求，那就是视觉盛宴。在快节奏的工作、生活之余，人们希望在现实世界中压抑的感性得以发泄，希望获得一种释放的快感，所以网络放纵成为一种带有普遍性的选择，于是网络空间中升腾起一系列特殊文化现象便也在情理之中了。从中不难看到，个人化的生命体验、世俗甚至有些低俗的生活镜像均堂而皇之地入主其中。

手机文化的盛行进一步体现了现代人的消费观念和价值观念。在后现代主义文化景观中，人们的消费活动更多建立在符号层面而不是物质层面上，所以符号的价值成为消费社会的终极追求。手机自诞生以后，以其迅捷沟通和获取信息的功能而逐渐成为一种高效率、高品质、时尚而精致的生活水准的表征，人们品评事物的尺度也随之发生了变化，开始忽略消费物质本身。"变成消费客体的是能指本身，而非产品；消费客体因为被结构化成为一种代码而获得了权利和魅力"[①]。换句话说，人们消费的是"手机"概念背后的可能性，是手机所赋予的荣耀感，他们需要这个能指来获得某种尊重和感觉，甚至通过强化能指的外观来达到吸引眼球的目的。形形色色的手机饰品正是因此受到消费者的青睐，这一点也成为手机广告宣传中的重头戏。

消费社会的一个重要特点是符号化、差异化，差异、个性因而成为消费看点，所以广告的最大作用便在于让消费者通过个性化符号而产生某种自恋情结。对手机而言，个性化的铃声、图片、外壳颜色、背景灯、显示屏壁纸等通常是其装饰性的内在表现，而手机套、挂绳、挂件、贴纸等则往往是其炫目外观的代表。人们借助于这些内外装饰将手机置于时尚光环之中，很大程度上，大家注意的焦点并非手机本身，而在于其各种炫目的装饰。于是，当外表光鲜的手机呈现于眼前时，人们的目光顷刻间便被吸引。正是通过这一过程，通过手机饰品背后潜藏的一系列文化符号，人们完成了一种神圣化的手机消费。手机文化的风靡表征了人们消费理念的改观，宣告了消费时代的来临。由此，个性被提升到一个新的高度，并渗入大众文化视野中。

综上所述，新媒体文化是一种崭新的媒介文化，尽管它目前的生存尚有些困窘，甚至存在一系列悖论，如对传统文化拓展与冲击的悖论，自由狂欢与侵权、乱世的悖论，草根性与精英化的悖论，全球化与民族性的悖论，等等。这些，笔者将另有专文论及，此不赘述。但是，从上述对新媒体文化精神的分析中，我们不难看到新媒体文化所彰显的前所未有的生机和活力。平

---

① 波斯特.第二媒介时代[M].范静哗,译.南京：南京大学出版社,2005：144.

等、自由、民本、人性，这些都是当代人类共同的追求，是超越意识形态的。不论新媒体，还是新媒体文化，都是初升的太阳，无论其当前的处境如何，我们都有理由相信，其前景是光明的。

谈到媒体发展的时候，笔者曾经说过这样一段话：目前传统报刊已是苟延残喘，电视也老了，而网络长大了，尤其是手机，就像青春期的少男少女，正活力四射，生机勃勃。总之，目前的新媒体可以说是激情迸发、魅力四射、精粗杂陈、鱼龙混杂，虽然还有很多局限，但却代表了传媒发展的方向。正是从这一意义上，我们可以大胆地说，新媒体文化不仅代表了传媒文化发展的方向，也顺应了时代潮流，代表了整个当代文化发展的方向，因而必将为当代文化的发展提供强大助力。

新媒体文化的生存悖论审视*

在《新媒体文化精神论析》[①]一文中，限于篇幅，笔者主要从积极层面对新媒体正面的社会价值取向及其文化精神进行了审视。伴随着新媒体的崛起，新媒体文化的悄然兴起已经是不争的事实，毋庸置疑，这是一种崭新的媒介文化，目前已彰显出前所未有的生机和活力。但辩证地看，仅看到新媒体文化的正面价值应当说是不够全面的，也应当而且必须看到，新媒体文化目前的生存尚有些困窘，甚至还存在着诸多悖论。本文拟略窥一二，意在抛砖引玉。

一、对传统文化拓展与冲击的悖论

从人类传播发展的历史看，每一种新的传播技术和传播方式的兴起都毫无例外地要引起文化上的变革，也可以说，文化发展的每一个阶段都会受到特定媒介的支配。我们也看到，随着传媒技术的迅猛发展以及随之出现的诸多新媒体形式，社会文化范式也在发生一系列变化。拉比塔尔斯基甚至这样认为："面对新媒体时代，一切都在被异化着，所有原生态的文化都被新技术方式赋予新的解释。"[②]

---

* 本文原载于《山东社会科学》2010年第10期，收入本书时有改动。
① 官承波. 新媒体文化精神论析[J]. 山东社会科学，2010（5）：60-64.
② 朱步冲，尚进，陈赛. 从WAP到P2P：两场新时代电影节[J]. 三联生活周刊，2005（10）.

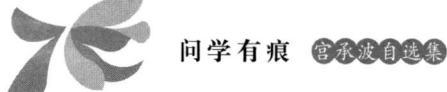

从积极层面看，这体现在两个方面。

首先是新媒体为传统文化的承载与传播提供了新的平台，从而为传统文化的生存带来了根本性变革。一直以来，由于历史的规定性，传统文化的薪火承继呈现出的是一种独特的线性模式。在文字诞生以前，人类文化一直靠口耳相传，或通过图腾壁画、结绳记事等手段来记录和传承，那时的文化传承都是片断性、碎片化的。直到文字诞生以后，人类文化才得以系统保存，于是便有了甲骨、竹简、布帛、纸张等承载介质的流变，人类文化散落于其中，通过它们，人类文化得以保存、延续和发展。后来，纸质文本成为媒介和传播的主流，所以传统的知识存储是与印刷术的不断进步相联系的。即便是早期文明阶段所依赖的兽骨、毛皮等，也都是具备实体形态的介质。而当网络、新媒体出现以后，这一切都发生了质的变化。

在新媒体中，传统的文化生存与传播的"白纸黑字"方式被"E媒体"（electronicmedia）方式所取代，具体来说，伴随着现代微电子技术、信息技术和现代通信技术的飞速发展和相互渗透，无纸存储已成为活生生的现实。依托这一载体，传统文化的传播拥有了新的平台和新的渠道，甚至呈现出一种立体化的传播方式，从而大大拓展了传播视域，使更多的人领略到丰富多彩的文明积淀。也即是说，文化载体的革命颠覆了传统的传播方式，为传统文化的传承与传播提供了助益，为社会文明的提升提供了助益。

其次是新媒体赋予了传统文化以极大的开放性。以我国为例，在数千年的历史进程中，传统文化由于受自给自足的农耕经济和封闭的大陆型地理环境的制约，形成了一种隔绝、保守的文化特色。从内涵角度看，其核心即是以儒家文化为代表的纲常礼教和尊卑等级，即所谓"君君，臣臣，父父，子子"等，可谓循规蹈矩、故步自封。从传播角度看，上述金字塔式的等级结构在赋予传统文化神圣性的同时，也极大地抑制了其向多维空间的伸展与开拓。与之相反，新媒体文化自兴起伊始便表现出异常的开放性和包容性。它兼收并蓄，打破了文化之间的森严壁垒，使各式各样的文化在此交流、汇聚，实现了最大限度的开放；它追求平权，呼唤民主、参与，使文化创作主体能够超越现实社会对个体身份和角色的限定，突破意识形态以及现实生活中各种清规戒律的束缚，实现了自我和个性的张扬。弥尔顿所倡导的"观点的自由市场"在新媒体文化中变成了现实，其中有"阳春白雪"和科学精神，同时充斥着"下里巴人"甚至不乏鬼神膜拜，这些在传统观念中无法并存的多元文化类型在新媒体世界里却共存共生，不能不说是新媒体文化的一道奇观。

总之，借助新媒体，传统文化寻找到了新的生存空间，在开阔的空间中实现了自身的吐故纳新，其呼吸更加自由，内涵不断丰富，从而传得更远，活得更神气。

从消极层面看，传统文化在受惠于新媒体的同时，也遭遇了来自新媒体文化的冰霜。

首先是削弱了传统文化的意义。毋庸置疑，新媒体的一大特征是工具性、实用性，正是根源于此，新媒体产业的发展异常惊人，短短数年间已渐成气候，俨然一派新经济先锋的气象。但在新媒体消费潮流驱动下形成的新媒体文化，自然无法摆脱消费社会快餐文化的特质。由于把关人的淡化，新媒体适应了后现代语境下自由表达的诉求，同时由于超乎寻常的自由，也存在随意化、浅薄化的弊病。

毋庸讳言，新媒体自出现以来便在众多层面满足了民众欲求，需要说明的是，此种欲求暗含了一个根本的逻辑，那就是新媒体传播是一个以"个体"为中心的文化系统，许多时候，人们只是为了抒发一己之私才聚集于此。在该系统之内，个体的价值观凌越一切，因此新媒体文化也便一定程度上成为个体文化的代名词。所以，新媒体传播侧重的是个体化、娱乐化，而娱乐的核心便是媚俗、游戏。也就是说，新媒体空间不是一个凝思冥想之地，而是一个喧哗与骚动的空间，自然也就成为各式各样文化汇聚的自由"飞地"。在这里，随处可见戏谑、游戏的内容，甚至更多的是世俗品味的展现，一些涉及色情、私密的内容也招摇过市博得了大量注意力。陈思和教授曾用"藏污纳垢"来形容网络媒体的生态环境。这种游戏化甚至低俗化的信息传播无疑堵塞了传统文化通向价值乃至终极意义的通道，消磨了文化本应具备的阳光、大气、厚重、深邃。在这里，所谓文化变成了一种吸引注意力的"眼球经济"，一种浅薄的时尚。

其次是冲击了传统的语言、文字规范。毋庸讳言，新媒体文化的横空出世不仅在信息、内容方面对传统文化造成了冲击，从形式角度看，对传统文化的载体，即语言、文字也带来了影响。在绵长的人类历史发展中，文字的诞生曾被视作文明时代到来的标志。文化的表述无法脱离语言文字，它是传统文化的传播工具和承载介质，正是有了语言文字，人类文化才得以保存和传递，并不断得以丰富和发展；倘若没有语言文字的承载，文化只能无奈地消逝于历史长河之中。然而，网络语言却使传统的表述方式遭遇了"失范"的重创。网络语言是伴随着网络的发展而兴起的一种语言形式，起初主要是网民为了提高网上聊天的效率或某种特定需要而采取的方式，久而久之形成了一种特定语言。由于计算机技术所使用的是程序设计语言，所以网络语言呈现出一种技术融合下的杂糅化倾向，它包括拼音或者英文字母的缩写，含有某种特定意义的数字以及形象生动的网络动画和图片等。网络语言的失范主要体现在谐音的滥用、词汇的畸变和语法的背离，这些都严重影响了汉语语言的纯洁性和规范性。[①] 诚然，这些新语汇的使用丰富了新媒体文化，但长此以往，势必会对传统的语言规范造成冲击，造成语言使用混乱，甚至认知困难。

有必要指出的是，传统文化与新媒体文化并非一对不可调和的矛盾，事实上，正是在二者的博弈与交融中建构起了当下独特的文化景观。面对新媒体文化的冲击和挑战，传统文化如能抓住契机，主动调整姿态，协同合作，或可为自身的繁荣与发展开拓出新的天地。

二、自由狂欢与侵权、乱世的悖论

任何一种有前途、有生命力的文化必然具有兼容并包的开放性，新媒体文化之所以能得到快速发展的一个重要原因，也在于其极大的开放性。由于网络提供了近似无限的空间、充足的通道，而且平等的网络节点替代了中心和权威，所以为每个人提供了平等的地位和机会，从而为多元文化提供了展

---

① 李睿. 网络交际中语言的失范与思考[J]. 湖北警官学院学报, 2007 (4): 91–94.

示的舞台。无论是科学精神还是鬼神崇拜,无论是西方文化还是部落文化,无论是"阳春白雪"还是"下里巴人",无论是小说文本还是电子游戏,哪怕是一篇私人日记,任何文化形态、文化内容都被赋予了平等地位,都可以通过网络展现在世人面前。这种扁平结构消弭了传者与受者的界限,改变了传统的金字塔式结构,使任何网民,无论尊卑,在网络中都拥有平等的话语权,都可以通过搜索引擎在网络中寻觅到自己的兴趣所在,都可以成为网络文化内容的创作者,从而实现传递信息、表达情感的诉求。在这个与现实世界分离的空间中,任何个体都可以自由地表达、尽情地"狂欢"!

"狂欢"的概念来自苏联文学批评家、哲学家巴赫金对"狂欢节"的追溯。它不同于"日常的生活""提供了打破日常生活的压抑的机会,提供了被压抑者的声音在最大时可被听到的机会,提供了社会接受它通常所压制和否定的快乐的机会。狂欢的本质是它对规范着日常生活规则的逆转,狂欢的必要性源自被压制者最终对屈服于社会规范的拒绝"。[①] 沉浸于狂欢中的人们不分等级和地位,不分演员和观众,摆脱了一切约束、禁令等现实中的秩序。由于网络传播的匿名性提供了一片几乎没有限制的天地,所以这种与现实分离的虚拟空间无疑构筑了类似狂欢广场式的自由语境。但在这种语境中,民主社会所崇尚的自由却走了样,变了质。

比如,博客被许多人称作言论自由的阵地,是一种个人表达意见、传播思想的网络出版方式,之所以流行,是因为它具有个人自由表达与出版、知识过滤与积累、深度交流与沟通的功能。网络赋予人们的虚拟身份使得人们在博客上能够"畅所欲言",而对国家、集体、他人的看法与感受可全然不顾。因此,博客的出现使许多人认为人类已经进入真正言论自由的时代。事实上,博客与言论自由并非毫无干系,博客的发展提升了公众的话语权,公众的个人态度可以通过网络进行传播,优质博客是提升自主性、发现真理、促进民主的良好方式,但不幸的是,当诸如揭丑、诽谤、煽动、挑衅、仇恨、威胁等言论在博客中不断出现的时候,博客岂不是又成了侵权、乱世和隐私

[①] 刘晴. 网络语言的文化研究 [D]. 武汉:华中师范大学,2006.

暴露的代名词吗？

再如，"恶搞"可谓网络文化反叛性的典型代表。"恶搞"又称作Kuso文化，是一种经典的网上次文化，它通过夸张、讽刺、搞笑的叙事来反映现实问题，引起社会关注。通常情况下，网民常通过对经典文本的解构达成调侃的使命，一部荒诞可笑的"恶搞"作品往往暗含了强烈的现实批判性。例如，《一个馒头引发的血案》通过对电影《无极》镜头的剪切、故事的重构，将对传统"艺术"的讽刺、戏谑发挥到了极致，充分体现了颠覆经典、肢解传统、张扬个性、讽刺社会的反叛精神。但是，这种"恶搞"却又往往导致对崇高的解构、权威的戏谑和社会正统的反叛。反叛、戏谑，都是通过解构在抵制痛苦中制造快乐，宣泄情感，将自我从现实的正常秩序中解脱出来。也就是说，狂欢与解构、与反叛性、与对现实秩序的破坏是密切相关的。

不难看到，自由狂欢与侵权、乱世，无疑构成了一种难以协调的悖论。诚如马尔库塞所说，"技术的解放力量转而成为了自由的枷锁"①。

三、草根性与精英化的悖论

如前所述，新媒体文化带来了全民性的狂欢盛宴，在解构权威的同时也成为平民文化的象征。但是，新媒体的准入门槛（如技术支撑下的高成本）却意味着它会将大量普通民众挡在门外，这也是新媒体文化目前尚无法摆脱的一个生存悖论。

早在20世纪六七十年代，有学者指出现代社会中存在的"知识沟"现象，当时这一理论还仅适用于广播电视媒介。伴随着互联网乃至各种新媒体的出现，有学者又将其扩展至"信息沟"和"数字沟"，指随着信息技术的发展，信息富有者和信息贫困者之间的信息不对称现象进一步扩大的情况。

毋庸置疑，新媒体的出现为大众文化的崛起找到了新的出路，草根阶层

---

① 马尔库塞. 单向度的人［M］. 张峰，吕世平，译. 重庆：重庆出版社，1988：135.

通过新媒体得以实现参与文化构建的诉求，但这种诉求的实现必须依赖于新媒体的一系列技术操作。所以，首先，你必须懂得相关的技术操作，否则你只能望"机"兴叹；其次，相较传统媒体，新媒体的监管环境虽然宽松，但信息内容的发布也并非随心所欲，发布内容必须得到后台管理者的应允。有学者即指出："计算机的日益普及掩盖了这样一个事实，真正掌握计算机、网络技术和管理的人数并没有增加，网络管理仍控制在极少数精英手里。大多数普通网民，表面上拥有大量信息，但却把自己分析、批判的能力交给了计算机。于是，懂得管理网络的技术精英获得了信息霸权。随着新的网络系统的普及，草根阶层与精英集团支配信息的能力差距越来越大。高科技社会日益分化为信息富有者和信息贫困者两个部分，这种信息鸿沟带来社会阶层的分化。"[1]也就是说，"信息沟"和"数字沟"加剧了文化分层，草根文化与精英文化之间的差距不断被拉大。

新媒体文化虽然是一种平民文化，崇尚自由、平等的价值理念，但在新媒体文化涌动的背后还是可以看到资本的影子。我们必须承认，新媒体文化的消费需要一定的资金支持，网络的覆盖、硬件设备的购置以及通信费、流量费等，都限制了新媒体在草根阶层中的使用。作为一种消费文化，新媒体内容的生产同样需要资本，包括内容制作、网络广告、网站建设、网络服务的开发推广、手机信息发布平台等，都需要资本的支持。一系列所谓"免费"服务，不过是资本吸引受众目光的工具而已。

总之，尽管草根与精英都在寻找、构建自己的文化内容，都在新媒体中寻找属于自己的文化平台和空间，但是新媒体文化掌控的权力依旧掌握在少数精英手中，而普罗大众不过是充当了信息参阅工具而已。可见，如何在媒体的平民化与高准入门槛之间寻求平衡，是今后新媒体文化所亟须面对的一个难题。

---

[1] 孟建，祁林．网络文化论纲［M］．北京：新华出版社，2002：239．

四、全球化与民族性的悖论

"信息沟"和"数字沟"不仅是一个国家内部不同人群对信息、技术拥有程度、应用程度、创新能力的差异所造成的社会分化问题,而且是全球数字化进程中不同国家因信息产业、信息经济发展程度的不同而造成的信息时代的南北问题。[①] 其不仅存在于发达国家和发展中国家之间,也存在于发展迅速和发展缓慢的国家之间;不仅存在于国与国之间,也存在于地区与地区之间。从中国看,尽管信息技术在迅速发展,但是整体水平与发达国家相比还存在很大差距;同时,东西部地区及城乡之间,网民的水平与数量、网络设施建设、网络知识与技能的普及也存在明显差距。"数字沟"问题及南北差距的加大,使南方国家对北方国家的敌意和反感增加,对全球化的疑虑也增多。新媒体文化与技术具有很大关联性,技术决定了新媒体所能提供的服务,也构筑了新媒体文化的本质。从这一意义上说,谁拥有新媒体技术的控制权谁就掌握了影响新媒体文化走向的力量。因此,各国都对新媒体技术的研发不遗余力,信息技术标准之争也成为各国文化攻守的重要基础。在全球化的今天,各国之间的技术壁垒越来越高,资本流动越来越自由,这无疑为发达国家借助新媒体对处于弱势的民族的文化进行消解、同化提供了更多的方便。

开放性是新媒体的主要特征,在广阔的新媒体空间,国界等地理边界不复存在,人类可以尽情地享受交流的自由,但是不同价值内涵的文化之间的冲突和互相渗透也变得难以控制。当前,各国都已将对新媒体的控制上升到国家信息安全、文化安全的战略高度来看待,新媒体传播不可避免地成为不同国家、民族、文化群体攻守的战场。

学术界一直有关于"文化帝国主义"的争论。许多学者认为,随着政治上的殖民主义的消失,文化上的殖民主义却又悄然袭来。"通过这个进程,某些经济上的主控国家便系统地发展与扩展了对其他国家的经济控制、政治控

---

① 李伦. 网络传播伦理[M]. 长沙:湖南师范大学出版社,2007:227.

制与文化控制……来自支配性国家的某些产品、时尚及风格样式（style）得以向依附性市场进行传输，从而产生特定的需求与消费形态的观念和经验的支持，又对这些文化价值、观念和经验予以认同。"[1]应当承认，文化通常是在冲突中得以丰富和发展的，在这一过程中，文化在进化的同时也会增强自身的适应能力。全球化趋势预示着文化融合与文化变迁的必然性，但如何在文化交流中守住民族文化阵地，是当前新媒体文化所必须思索的问题。国际化的审美趣味在新媒体中究竟应该以怎样的姿态出现，或许并不是一个容易解答的问题，毕竟对文化问题的探索不会那么容易得出答案。但是需要明确的是，文化的民族性是任何时候都需要的。无论是中国的国画、德国的古典音乐，还是古希腊的雕塑、古埃及的金字塔，都是全人类共享的审美与文化财富，然而，它们都是根植、生长在各自的民族文化土壤之中的。失去了丰富多彩的民族文化，人类的精神世界将会黯然失色。

当然，应对"数字沟"问题，保护和发展民族文化，虽然是新媒体传播义不容辞的责任，但却不是一个简单的信息化建设问题，而是建立国际政治经济新秩序的重要组成部分，需要世界各国的平等参与、深入研讨和共同协商。

总之，作为一种现实性的文化存在，新媒体文化已将人类社会引向一个新的时代，它是初升的太阳，无论其当前的处境如何，我们都有理由相信，其前景是光明的。本文的用意在于，当我们沉浸于这盛世欢歌时，当前新媒体文化生存处境中的诸多悖论，不能不引起我们的关注和反思，所以，监管、规制，也就势必突显为当前新媒体领域的重大话题。

---

[1] 费斯克，等.关键概念：传播与文化研究辞典：第2版[M].李彬，译注.北京：新华出版社，2004：67-68.

网络文化公共性建设中的知识分子作为*

一、网络文化中的公共意识

何谓公共性？汉娜·阿伦特把公共性看作世界本身，她的比喻也许能够恰当地表达"公共"的含义：共同生活在世界上，这从根本上意味着，事物的世界处于共同拥有这个世界的个人之间，正如一张桌子被放置在围着它坐在一起的人之间一样；世界像每一个中间事物一样，都同时将人联系起来和分离开来。① 在阿伦特看来，一旦这张桌子（公共性）消失了，将人们聚集、联系和分离开来的力量也就消失了，人们进而会变成原子化、浮萍状的大众成员。公共性的存在依赖于无数不同的观点同时在场，并且彼此之间存在关联——正如围着桌子而坐的一圈人因同时共享这个空间而建立联系。但是，当只存在一个人或者丧失桌子的一圈人的时候，公共性是不存在的，也就是说，观点的单一化或者相互关联的消失都会导致公共性衰微。另外，哈贝马斯于20世纪60年代提出的公共领域理论是解释公共性的另一个重要工具。他的公共领域理论以18世纪的欧洲为历史背景，认为当时资产阶级社会中的沙龙、咖啡馆、报纸、杂志等成为公众就公共问题展开自由讨论和社会批评的公共领域。哈贝马斯的公共领域是一个带有批判色彩的理想模式。但正如

---

* 本文原载于《山东社会科学》2012年第8期，与范松楠合作，收入本书时有改动。
① 旺晖，陈燕谷. 文化与公共性 [M]. 上海：上海三联书店，2005：43.

许纪霖所言，这一概念最关键的意义在于突显了独立于政治建构之外的公共交往和公众舆论，它们对于政治权力是具有批判性的，同时又是政治合法性的基础。①

按照阿伦特和哈贝马斯的逻辑，我们欣喜地看到：互联网在一定意义上正在成为一个可以聚集各类人群、各种观点，并提供彼此间沟通交流渠道的公共性空间。互联网之所以具有这样的潜质，与它的技术特性是分不开的。与传统媒介的线性传播不同，互联网利用网络技术形成的是类似于"渔网"的网络结构。在这种结构中，任何一个节点在理论上都是均势的，这一方面实现了"去中心化"，另一方面加快了各个节点之间的信息互动。所以，传统的线性结构或层级结构中的"权力"势必被打破并分流。

如果说网络媒介的技术 DNA 中已经蕴藏了对公共性的诉求因子的话，那么网络与中国社会亲密接触的十几年中出现的以言论力量关注公共话题的上升态势自然就可以理解了。厦门 PX 事件中，居住空间受到潜在的生态威胁，涉及每位市民的切身利益，该事件将市民聚集在一起，形成线上线下的互动，并最终促使项目迁址；陕西华南虎事件在激烈的网络争论中，关注的焦点从最初的老虎真假之争转向对政府部门实事求是与公开坦诚的态度质询上；面对某些西方媒体针对拉萨"3·14"事件的歪曲报道，广大网民以互联网为阵地，以真实的信息为武器与其展开论战，迫使多家知名媒体道歉；汶川地震两分钟后，网友就在网络上发出质疑并在随后的救灾活动中积极建言，提出诸如设立全国哀悼日、加强心理干预等意见。此类活动中，除群体的光彩外还有个体的力量。2003 年，一篇题为《深圳，你被谁抛弃？》的上万字的帖子惊现强国论坛，引起热议，最终深圳市时任市长与作者展开对话；"重庆最牛钉子户"事件中，独自走访的卖菜青年周曙光被网友称为"中国第一个通过博客关注并参与公共事件的公民记者"。这些可以浓墨重彩地记录在中国舆论史上的事件表明，网络媒介环境中文化建设的公共性提升是一个必然趋势。

---

① 许纪霖. 启蒙如何起死回生：现代中国知识分子的思想困境[M]. 北京：北京大学出版社，2011：78.

但是需要强调的是，与西方理论中以市民社会和公共领域相分离为逻辑起点的公共性不同，由于历史、文化和国情的原因，目前中国语境中的公共性还涉及民众权益和民意表达层面的内容。这里涉及多方面因素：中国的民意表达渠道有限且成本高、效率低；中国正在经历关键的社会转型期；传统文化中的绝对君权制度与儒家民本思想的深远影响；等等。因此，加强网络文化公共性建设的另一个必要性是它有助于唤醒公民意识，鼓励公民政治参与，推进社会民主化进程。胡锦涛曾经表示："网友们提出的一些建议、意见，我们是非常关注的。我们强调以人为本、执政为民，因此想问题、做决策、办事情，都需要广泛听取人民群众的意见，集中人民群众的智慧。通过互联网来了解民情、汇聚民智，也是一个重要的渠道。"①

实现上述目标的前提之一是具有独立思考、理性协商的公共意识。而目前网络文化中这种公共意识尚显薄弱，各种非理性行为以污言秽语、人肉搜索、情绪宣泄等方式遍及各类网络文化空间，其中尤为明显的是民粹主义倾向。民粹主义表现为无原则地顺从、迎合大众，为讨好大众不惜挑战程序尊严，否定精英原则在现代民主政治中的地位。② 当前网络文化中的民粹主义倾向与社会转型期的矛盾突显有直接关系。30多年的改革开放带来了经济的高速发展，也加剧了贫富分化，长期积累下来的各种涉及社会公平正义的问题错综复杂地纠结在一起，社会中下阶层的某些合理诉求迟迟难以兑现，越来越显著的权力与资本的合谋和腐败不断形塑且印证着民众消极的集体无意识和刻板印象，这突出表现为一种条件反射式的仇富仇官心理。互联网时代，这种情绪在各类公共交往空间，如 BBS、博客、微博等中找到了发酵的空间与发泄的出口。无疑，民粹主义与网络文化公共性建设是相悖的，因为它持简单地否定一切的态度，明显缺乏理性思考与客观表达的姿态。更重要的是，如果任由民粹主义在网络空间肆虐，不仅会激发越来越多的极端、武断的声音，而且会挤压网络中公共文化的生存空间，甚至会通过打击精英阶层造成

---

① 2008年6月20日，胡锦涛在做客强国论坛与网友在线交流时谈及．
② 叶皓．突发事件的舆论引导［M］．南京：江苏人民出版社，2009：39．

民族凝聚力的瓦解。

综上，出于现实考虑，无论是从文化大繁荣大发展的战略出发，还是从推进民主化进程的现实需求抑或改善网络文化中的民粹主义倾向出发，网络文化建设都应当自觉自主地加强公共性提升。而在这一方面，知识分子拥有不可替代的优势。

二、知识分子对网络文化公共性的影响力

将知识分子视为文化资本家的观点来自美国社会学家阿尔文·古尔德纳。他在《新阶级与知识分子的未来》（1979年）一书中，以相对乐观的笔调宣告了知识分子在知识经济时代的复兴。古尔德纳敏锐地观察到文化资本在历史长河中忽隐忽现但却始终不失为推动力之一的重要价值，并认为占有文化资本的知识分子"可能是历史迄今发给我们的最好的一手牌"[1]。他将知识分子分为兴趣有别的两类，分别是热衷于"技术"方面的知识匠和崇尚批评、解放、解释等价值理性的人文知识分子。[2] 他们的共性之一是占有大量的语言、技能与知识，他们通过占有文化——历史演进中由全人类创造出来的智慧，并将其作为资本在社会生产与交换中获得财富收益或增强对社会的控制能力。正是在这一意义上，古尔德纳称其为文化资本家。

古尔德纳还提出，批判性言论文化是知识分子共享的关于言论的意识形态。它的核心规范是反对权威，通过论证来表明自身的合法性与严肃性。批判性文化的逻辑对象是没有禁忌的，也就是说任何事物都可以被讨论和质疑；它要求重视言论而非言者，认为不能因为言者的社会地位或者权威性而影响对言论本身的判断；它提倡通过论据而得以确证的言说方式，而非因情景或对象而有弹性变化的表达；它珍视明确而公认的意义，具备自我反省、谨慎批评的提升能力。

---

[1] 古尔德纳. 新阶级与知识分子的未来 [M]. 北京：人民文学出版社，2001：序言.
[2] 古尔德纳将这两类合称为"新阶级"，鉴于在中国语境下的使用习惯，本文还是使用"知识分子"。

如果说文化资本令知识分子能够以精英身份参与网络文化建设，那么批判性言论文化则是他们能够提升网络文化公共性的思想预设。以这一视角观照中国知识分子与文化公共性的关系时，不难发现，无论政治地位如何变迁，他们始终处于文化核心地位，并且拥有以公共交往和公共舆论参与政治合法性建构的传统。但是与西方建立在市民社会基础上的公共领域不同，受儒家民本思想和近代以来救亡图存等历史与文化因素的影响，中国知识分子参与文化公共性建构是以政治内容为起点的，其言论始终带有政论式的峻急。

在古代，这体现为一种一脉相承的清议传统，如汉朝的公众批判和"党锢事件"、宋朝的太学生运动和明朝的东林党运动。近代，在"三千年未有的大变局"中，知识分子逐渐完成了从士绅阶层向现代知识分子的转变。他们以新式学校、社团和传媒作为公共交往的阵地和平台。尤其是传媒，它不仅提供给分散各地的知识分子相互交往和发表批判言论文化的场域，更是面向广大社会公众，实现了知识分子对公众的直接动员，这是以往仅限于士大夫阶层内部的清议所不能比肩的。许纪霖就曾提出，1896年侧重舆论的《时务报》的诞生可被视为中国公共领域出现的标志性事件。① 这点恰好印证了查尔斯·泰勒提出的跨区域公共空间的逻辑内涵。泰勒认为公共领域有两种形态：主题性公共空间和跨区域公共空间。其中，跨区域公共空间是指包括报纸、杂志、书籍和电子传媒在内的公共传媒，它是一个无形的、想象性的舆论共同体，以共同的话题将分散在各地乃至全世界的陌生人结合为现代的公众。②

古尔德纳认为，知识分子的政治和经济利益唯一能依赖的便是他们能够不断地使用媒体，特别是公共媒体的权力。③ 但是在中国目前的语境下，知识分子与传媒都发生了显著变化。近代以来，在中国随着以天理观和伦理道德为中心的规范知识让位于以公理观和科学技术为中心的自然知识，知识分子

---

① 许纪霖. 启蒙如何起死回生：现代中国知识分子的思想困境［M］. 北京：北京大学出版社，2011：23.
② 许纪霖. 近代中国知识分子的公共交往（1895—1949）［M］. 上海：上海人民出版社，2008：19-20.
③ 古尔德纳. 新阶级与知识分子的未来［M］. 北京：人民文学出版社，2001：68.

内部除了传统的人文知识分子以外，不断地裂变出注重科技与管理知识的知识匠。在市场经济建设中，这部分人以他们的文化资本获得了较高的社会地位。他们在文化公共性建设方面的优势不仅是以往知识分子的"以天下为己任"的情怀，更拥有对公共事件解释力极强的不同领域的专业知识。这种文化资本有助于形塑他们在网络空间中的舆论领袖地位，并以此将他们所秉承的批判言论文化转化为网络文化公共性提升的动力。

另一个变化，则是互联网的出现对于舆论主体表达权和舆论生成环境的巨大影响。在网络媒介广泛应用之前，民意在绝大多数情况下是被"代表"的，所以才有知识分子"为民请命""为民代言"的传统。那么，互联网提供了民众自由讨论的空间是不是意味着知识分子可以下野了呢？当然不是。目前，我们更愿意将知识分子利用其文化资本和批判言论参与网络文化公共性建设看作近代以来一直进行的启蒙运动的一部分，只是互联网改变了知识分子对公共空间的介入形式和言论表达的传播路径罢了。

三、网络文化公共性的提升与知识分子的批判意识

知识分子能够提升网络文化公共性，首先在于他们强烈的问题意识，这与他们立足专业、放眼天下的责任感有关。无论是涉及国家层面的大政方针，如政治、经济等方面的议题，还是涉及百姓日常生活的民生现象，如上学难、看病难、买房难等，一旦成为公共事件，知识分子会迅速地在网络媒介中发声，成为网络舆论中不可小觑的力量。在这一过程中，知识分子可能会带动更多人关注公共话题或事件，也可能以其相对理性深刻的思考影响民众态度，还会因其专业的见解和独立的立场与政府或其他社会机构展开对话。这些，正是网络文化公共性建设所必需的环节。

其次，知识分子要想与网络成功联姻，就需要在互联网中找到合适的依托空间，如在论坛、社区中发言，为知名新闻网站撰写评论，开博客或微博，等等。就论坛而言，1999年创办的北京大学教育网论坛"一塌糊涂"在永久关闭之前，曾聚集了不同研究领域的专家学者、教育工作者、研究人员以及

相关人士，形成了一个文化上兼容并蓄且理性思考的公共空间。如今许多论坛中尽管充满了庞杂的声音，但依然是知识分子和公众参与讨论的重要平台。这里以华南虎事件为例，回顾一下知识分子对该事件所施加的影响。

华南虎照片疑似作假的消息最早由一个名为"色影无忌"的摄影专业论坛爆料，随即各大网络论坛如天涯社区、凯迪社区以及主要门户网站开始跟进。之后的两个多月中，除了广大热心网民以外，来自动物学、植物学、摄影学、刑侦学等多个学科领域的知识分子纷纷参与讨论。中国科学院植物研究所种子植物分类学创新研究组首席研究员傅德志，称自己以一个从事植物研究二十余年的权威专家的身份，"敢以脑袋担保"照片有假；美国著名华人刑侦专家李昌钰博士也在福建的一场专题演讲中否认了照片的真实性，并说"照片后期处理得相当好，我只能说咱们中国农民很不错，PS水平太高了"。如果说这些还只是知识匠从其专业知识角度进行技术性质疑的话，那么随着人文知识分子的介入，如因打公益官司而闻名的青年法律学者郝劲松多次提出行政复议申请，从而把关注的焦点引向了公众知情权和政府部门的诚信问题上。这些知识分子的言与行不断地深化网络论坛中讨论的方向和内容，不仅促进了该事件的最终解决，更重要的是实现了一次具有公共意识的理性精神的普及教育。

另外，如今越来越多的知识分子选择用博客来参与网络文化建设。这是因为博客具有明显的自媒体属性，不仅便于知识分子自主、随时写作，还能够在知识分子与社会公众之间建立起及时、高效的互动关系，并在这种互动行为中广泛地传播知识分子言论中的公共理念。知识分子开设的博客具有公共性、权威性和思辨性的特点。在话题选取上，他们多关注社会热点和公共事件；在文本写作上，他们则以专业化视角进行评论或批判，体现公共层面的表述而鲜有私人情感的抒发。譬如，茅于轼、郎咸平等对于经济领域问题的解读，贺卫方等针对法制问题的批判，熊丙奇等对于教育领域问题的发问，李银河、薛涌等对文化领域问题的表达，等等。[①] 目前，因创建博客而在互

---

① 贾佳. 试论公共知识分子与博客的影响力[D]. 上海：上海社会科学院，2010.

联网上享有盛名的知识分子多半来自与文字创作有关的领域，如自由撰稿人、作家、专栏作者、记者、编辑、学者、研究人员等。这里，不妨以韩寒的博客为例来对知识分子言论的影响力略窥一斑。韩寒的博客带有明显的个性色彩，语言时而诙谐幽默，时而辛辣讽刺，既能针砭时弊，又给读者以阅读快感，因此受到"80后""90后"的追捧，点击量已逾3亿。他的博文涉及近些年的各类社会热点，如华南虎事件、火炬传递风波、汶川地震、北京奥运、三聚氰胺事件、杭州飙车案、上海"钓鱼"事件等等。在"钓鱼"事件中，他仅因转载事件当事人的博文就引起了一场舆论风暴，从而直接促进了该事件的解决。

两会期间记者与代表开博客也是值得关注的现象，如小丫跑两会、柴静观察、小崔会客等。这些博客既能将被传统媒体版面或时间挤压下来的有用信息传达给民众，也能形成民众与代表们的公共交往。再者，知识分子的经典博文也会在一时间引起网络热议，促进民众思考。如经济学家茅于轼先生的博文《替富人说话，为穷人办事》、财经记者时寒冰的《邓玉娇案背后藏着多少秘密》等。

另一个知识分子可以提升网络文化公共性的渠道是微博。它与博客一样是典型的自媒体，但是140字的限制和多终端应用的特点使它更适合移动互联状态下的碎片式交流。2011年春节期间，由中国社会科学院于建嵘教授设立的"随手拍照解救乞讨儿童"的微博仅开通十余天，就吸引了57万多网民。全国各地的网友纷纷拿起相机，将街头乞讨儿童的照片发到网上，网民的支持已经不仅限于围观，而是用行动证明"支持你的观点"[①]。在这一案例中，"通过内容生产与关系生产的深度卷入和关系网络的扩展来刺激内容生产报偿的方式，为微博提供了社交圈，更提供了社会公共信息的生产与分享平台"[②]，无论是知识分子还是广大网民，对公共性的理解都已经从关注公共议题、讨论公共事件，上升到以行动保护公民利益的层面。

---

① 张佳. 网络民意表达的公共性研究[D]. 广州：暨南大学，2011.
② 何国平，何瀚玮. 内容—关系的组合界面：微博传播力考察[J]. 山东社会科学，2012（4）：74-78.

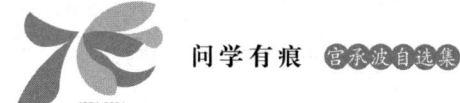

综上所述，无论是在论坛、博客还是微博中，这些积极的知识分子已经成为备受瞩目的"意见领袖"，他们的言论在吸引更多眼球的同时，也影响了更多的大脑。在每一次公共事件中，知识分子的话语所体现的理性思考、权利意识、匹夫责任等公共性成分都不仅是影响了一时的舆论那样简单，更影响到平民话语甚至政治话语，从而带动更多行为主体从提升公共性层面出发参与到网络文化建设中来。换言之，知识分子的公共言论及其所引发的连锁反应是这一群体在网络文化公共性建设中最显著的作为。

最后，有必要指出的是，知识分子作为信奉批判言论文化的文化资本家具备提升网络文化公共性的能力，并且也身体力行地付诸实践，但是网络文化公共性的提升并不是依靠知识分子这一单一群体就能够实现的，况且该群体内部也有分化，会不时地受到来自商业利益和市场逻辑的诱惑。因此，网络文化公共性的提升应当是一种知识分子话语、平民话语以及政治话语在不断碰撞中螺旋式上升的过程。

试论网络文化建设中网民公共意识的提升[*]

经过近二十年的全面普及，作为新型信息传播技术的典型代表，互联网已经成为中国人日常生活中重要的文化生产和消费新领域。然而，一个不容忽视的问题是网民的公共意识不高。表现在网民对公共事务的冷漠或消极、公益维权背后的个人功利计算，以及大量的谣言、谩骂、污蔑、调侃，不同程度的激进情绪和极端话语甚至成为现实世界中危机事件的导火索或催化剂。这种非理性、无序的网络文化形态固然与中国转型期社会矛盾频发有关，但也直接反映了网民公共意识的欠缺。公共意识的重要意义在于，无论是构建和谐、健康的网络文化还是建设政治民主制度、加快现代化进程，公共意识都是保障这些事业成功的主体素养之一。换言之，只有当每一个网民或公民具有较高的公共意识时，网络文化建设或政治民主进程才能改善。正是在这个意义上，网民公共意识的提升是一个亟待解决的真命题。对此，还有一些绕不过去的问题需要思考：从何种角度理解公共意识本身？如果将网民——随着互联网出现而产生的新的受众类型——放置于中国社会发展的整体历史背景中，应该如何认识？互联网在提升网民公共意识方面的作用机制是怎样的？

---

[*] 本文原载于《当代传播》2012年第6期，与范松楠合作，收入本书时有改动。

一、公共意识的基本指向和核心问题

目前，国内学界对公共意识的概念界定尚未达成共识。有学者认为，公共意识是指"在个人私利之外自觉承担公共义务和公共责任"，它"首先是一种对公民身份（法律身份、政治身份和伦理身份）认同的意识"，其次"是超越利己之外对他人及社会事务的关怀意识"。① 另有学者认为，公共意识是"现代公民处理个体与社会共同体关系所必备的基本素质，体现了公民对公共领域的认识和行为自觉性，是人的现代性和社会现代性形成的前提和基础"②。此外，还有学者认为公共意识是公民意识的组成部分。持这种观点的学者将公民意识分为法律之维、道德之维和实践之维，而公共意识是道德之维下的责任意识。"公共意识一方面是个人主体自由的体现，另一方面又意味着是对于一个超越于个体自身以外的共同整体的体认。公共意识要求个体对个人利益持一种理性自律的态度，将自身置于社会整体中，在与他人的交往、协商、讨论、妥协与合作中确定共同的行为规则，以维护和实现共同的利益、价值和秩序。"③

尽管上述概念界定存在角度和表述的差异，但在揭示公共意识的基本指向方面具有一致性。换言之，公共意识是在公、私理念相对分明的社会中现代公民的基本素养，具体表现为：在认知层面上，具有明确的权利意识、义务意识和责任意识；在态度层面上，关注公共事务，维护公共利益，体认共同体；在行为层面上，以理性、协商、妥协为交往原则参与公共事务的处理。

就核心问题而言，公共意识始终关注的是公和私的定位关系、个人权利与社会权利的内在张力，以及个人自由与社会责任的矛盾交织。由于公共意识的普及与西方现代社会的崛起密切相关，因此西方政治哲学中的众多价值

---

① 秦菊波.论现代公共精神与公民公共意识［J］.江西科技师范学院学报，2009（6）：34-37.
② 陈付龙.当代中国公共意识的生成机制探微［J］.甘肃社会科学，2011（2）：175-178.
③ 朱彩霞.当代中国公民意识问题研究：从自由主义与社群主义的争论谈起［D］.济南：山东大学，2010.

理念被糅合进来。其中,共和主义传统、自由主义传统和社群主义传统最直接地影响了现代公共意识的理论内涵和现实培养路径。

共和主义传统强调"公"为上,极力推崇公民参与和公共美德。它认为,公民能够并且应该超越个人私利,参与公共事务的决策和讨论;积极参与公共政治生活不仅是每个公民的责任,更是一种美德;这种美德的获得和传承只有在参与公共事务中才能实现。秉承共和主义思想的学者包括古典时期的亚里士多德、西塞罗,近代的马基雅维利、卢梭,乃至当代的汉娜·阿伦特等。他们都承认公共生活是激发公民参与公共事务的热情,培养公共意识的重要途径,并且尤为强调直接、在场、持续的参与方式。从这个意义上来说,古希腊时期的城邦生活不仅是共和主义传统的缘起,更是真正符合它所倡导的公共参与的完美代表。然而,需要注意的是,雅典的城邦生活与现代公共生活截然不同,因为它是建立在国家与社会尚未分化的前提下的组织化的生活形态。① 因此,尽管共和主义传统提供了一条培养或强化公共意识的途径——鼓励公民参与共同体的事务讨论和利益维护,但是其背后的内在要求——组织化的生活形态和直接、在场的参与方式,明显与中国目前的国家、社会日渐分离的现实不符,进而决定了共和主义传统下的公共意识培养路径的不可操作性。

与共和主义传统不同,自由主义传统的根本出发点是维护个体的自然权利。面对国家与社会已经分化的现代社会,自由主义传统主张个体让出一部分权利,并按照契约精神组建以保护个体权利为宗旨的政府,同时完善制度设计以制衡和监督公共权力的运作。在公共利益的认识方面,自由主义传统认为个体的共同意愿或共同的个体利益即为公共事务的内容;在公共利益维护方面,自由主义传统不主张公民直接参与公共生活,而是诉诸代议制民主形式、完善的法律体系和宪政的基本框架。在公共意识的现实培养路径方面,自由主义传统存在两个先天性的弊端。首先,当个体权利和私人利益得以保

---

① 陈付龙,叶启绩. 民主模式、公共生活与公共意识[J]. 江西财经大学学报,2011(1):81-85.

障时，个体既没有参与公共事务的义务又缺乏参与公共生活的动力。于是，不可避免地导致公民对政治生活的冷漠，公共意识逐渐消解，这一点在当代西方社会尤为明显。其次，自由主义传统下的公共生活是私域性的，个体参与公共生活或维护公共利益的出发点是维护个人权利与利益，带有明显的私人化和功利化特征。但是，对于提升我国网民公共意识的议题而言，自由主义传统对宪政框架和法律制度设计的强调是值得借鉴的。

社群主义是 20 世纪 80 年代在与自由主义争鸣的过程中崛起的一种新的政治哲学，是对自由主义传统偏重个体权利的修正。社群主义重视社群利益，主张无论是作为社群成员的个体公民还是公权力代表的国家都需在维护公共利益方面发挥积极作用；同时，它指出对共同体的认同是公民聚集的重要前提，提倡公民将参与政治视为一种信仰，是自己对社会未来命运负责的正面行为；重视培养公民美德或公共精神是社群主义的另一个特色。社群主义理论家也承认，与自由市场相比，国家和公民社会的自愿组织是公民美德和公共精神的有效培育场域。但在公共意识的具体培养方式上，社群主义开出的药方则是公共协商，即在认同价值多元主义的基础上，公民个体"通过与他人的创造性互动"[1]，在自由、平等的民主协商中形成对公共事务的一致意见。社群主义也遭到了批评，如美国学者坦尼·哈斯就认为它"低估了共同体内部的利益冲突，而且缺乏具体的协商机制"[2]。但是，在技术乐观派学者眼里，互联网具备成为有效的公共协商空间的潜质。正如安德鲁·查德威克所说："在政治和社会理论层面上，大思想的主体已经为人们使用互联网技术去提升政治参与、协商和社团的想法提供了基础。"[3]

可见，三种西方政治哲学在公共意识培养路径方面给出了不同的选

---

[1] 查德威克. 互联网政治学：国家、公民与新传播技术 [M]. 任孟山，译. 北京：华夏出版社，2010：113-114.
[2] 哈斯. 公共新闻研究：理论、实践与批评 [M]. 曹进，译. 北京：华夏出版社，2010：6，48.
[3] 查德威克. 互联网政治学：国家、公民与新传播技术 [M]. 任孟山，译. 北京：华夏出版社，2010：113-114.

择——共和主义的直接参与、自由主义的制度优化和社群主义的公共协商。但是，就中国目前的现实情况和"网民公共意识提升"的具体议题而言，笔者认为，社群主义的协商理念似乎更具有契合性和可操作性。

二、文化与历史传统下对网民的再认识

同读者、听众和观众一样，网民是根据媒介使用而命名的受众类型。近年来，中国网民数量一直稳步上升。据《第30次中国互联网络发展状况调查统计报告》，截止到2012年6月底，中国网民数量达到5.38亿。但从年龄结构上看，10岁到29岁的网民占比55.6%；从学历结构上看，初中及以下学历占比46.7%；从收入结构上看，57.1%的网民收入在2000元以下。① 可见，中国网民的低龄化、低学历、低收入的特征依然显著。这从一个侧面解释了网民公共意识较弱的现状。

网民只是由于其使用互联网而被赋予的称呼，但就实质而言，他们是在现实世界、真实空间中生活的公民。他们的公共意识的获取与提升和所处社会的文化环境、历史传统密不可分。因此，除了分析网民属性特征以外，有必要深入到历史文化传统中找寻网民公共意识欠缺的深层诱因。

中国传统文化中一直不乏"公"的观念，尽管中国文化中"公"在长期的历史发展中不断地演化，但在意涵上始终不同于西方的"公"（public）。著名历史学学者陈弱水在梳理了大量文献后，将传统中国的"公"的观念划分为五种类型②：类型一的"公"的观念起源最早并且延续至今，它的原始意涵是朝廷、政府或国家，后衍生出公共事务之意。诸如古之"退食自公""夙夜在公"和今之"对簿公堂""公务员"中的"公"都是这层含义。类型二的"公"的内涵复杂且对后世影响极大，它的核心意义是普遍、全体、遍及世间

---

① 中国互联网络信息中心（CNNIC）. 第30次中国互联网络发展状况统计报告［R/OL］.（2012-07-23）［2012-01-10］.https://www3.cnnic.cn/NMediaFile/old_attach/P020120723477451202474.pdf.
② 陈弱水. 中国历史上"公"的观念及其现代变形［C］// 知识分子论丛（第5辑）：公共性与公民观.

的福祉和平等。值得注意的是，这一层含义的"公"具有伦理规范性，它不强调指涉对象的范围——既可以指朝廷、政府，也可以扩大到国家、天下甚至整个宇宙，如"天下为公"，但极力主张人要有普遍的关怀，即公心。在类型二的观念中，由于公与私分别对应着善与恶，二者截然对立，由此开启了中国几千年的"崇公抑私"思想。类型三的"公"从类型二转化而来，并深受宋明理学的影响。它将"公"的意涵上升到世界的根本原理，如天理、道、义、正，但不包括整体的福祉和普遍的平等。注重心理层面是这一类型的"公"的重要特色，讲求做事动机或出发点是合乎天理的公心，正所谓"存天理，灭人欲"。类型四的"公"虽然还是指普遍、全体，但对待"私"的态度有了很大转变。它肯定"私"的正当性，认为只有全天下的"私"获得满足，理想的"公"才得以实现。类型五的"公"同"共"，在语言和观念层面上具有共同、共有、众人等含义，在行为和实践层面意指在政治、家族或宗族、社会生活等领域中的集体活动或事务。

可见，中国传统的"公"观念带有明显的伦理和规范色彩，主要作用于人的道德、心理和思想层面。它从来或很少描述现实世界中的特定领域，即使有也限定在政府、官家。西方的"公"观念则不然。首先，是对社会生活中分隔的公私领域的描述，如古希腊的城邦、家户到17世纪的咖啡馆、沙龙，甚至西方世界中的典范法律如罗马法都严格区分公法、私法。其次，与中国"公"观念和社会生活无关不同，西方的"公"与社会紧密联系。这也解释了中国社会力量向来较弱的状况。在中国几千年的封建王朝中，致力于形塑意识的"公"观念是驭民手段的重要内容，培养出大批与当时政治体制相容的臣民。令人扼腕的是，时至今日，作为文化因子的传统"公"观念依然栖息在集体无意识中，并潜移默化地影响着个体（包括网民）现代公共意识的生成。

除了传统文化以外，另一个影响今人公共意识的思想来源是近代以来的国民思想。其中最具代表性的学者首推梁启超。他明确提出国民的概念："国民者，以国为人民公产之称也。"（《论近世国民竞争之大势及中国前途》）对于权利和义务，他诠释道："国民无权利思想者，以之当外患，则槁木遇风雨之类也"（《新民说·论权力思想》），"义务与权利，对待者也。人人生而有应得之权利,即人人生而有应尽之义务,两者其量适相均"(《新民说·论义务思想》)。此外,梁启超还颇重视公德:"人人相善其群者谓之公德","新伦理所重者,则一私人对于一团体之事也"(《新民说·论公德》)。① 但需要注意的是,鉴于近代内忧外患的民族危机,梁启超的国民思想带有显著的民族主义色彩。无论是提倡公德还是权利/义务意识,他的基本主张是国家富强需要有为之献身的国民。因此,国民思想中的"公"观念与今天倡导的公共意识中的"公"观念还是有一定区别的。

当把网民欠缺公共意识这一问题放置于对网民有深刻影响的文化和历史传统中考察时,我们很容易发现,无论是传统文化中的"公"观念还是近代的国民思想,都缺少现代意义上的公共意识内涵。那么,从现代化的角度来看,网民公共意识欠缺是"人的现代化"尚未实现的表现,是"作为后发国家的中国如何实现现代化并完善民主法制"这一大问题的有机组成部分。当意识到这一点时,网民公共意识的提升就必然不是"网内"可以解决的,同样也不是一蹴而就的。

三、互联网是公共协商的有效场域

虽然提升网民公共意识需要"网内""网外"的共同发力,但是在承认社群主义倡导的公共协商是一条有效路径的前提下,寻找能够开展公共协商的场域就成为问题的关键。而互联网固有的媒介属性(海量、开放、互动等)和在现实应用中展现出的搭建公共领域的潜质则为其赢得了"培养公共意识新渠道"的美誉。

首先,互联网自身就蕴藏着提升网民公共意识的能量,这是因为它能够形成多元的、互联的公共领域,从而弥补我国历史上向来匮乏的用于公共参与和协商的现实资源。

---

① 刘兴邦. 从道德本位到权利本位的转换:梁启超《新民说》审视[J]. 孔子研究,2003(4):106–113.

公共领域是德国学者哈贝马斯着力阐述的一个概念，它意指处于国家和社会之间的自由场域，人们可以不受干涉地在其间就公共事务发表言论。为此，他还提出"协商公众"的概念。但是，哈贝马斯的公共领域理论多被批评过于理想化。这是因为：第一，对于公共领域之间的关系问题，哈贝马斯更看重一个简单的、囊括众多的公共领域。第二，"对哈贝马斯而言，真正的公众协商不仅要求公民抛开社会不公和相互制约，仿佛这个社会是公平的，而且公民要抛开自己的身份和利益"①。对此，美国女性主义学者兰西·弗雷泽的在批判基础上的创新性解读值得关注。弗雷泽认为哈贝马斯意义上的公共领域的"求同"原则事实上是很难做到的，与其固守，不如坦然承认文化多元存在的合理性。②当多元、差异甚至边缘的文化群体被赋予合法性时，再要求他们撇开社会不平等，以似乎享有同等社会地位的方式参与单一公共领域的话，必然会出现这样的结果：要么文化多元性消失，要么受支配地位的社会群体的利益被抹杀，甚至将属于他们的公共利益议题从公共领域的整体议题中排除。因此，这种单一的、包揽一切的公共领域不仅不利于阶层和利益迥异的社会群体的公共参与，更限制了他们公共协商的机会，遑论公共意识的培养。为了避免公共领域中的协商活动只对某些社会群体有利，弗雷泽提倡建立多个可以相互联结的公共领域。

互联网正是这种多元、互联的公共领域的一个有效空间。今天的网络世界中布满了各种基于共同利益、共同话题甚至共同兴趣的文化部落，它们以NGO（非政府组织）组织、贴吧、社区、QQ群等状态而存在，如世界自然基金会（WWF）、强国论坛、绿媒体交流合作群等。这类公共领域一方面可以为网民就其所属群体的公共事务在各自的空间展开公共协商，日常的、反复的以维护公共利益或交流共同旨趣为目的的公共参与活动将在网民公共意识深处发起一场启蒙活动。另一方面，这种处于进行时的协商和参与意识会

---

① 哈斯.公共新闻研究：理论、实践与批评[M].曹进，译.北京：华夏出版社，2010：6，48.

② 桂琳.对"公共空间"的颠覆性创造：从哈贝马斯到兰西·弗雷泽[J].晋阳学刊，2006（6）：21-24.

逐步沉淀并内化为网民自觉的公共意识，并进一步转化为他们参与其他普泛意义上的公共事务的精神准则。在公共协商与网民公共意识提升二者之间互为因果的循环促进过程中，网络文化建设有望出现和谐、健康的新局面，而公共利益也会在协商后的共识中得以维护。

需要注意的是，按照弗雷泽对哈贝马斯的批驳，互联网所形成的诉求多元并具有流动性的多个公共领域属于"弱势空间"，"因为这个空间中所协商的问题对决策没有太大影响"。[①]但在中国目前的语境下，这一论断有待商榷，因为近些年出现了越来越明显的"弱势空间"的言论力量能够干预问题决策的势头。从抽天价烟的周久耕落马到戴奢华表的杨达才被免职，从怒江建坝保卫战到厦门PX事件，从启东事件到什邡事件，互联网堪称网民社会动员的有效工具。而这些事件经过互联网的二次或多次传播后会形成示范效应，暗示网民的公共参与和协商活动是能够对社会的未来产生影响的。这无疑会强化网民的公共意识并增强其参与公共生活的热情。

其次，致力于提升网民公共意识的其他主体可以凭借互联网这一平台发挥积极正面的效用。

粗略地看，致力于提升网民公共意识的社会主体包括政府、媒体、学校、中间性社群和社会精英。除学校以外，互联网是其他主体经常使用的手段。部分地由网民公共意识欠缺导致的负面社会影响，如虚假信息盛行、谣言肆虐、仇富仇官之声高涨等，时常加大政府对互联网管制的压力。对此，政府部门有必要制定和执行相关法律法规以加强对互联网的管理，这既能够强化网民的责任意识，又能规范网络文化中的非理性行径。但是，除管理职能外，我国政府的服务职能日渐显著，无论是为了前期政策制定的合法性还是中期政策执行的高效率，抑或后期政策运行的效果反馈，政府都需要有较高公共意识的公民的有机配合。鉴于网民在公民中占较大比例以及他们通过互联网在公共领域中释放的话语力量，政府自然重视通过互联网加强与网民沟通并

---

① 桂琳. 对"公共空间"的颠覆性创造：从哈贝马斯到兰西·弗雷泽[J]. 晋阳学刊，2006（6）：21-24.

对网民的公共意识施加影响。具体来说，政府应该充分认识互联网在提供公共协商空间以增强网民公共意识方面的重要价值，采取有力措施引导并维护互联网上的多元、互联的公共领域，而非一味地限制、打压；此外，政府部门应鼓励网民参与公共事务，并适当地吸收采纳网民在公共协商中所达成的共识。

媒体被视为哈贝马斯理论中典型的公共领域，因此提升受众公共意识是其责任。在媒体融合时代，新旧媒体之间的界限早已模糊，（传统）媒体纵然尚未与网络联姻，也已经是互联网上的信息大户。媒体的专业规范和职业操守是对抗互联网上无序、非理性的文化形态的重要力量。这就要求媒体在报道公共事务时做到"监测环境"和"协调社会"的统一。也就是说，在关键信息的呈现方面不失声、不缺位，并利用互联网的时效性优势广而告之。同时，媒体也能够关注、参与并报道网民在维护公共利益过程中的协商活动。这些都会潜移默化地提升网民的公共意识。

随着国家与社会逐渐分离，在国家、政府和个人之间出现的社群组织被称为中间性社群。它包括居住地社区、非政府组织、第三部门等。关于中间性社群对个人的益处，思想家托克维尔认为："只有通过人们之间互惠互利的行动才能增进彼此的理解"，"社团帮助他避免成为与政治影响隔绝的村民，或者成为受大批政治机构以及政府摆布和调动的无力者这样的困境"。[①]可见，中间性社群强调内部互动、共同利益和权利意识，这都是形成公共意识的要件。改革开放以来，我国中间性社群数量迅猛增加。除了现实世界中的联系纽带以外，互联网是他们加强联系、扩大影响、宣传旨趣的重要渠道。这一过程中的一个副产品就是增强了网民的公共意识。近年来，一些环保NGO纷纷与媒体联手，借助互联网的巨大影响力实现保护环境的初衷，同时提升了包括网民在内的普通公民的环保公共意识，如圆明园防渗透工程事件、怒江保卫战、可可西里藏羚羊保护事件等。

最后，社会精英是利用互联网对网民公共意识提升施加影响的力量。其

---

① 朱彩霞. 当代中国公民意识问题研究：从自由主义与社群主义的争论谈起[D]. 济南：山东大学，2010.

中，最令人关注的是公共知识分子的作用，"以天下为己任"是他们历来的情怀。从历史上看，"无论政治地位如何变迁，知识分子始终处于文化核心地位，并且拥有以公共交往和公共舆论参与政治合法性建构的传统"[①]。知识分子利用媒体影响民众思想始自晚晴时期。当时，他们利用传媒不仅与分散各地的知识分子联系，还面向公众直接动员。如今，广泛应用的互联网为公共知识分子提升网民公共意识提供了更有效的工具。诸如论坛、博客、微博等各式便捷、互动的新渠道，不仅能够及时、全面地将知识分子就公共事务的言论传递或推送到网民面前，更实现了网民与他们之间即时的、双向的交往。这会有效地影响网民对公共利益和公共生活的看法。又由于公共知识分子具有社会精英的示范效应，所以这种影响会被进一步放大。

网络文化建设与网民公共意识提升恰如一个硬币的两面。网民公共意识提升意味着网络文化建设主体的整体素养提升，责任意识增强，网络文化中非理性的成分才能不断减少；而网络文化整体朝向健康、和谐的基调迈进时，网民公共意识培养的大环境才能改善。网民个体的公共意识欠缺问题不仅与当前网民低年龄、低学历、低收入的特征相关，更与中国传统文化中的"公"观念和近代以来国民思想中缺乏现代意义上的公共意识的文化因子有关。就提升网民公共意识的理论指引和路径选择而言，社群主义的公共协商理念在中国目前的语境下具有特殊的启示意义。而互联网具备形成网民可以在其间进行公共协商的多元、联结公共领域的潜质，此外，互联网还是致力于提升网民公共意识的其他社会主体发挥积极正面效用的良好平台。当然，网民公共意识欠缺问题绝非在"网内"就可以解决的，我们强调互联网在这个问题上的重要作用，一方面是因为互联网是问题出现和解决的指定空间，另一方面则是以充分承认"网外"力量，包括发展市场经济、完善民主体制、健全法治体系等的重要性为前提的。

---

① 官承波，范松楠. 网络文化公共性建设中的知识分子作为[J]. 山东社会科学，2012(8)：90-93.

基于互联网"关联"属性的网络文化建设路径探析*

人类历史发展的事实说明,一种新的传播技术或媒介手段的兴起,往往会带来一种文化的断裂或转型。"活的文化不是在封闭的环境中生长的,它是在人们的社会交往中发展起来的,人们的社会活动和获取信息的方式,本身就是文化,是文化构成中最核心的部分,决定着文化发展的方向。当一种社会交往或信息方式被另一种社会交往和信息方式替代时,整个文化也在逐渐转换。"① 所以,如今对当代文化的探讨无论如何绕不开互联网,而探讨网络文化就更应当从互联网的属性出发。

一、互联网的"关联"属性

对于网络媒体(新媒体)的特点,笔者曾经从传播视角做出如下几方面的概括,即超媒体性、交互性、超时空、个性化和虚拟化②;也曾经从文化视角进行过以下几方面的总结,即强调互动、追求平权、回归"本我"、崇尚自由、标榜"草根"、抗拒精英、高扬感性、尊重个性,等等③。这些归纳可以折射出互联网的一些内在属性。

---

* 本文原载于《国际新闻界》2013 年第 12 期,与田园合作,收入本书时有改动。
① 蒋原伦. "梳理"媒体文化 [N]. 人民政协报,2004-03-22.
② 官承波. 新媒体概论:第三版 [M]. 北京:中国广播电视出版社,2011:4-6.
③ 官承波. 新媒体文化精神论析 [J]. 山东社会科学,2010(5):60-64.

然而，上述这些概括多是基于互联网本体的，还有一些属性则是需要超越互联网本身，在一种全局和关系视野中予以认识的，本文在此不妨称作"关联"属性或"外延"属性。

（一）与技术相联

网络文化之所以成其为网络文化，不仅因为其标示了生存空间，从更深层的意义上说，也因为其昭示了其与技术之间的紧密关联。广义上的网络文化包含生发于网络时代的一切人类文化现象，而尤其需要我们去"建设"的网络文化则是狭义上的网络文化，它主要指建立在网络技术基础上的、数字化的精神创造活动及其成果。网络研究专家、美国学者卡斯特就曾从网络文化的发生史角度出发，指出以自由、合作、互利和非正式为要义的黑客文化为网络文化提供了技术基础，而黑客文化在本质上也是一种自由通信进程中人机会合的文化[1]。一方面，技术为网络文化的发展与呈现提供了工具和手段，网络文化是由网络技术、信息技术等界定的；另一方面，网络文化超越了这种单向的界定，推动着技术的发展并为人类创造着崭新的生活方式。

具体来看，技术对于网络文化的意义主要体现在对其表达方式和表现形态的改变上。以博客为例，作为网络文化的一隅，它无疑可以代表网络文化中较为典型的、雅俗共赏的一类。有研究者总结出其三大技术优势：其一，傻瓜化的文本数字平台，是基于超文本时代的一种非专业人士的应用；其二，网站的群集与集群在技术上的简洁易用性实现，促成了信息的合理化"堆放"，且实现了可搜索性；其三，后台的强大支持，保障了较大程度的安全性[2]。这进一步说明，如果脱离了技术，所谓网络文化便无从谈起。

作为一种信息沟通渠道，互联网最为突出的特征无疑是信息的数字化，在网络中，人与人之间的社会关系和人与自然的主客体关系均反映、建立在数字信息的生产、存储、流动和控制上。数字化的伟大意义，即在于为人类

---

[1] 徐世甫. 网络文化：技术与文化的后现代联姻[J]. 上海大学学报（社会科学版），2010（4）：103-113.
[2] 沈阳. 博客文化：网络文化的新美学形态[J]. 中国电子与网络出版，2003（9）：70-71.

提供了一种崭新的交流信息、知识和情感的环境和方式，它既是网络文化得以构建和发展的前提条件，也是网络文化得以创造、传承、创新的空间所在。一系列丰富多彩的网络文化要素，如网络新闻、网络聊天、网络游戏、电子商务、远程教育、个人网络空间等，无不是以网络技术（如 FTP 文件传输协议、TCP/IP 协议、Telnet 远程登录、Usenet、IRC、MUDs 和加密技术等）为根基的，这也使互联网与传统媒体相比在传播网络文化时具备了诸多优势。无论从信息表达模式还是从信息的存储和传递能力看，互联网带来的最大变化均体现在媒介形态的聚合和延伸上，而它正是利用数字技术整合了包括文本、图像、声音和影像在内的所有信息元素，将过去报纸、广播、电视等各种媒体的传播手段和不同功能有机结合起来，体现出真正的多媒体性。这种多媒体性所带来的效应自然是多重的：一方面，它使网络信息、符号呈现出多样、纷繁的特征，丰富了网络文化的内涵；另一方面，更大的空间、更畅通的渠道也大大拓展了网络内容的创作群体，使网络文化的存在空间鱼龙混杂、真假难辨。此外，隐形的文化霸权也是技术带来的现实问题。这一切，无疑都为网络文化的建设和管理增加了难度。

（二）与资本联姻

网络文化根植于互联网技术，崛起于以黑客为代表的技术精英，但其真正得以迅速、大范围普及和发展则是由商业力量促动的，"是企业家实现了因特网从技术精英和公共生活的内圈最后传播到社会"[①]。尤其在当今眼球经济、注意力经济甚嚣尘上的时代，由于对点击率的特殊需求，导致互联网不可避免地与资本联姻。即使一些纯文化层面的内容，因"落座"于互联网这一平台，鉴于网络经营对技术、资金、资源、人才等的特殊要求，也不可避免地沾染上了浓重的商业色彩。

在互联网这种先天的商业属性笼罩下，网络文化难逃"资本""利益"的熏染，它致力于向人们提供数字化的精神消费产品和服务，将传统的信息产

---

① 卡斯特. 网络星河 [M]. 郑波，译. 北京：社会科学文献出版社，2007.

业和传统的文化产业有机结合起来，日益发展成为一种新的产业——网络文化产业。诚然，市场经济条件下网络文化的商业性所带来的这种积极的产业功能是不可否认的，但一味为追求商业利益而生产出的文化产品自然难免流于低俗，尤其是当其与互联网开放性、低门槛、立体化、多主体的平台特性相结合之后，更容易产生一些不利于管理与规制的不良网络文化现象。

如果说口语传播时代的"说话"权威形成了"权贵文化"，印刷传播时代的文明书写彰显了"精英文化"，电子传播时代的无线电波覆盖普及了"大众文化"，那么数字传播时代的数字化、符号化信息传输则无疑凸显了"个人文化"，成就了多元文化。这显然暗合了媒介信息的聚合和双重传播偏向。一方面，网上信息的交流门槛和网络媒体使用成本的降低，使更多的个体拥有了话语权；另一方面，立体化的网状结构的信息交流方式取代了线性存在方式，它是一种去中心化的散点式交流、即时性的交互式传播。在这样的环境中，单向传播、强行扩散的"金字塔"式的传统的传播方式遭到颠覆，少数精英一统天下的局面不再，权威被解构，而具有强烈反叛性和戏谑性的"草根"文化却受到推崇，个体传播被极大张扬，个性、人性被置于从未有过的高度①，多元文化、多元价值观的交织碰撞形成一道特有的景观。

然而，单一与多元、精英与草根、封闭与开放，也恰似一对对矛盾相生相伴。在这样的背景下，以"金钱至上""利益最大化"为原则的某些商业力量便极易身披"文化"的外衣，借助互联网的开放性与包容性涌入网络文化的生存空间，破坏网络文化生态。尽管网络文化以其博大胸怀使原本囿于一隅的各种文化解放出来，但"百花齐放、百家争鸣"的结果可能是鱼龙混杂，一些不健康的网络文化元素可能会乘虚而入，个体表达的过度自由也可能会造成污蔑、诽谤、恶意中伤等触及法律底线的后果。

（三）与现实交错

早在 20 世纪 80 年代，"虚拟现实"概念就被提出。这一概念主要强调了

---

① 宫承波. 新媒体文化的生存悖论审视 [J]. 山东社会科学，2010（10）：31-34.

以下四个要素特征：多媒体信息的感知性、沉浸感、交互性和自主性①。网络世界是对真实世界的数字化虚拟，它对真实世界进行观测并将其转换成数字世界中的数据流，生成具有光影和声音等能够被感知的感觉特性，使人获得如真实世界一样的感觉②。也就是说，每一位互联网用户都可以借助计算机在数据结构中操纵自己的想象，以镜像化语言充当自我意识和社会实践的工具。人类思维的局限性被计算机的想象模拟功能弥补，由此，网络空间的无限性和网民身份的隐匿性将网络文化的空间无限拓展，从而模拟、创造出一个源自现实又超越现实的丰富多彩的虚拟世界。这个世界不仅为人类提供了观看自身映像的机会，也通过种种虚拟身份的设定满足了现代人渴望挣脱现实规则和秩序的心理需求。

互联网这一"虚拟现实"的属性自然会影响到网络文化。与互联网的仿真、超现实、虚拟现实功能类似，尽管依托于网络这一特殊土壤，但网络文化的根基却是现实社会：它的数字化、技术化处理是依托于现实世界的，它的符号化创造是以现实世界为母本的，它的丰富性源于其对现实和虚拟两个世界的联结和融汇。无论网络文化的形式怎样变化，传播模式如何不同，但其归根结底是现实文化在网络上的一种反映，其运行也需要遵循一些与现实社会运行相似的"公式"。其中，有的是基于传统文化的创新，而有的则直接是对传统文化的移植，如网络文学、网络购物、网络社区、网络政务……在网络世界中有的，在现实世界中也几乎都可以找到。从文化整体视角看，这种关系无疑表现出一种从现实走向虚拟、虚拟又最终回归现实、虚拟与现实交错的复杂态势和格局。

网络文化在一定程度上实现了对现实的高度模拟，但一旦这种模拟发生异化，就极易使网络文化的主体为技术所奴役，沉溺其中无法自拔，而日益沦为"原子化"的个体。他们一天24小时不能脱离网络，从网络中寻求在现实世界中难以获得的存在感、安全感，却几乎不与自身所处的现实世界进行

---

① 周思跃，龚振邦. 虚拟现实定义的探讨［J］. 计算机仿真，2006（9）：219-222.
② 刘同舫. 网络文化：技术与文化的联姻［J］. 自然辩证法研究，2004（7）：94-96.

交流,自主性、社会性逐渐丧失,甚至无法实现自我控制。而这些异化了的主体也极易产生破坏网络文化生态的行为,如侵犯他人权利、揭露他人隐私、制造和传播病毒、传递不健康信息等非理智行为,从而进一步加重网络文化的异化,进而陷入恶性循环。

二、网络文化建设路径

埃弗里特·E.丹尼斯曾指出,宽带革命污染、腐蚀了媒体和媒体内容,将信息、观点、娱乐和广告混杂在一起,降低了信息的功能和价值,贬低了专业传播学者的地位,也抹杀了媒体系统花了200多年时间才形成的鲜明特点。[①] 正是因此,在厘清必要的认识之后,"建设"才是当前最重要的话题。

互联网是一个技术平台,也是一个经营平台,更是一种媒介,这几种角色之间相互融合又相互渗透,交叉地发挥作用,从而使网络文化呈现出独特、多变的景观。正是互联网的复杂属性决定了网络文化的丰富性,所以从互联网的属性,尤其是"关联"属性出发来探讨网络文化建设才显得尤为必要和重要。在这里,我们并非提供具体的建设措施,而是试图从宏观层面对网络文化建设的几种可行性路径做简要分析和探讨。

(一)重视网络文化自身的"内力"作用

任何一种事物的发展都有其内在的规律,网络文化也不例外。根据伊尼斯(Harold A. Innis)的传播偏向理论,传播与媒介都是具有偏向性的,如口头传播偏向与书面传播偏向、时间偏向与空间偏向等。"倚重时间的媒介,其性质耐久,羊皮纸、黏土和石头即为其例……倚重空间的媒介,耐久性比较逊色,质地比较轻。"[②] 从他的观点出发,媒介的偏向取决于其物理特性,而特定的偏向又会催生新的文化;媒介偏向及其局限性使得这种文化形成特定群

---

① 丹尼斯,梅里尔.媒介论争:19个重大问题的正反方辩论[M].王纬,等译.北京:北京广播学院出版社,2004.
② 伊尼斯.帝国与传播[M].何道宽,译.北京:中国人民大学出版社,2003.

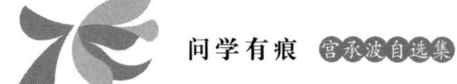

体的权力垄断；理想的传播格局是时间偏向与空间偏向相互制衡。[①]就互联网而言：一方面，不少生发于此的优秀精神文化成果能够在网友的检验下得以保留、传承、发展；另一方面，互联网本身是一种能够超越时空的媒介。因此，在某种程度上说，互联网的技术特性决定了它既具备一定的时间偏向，又能够兼顾一定的空间偏向。

尽管网络文化对技术具有较强的依赖性，但从长远看，技术只能提供一种外向的导控和制衡，大众和商业的力量才是网络文化发展最终的主导力量。随着网络的普及和网络应用的深入，网络文化与主流文化的互动将日益密切，两者的关系也从简单的对抗发展成对话、合作甚至融合。网络文化自身向主流文化的靠拢和网络媒介的主流化以及两者的交织作用，都促使其逐步摘下"反传统""反主流"的个体文化的帽子，而向主流文化拓展。如果不顾网络自身的内在规律，一味地将一些反主流文化封杀、叫停，不仅违背网络文化发展的客观规律，也不利于其长期、富有活力地健康成长。

此外，宽松、良好的网络舆论环境能够为网络文化的健康成长创造适宜的氛围，对其建设起到积极的促进作用。网络舆论环境不仅是网络文化形成和发展的主要空间，而且与网络文化相互影响，甚至引导网络文化的走向。许多固定下来的网络文化形式，正是从一系列网络舆论中提炼和萃取出来后又逐步积淀而成的，如网络流行语的形成。针对纷杂的网络民意，人民网舆情监测室秘书长祝华新的观点不无道理："互联网有它自身的'生态逻辑'，在各种观点的交相呈现和反复激荡中，逐步形成多元互补的格局。只要信息安全流动，网络舆论就具有某种'对冲'功能。"[②]

总之，对网络文化的建设既不能操之过急，也不能忽视其自身的"内力"作用。

[①] 黄清. 传播偏向理论及其应用：网络的草根偏向与传统媒体的精英偏向[J]. 东南传播, 2011 (4): 12-14.

[②] 吴建群，王舒怀，张音. 破解网络舆论的"生态逻辑"[N]. 人民日报, 2011-11-01.

（二）加强网络文化产品管理

网络文化产品是网络文化的重要表现形式，也是网络文化传播的重要手段。由于网络文化所特有的商业属性，好的网络文化产品应当是经济效益与社会效益并重，其中不可缺少的是属于网络文化根基的精神内核，它不仅能促进高品位文化信息的传播，而且能够形成积极向上的网络舆论。某种形态的网络文化一经确立，对于其内容的积极建设和完善是促使其整体向好的根本手段。因此，加强网络文化产品的管理无疑是加强网络文化建设的重要手段。

尼尔·波兹曼在其《娱乐至死》一书中提出：娱乐是电视的一般表达方式，并日渐成为一切公众话语的存在方式，成为一种文化精神；一切文化内容都心甘情愿地成为娱乐的附庸，而且毫无怨言，甚至无声无息，其结果是现代人类成了一个娱乐至死的物种。同时，他提出两种发人深省的让文化精神枯萎的方法：其一，让文化成为一个监狱；其二，将文化变成一个娱乐至死的舞台。[1]斯蒂芬森在其《传播的游戏理论》一书中提出大众传播的"游戏理论"，他基于对人类所有行为的分工，将传播分为工作性传播与游戏性传播。他认为，传媒内容充斥着游戏和娱乐的成分，其娱乐功能为人们提供了一种情绪发泄渠道，能够缓解现代社会的激烈竞争带给人的精神压力，改善人际关系。由此，传媒应以游戏为目的被视为一种玩具，而不是从功利出发被当作工具（Stephenson，1988）。两位学者对娱乐的态度虽截然相反，但两种观点却不约而同地揭示了同一现象：娱乐精神正日益成为现代媒体精神的核心。当今人们娱乐意识的提高、娱乐动机的膨胀，无疑在网络这一平台上得到了最充分、最淋漓尽致的展现。

可见，要想将"娱乐"元素完全从网络文化中剔除是不现实也不理智的，最好的办法应当是规制与改善。治理网络中泛滥的娱乐文化，其关键的着力点有两个：一是要创新娱乐形式，讲求娱乐艺术；二是要把握好娱乐之"度"，合理划清娱乐界限。目前，由于高水平原创能力不足，我国拥有自主

---

[1] 波兹曼. 娱乐至死[M]. 章艳, 译. 桂林：广西师范大学出版社, 2004.

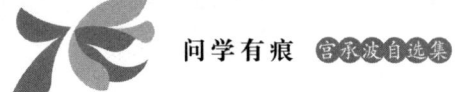

知识产权和具有中国文化元素的网络文化产品尚不够丰富,所以提升网络文化产品和服务的供给能力是当务之急。中国互联网协会联合业界开展的"绿色网络文化产品"征集和推介活动,即意在通过推出一批具有中国传统文化内涵、体现时代精神、品位高雅的网络文化产品,引导网络文化对青少年的成长发挥滋润心灵、陶冶情操、愉悦身心的作用。①

(三)提升网民的媒介素养

归根结底,网络文化是网络社会与现实社会互动的产物,也是两种社会形态之间的桥梁,其中网民的作用是至关重要的。无论在现实社会中还是在网络社会中,个体的人都是社会行为的最基本的要素。由于现实中经济、地域发展的差异和受教育程度的不同,人们的人生观、价值观和道德境界都存在差异,这些差异表现在网络中,就会出现广大网民对同一事物所持的认识不同、对同一问题所持的解决思路和方法不同等等。目前网络上出现的各种"不和谐"现象,追根溯源其实都是"人"的问题。

长期以来,传统的媒介素养教育都将重点放在受众主体性的培育及媒介批判意识的提升上,更多地强调受众对大众传播媒介所带来的现实社会问题的回应和行动。然而,在互联网这一特殊空间中,媒介的传播形式和文化特性发生了巨大变化,人们的媒介观念也随之转换,受众不仅参与网络文化的体验、分享,甚至参与网络文化的创造、生产,过去那种针对已经存在的媒介危害进行纠偏和省察的被动式媒介素养教育显然已经不能满足现实需求,"网络媒介素养"或"新媒体媒介素养"的培育成为媒介素养教育所面临的新课题。

在建设网络文化的过程中,提升网民的媒介素养要专注于提升其网络媒介素养。具体而言,就是要帮助其正确认识互联网、充分理解互联网,从而科学、合理、建设性地使用互联网。有必要指出的是,对互联网中那些良莠

---

① 中国互联网协会. 中国互联网协会绿色网络文化产品征集和推介活动简介[EB/OL]. [2013-11-19].http://www.isc.org.cn/hyzl/lswlwhcp/listinfo-15470.html.

不齐、好坏参半的现象，一定的制度、法律约束自然是必不可少的，但开放、平等、自由是网络文化的核心精神，尽管会裹挟"污泥"，却不可因噎废食。无论从技术功能还是从自身属性上讲，互联网都应成为媒介自由主义理论的践行者，而为了更好地推动社会整体理性前进，社会中的每个成员接受教育无疑是必要的。因此，加强网络文化建设最根本的手段是从个体的人做起，从政府、家庭、学校、社会等多方面入手，有步骤、有秩序地不断提升广大网民的媒介素养，引导网民树立正确的价值取向和心态，这才是加强网络文化建设的核心和大计所在。

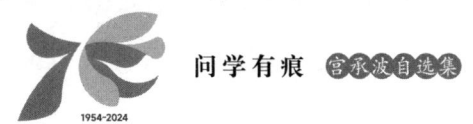

试析网络社区中的角色扮演*

网络社区作为互联网虚拟性、互动性等特征最突出的表征之地,一经诞生便获得了蓬勃发展。一些大型的综合社区,如天涯社区、西祠胡同、西陆社区等,以及针对专门人群的专业社区,如豆瓣网、土豆网、铁血军事社区等更是成为众多网民流连忘返之所,究其原因,与网民在其中无拘无束的角色扮演不无关联。

角色扮演这一概念较早出现于符号互动论大师乔治·米德的《心灵、自我与社会》一书中,米德把人们通过辨认交往符号和角色而预知对方反应的能力称为"扮演他人角色"的能力。美国社会学家欧文·戈夫曼则通过具象的视角来分析角色扮演的具体情形,他提出:社会就是一个大舞台,每个社会成员都是扮演着自己角色的演员。网络社区作为网络社会的一种存在方式,也不可避免地成为网民角色扮演的大舞台。所不同的是,网民在网络社区中所获取和扮演的角色带有明显的网络烙印。

一、网络社区中的角色获取

与现实社区中的社会角色相同,网络社区中的角色(以下简称网络角色)也是网民与网络社区进行沟通与交流的桥梁,然而不同于社会角色的是,网络角色并不是现实社会对人们的行为期待,而是网民在网络社区的行为方式

---

* 本文原载于《新闻界》2008 年第 2 期,与齐立稳合作,收入本书时有改动。

和行为规范[1],是网民在网络互动过程中的角色扮演。所有成员身份的确立与角色的扮演,都离不开进入社区的第一步——角色获取。

根据角色的获取方式的不同,网络角色可以分为先赋角色和自致角色两种:前者是指在现实社会中已经被赋予的某种网络角色,如社区网站的工作人员;后者是指通过网民个人的努力而获得的网络角色,如某电影社区的"状元"级会员。本文所谈论的是后一种网络角色。在网络社区中,网络角色的获取是一个相对简单的过程,具体来说,网络社区中成员角色的获取主要分为以下两步:

1. 选择互动方式

目前,国内网络社区的人际互动方式主要有以下几种:

① BBS;

② 社区聊天室;

③ 电子邮件;

④ 博客;

⑤ 站内短信;

⑥ 即时通信。

进入社区的网民通常选择上述互动方式中的一种或几种与其他社区成员展开交往,因此选择互动方式成为网民角色扮演过程中的第一站。

2. 确定 ID

ID 是 identification 的缩写,是参与网络社区的身份证,一般包括网名和密码两个部分,在大部分社区必须登录 ID 才能参与互动。网民在确定网名之后,输入自己的密码即可获取某个社区的 ID。在网络社区中,成员间的角色区分主要体现在不同的 ID 上,每一个 ID 在社区中的参与程度、互动程度以及言语风格等特征决定了此 ID 的角色与身份。社区成员可以在拥有自己的主 ID 外,注册多个 ID(这些主 ID 之外的 ID 通常被称为"马甲"),而每个 ID 都有不同的特点,可以获得不同的角色与身份。因此,对于网络社区而言,

---

[1] 熊芳亮. 角色理论的新领域:网络角色分析[J]. 中国青年研究,2003(12):53-55.

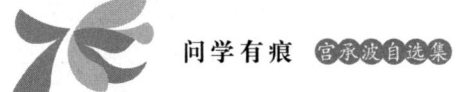

这些来自同一个体的两个以上的 ID 构成了社区中的众多参与者。

在确立 ID 后,为了给成员更多展示自己个性与风格的机会,很多社区配备了签名档。签名档是指在各种网络社区中,网民在发表文章或回复时其文章下方所附带的文字、图像等。这类似现实生活中的名片,网民可以通过签名档进行个人说明或情绪抒发。签名档的内容和形式极为自由,继 ID 之后,签名档也成为社区成员角色扮演的重要手段之一。

二、网络社区中的角色确立

在选好互动方式、确定 ID 后,网民在社区的身份与角色就基本确立了下来,其角色扮演的历程也由此开始。

实际上,一个网络社区成员身份的获取门槛很低,只要提供了网名、性别、密码和 E-mail 等,同意了社区的规则,即可成为社区的成员,这种简单的进入条件为每一个想进入社区的网民提供了一个很好的面具。然而,"创业容易守业难",网络角色的获取虽然简单,但一个角色的维持与成长却需要网民的精心培育。网络社区成员角色的维持过程即为戈夫曼所称的"印象管理"[①] 的过程,在这一过程中,有些成员不断升级,成为发起话题、掌握话语权的舆论领袖,有些成员成为积极响应者,有些成员成为附和者,有些成员则浪迹漂泊,成为无家可归者。具体来说,网络社区成员在经历角色变迁后,主要分为以下七个层级:

1. 干扰者

这类成员通常在社区里询问或发表与讨论主题无关的文章或帖子,造成其他成员阅读上的干扰。一般来说,干扰者对社区的参与程度很低,且很少与其他成员互动。

---

① 戈夫曼认为,在互动中,个体不仅彼此向对方表现自我,还努力进行特殊的印象处理,通过控制自己表现出来的姿态,以求在一定的社会场景中给人们留下某种印象。换言之,印象管理是人们控制他人对自己观感的过程。

2. 浏览者

浏览者一般指进入社区的游客，这些人大多并未在社区注册 ID（当然也不排除社区正式成员的非登录浏览），不具备正式的成员身份，因此没有发表言论的权利，不能参与社区的互动。这类非正式成员在网络社区活动主体中占大多数，他们的数量往往成为衡量一个网络社区知名度的重要指标。

3. 潜伏者

此类成员主动注册成为社区的正式成员，常常匿名登录社区，偶尔才会以会员身份登录，多数情况下不会积极发言，在社区内的参与程度与互动程度偏低，但有发展为其他角色的潜力。

4. 一般呼应者

一般呼应者对于社区的话题比较关注，且对于感兴趣的话题能给出一般性的回应，大部分时间里都处于观望状态。这类成员在社区的参与程度偏低，在互动方面也表现出很强的随意性和不稳定性，但由于他们数量庞大，丰富了网络社区的交流互动，同时为成员领袖的产生提供着充足的后备军。

5. 积极呼应者

这类成员在社区停留的时间比较长，密切关注社区的动态，对于社区发起的话题也非常积极，几乎对所有话题都能发表一定的回复内容，与前面几类成员相比，其回复往往更具有建设性和实用性，能与其他社区成员展开积极互动，并致力于加强自己在社区内的社会关系。这类成员是网络社区最具成长潜力的成员。

6. 成员领袖

成员领袖指在社区内长期并经常发起话题和讨论，发言受到成员的敬重与信赖，社区声誉、互动和参与程度都很高，对社区有很大贡献的一类群体。这类成员一般在社区注册的时间较长，参与讨论的频率很高，这种长期的互动为其在社区中获得了很高的声望，因此其发起的话题往往能得到众多成员的踊跃回复，这种良性的循环使其成为社区的"明星"。对于这些成员领袖来说，网络社区已经成为他们精神家园的一部分，而他们也对社区投入了很多的精力和感情。

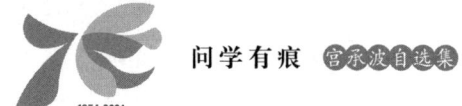

7. 版主

版主指在社区中承担管理文章、维护秩序等网络把关职责的人。通常情况下，版主从社区成员中产生，当社区有版面缺少版主的时候，系统管理员将在公告栏发文招收版主，那些在社区内有较高声誉、能为论坛聚集人气的成员即有可能成为版主。需要注意的是，版主在网络社区中扮演的不是绝对主导者的角色，而是相对的管理和引导者角色，并且，一个社区的版主往往由一个或者几个网民来共同担当。版主与其他社区成员的互动程度很高，对于其他成员的指名询问几乎有问必答，其发表的文章有一定的深度，以提供看法和建议为主，辅以分享经验，且为其他人所欢迎和信赖。

三、角色扮演的特殊产物——社区等级

从理论层面看，网络社区似乎是一片自由平等的乐土，然而实际的网络社区并非如此，它也有现实社会中的等级之分，也是一个"论资排辈"的地方。与现实社会所不同的是，这里划分等级的标准不再以一个人的现实身份、地位、名望等为主，而是以文字表达技巧、专业知识、上线时间与频率等为主。

1. 网络社区中的等级划分

如前所述，网络社区中等级的划分是以文字表达技巧、专业知识以及上线时间与频率三要素为标准的。一个文字符号运用娴熟、表达技巧较高的成员，往往能"晓之以理，动之以情"，通过有魅力的文字吸引其他网民关注，从而获得更多的回复，增加自己的社区积分。以天涯社区为例，发帖子一张得 5 分，回复一次得 3 分，帖子被删扣 5 分。专业知识丰富的成员往往也会成为社区中的受欢迎者，他能通过自己的专业知识为其他成员答疑解惑，通过自己的经验和建议为其他成员提供参考，从而赢得更多的支持，建立自己的权威。此外，许多社区为了聚合人气，提高成员对社区的黏性与忠诚度，也常常把登录次数作为积分的要素，如天涯社区的成员每次有效登录（浏览至少 30 分钟）都会获得 1 分。如果一个网民同时拥有娴熟的文字表达技巧、

丰富的专业知识和长期频繁的相同 ID 登录，则其在社区中的等级会明显快速地提升，甚至发展为社区的成员领袖。

大部分社区是以成员的积分（或称点数）来划分等级，并对其成员的等级有着较为精确和生动的定义。以百度知道（表 1）为例，根据不同的社区积分，百度知道把成员分为从最低的一级到最高的十八级等十八个等级，网民可以根据自己的意愿选择喜欢的等级名称。

表 1　百度知道的头衔设置（部分）

等级	积分	公司白领	魔法师	科举夺魁	武将	江湖奇侠
一级	0~100	试用期	魔法学徒	童生	兵卒	初学弟子
二级	101~500	助理	见习魔法师	秀才	门吏	初入江湖
十七级	250001~400000	董事长	魔神	大学士	骠骑将军	武林盟主
十八级	400001 及以上	商界领袖	魔界至尊	翰林文圣	天下兵马大都督	独孤求败

当然，依据社区的风格和性质，每个网络社区在对成员等级的划分和命名上会有一些区别，体现出每个社区的鲜明个性。从总体上看，国内的网络社区大多采用等级划分或积分制的方式来激励成员积极参与社区共建，从而形成网络社区中颇具特色的成员分层与等级。

社区中的阶层与等级形成了一个权力的金字塔，按照积分情况与社区成员的权限和角色，可以将这个权力金字塔分为高等级、较高等级、中等级、低等级以及无等级五类，关于社区角色与五类等级的对应情况将在后文详细论述。

2. 网络社区中的角色与等级

网民在社区中的等级决定了其在社区中的角色扮演，同时网民在社区中的角色又影响着其等级的提升，因此网民的社区角色与其等级之间形成了相互对应、相辅相成的格局。具体来说，社区成员的角色与其等级对应情况见下表：

表2 网络社区成员的角色与等级

	社区管理者	版主	成员领袖	积极响应者	一般响应者	潜伏者	浏览者	干扰者
高等级	√							
较高等级		√	√					√
中等级				√	√			
低等级						√		√
无等级							√	

（1）高等级

在网络社区中，处于金字塔塔尖的是社区的管理者，包括网站构建者和系统管理者等。在社区互动中，与网民有间接接触的是系统管理者，他们在社区中的权限最大，除具备一般成员与版主所拥有的权限外，还具有更高级的管理权限，包括删除讨论区、改变成员权限和密码、设定与取消版主以及删除ID等。一般情况下，这一等级所涵盖的人数较少，他们属于社区的工作人员，即网络角色中的先赋角色，并不真正参与社区中的讨论与互动，是社区互动过程中的"幕后操作者"。

（2）较高等级

其位于金字塔的第二层，主要包括版主和成员领袖等。在网络社区中，处于这一等级的版主往往是最受社区网民拥戴的对象，其拥有的权限也较一般网民宽泛，如他们可以使用一般社区网站的所有功能（系统管理区功能除外），可以删除所管理讨论区中的不当文章或对违反社区规定者发出警告等。同样位于此等级的成员领袖却没有上述权限，然而成员领袖作为社区中的活跃分子，有着不可忽视的权威和影响力。他们可以决定话题的讨论方向，也可以带动讨论区的氛围，为社区积聚大量的人气，尤其是社区中比较有名的成员领袖，往往极具个人魅力，成为社区中乃至网络上的明星人物，从而吸引一大批网民的关注与崇拜。此外，一些社区干扰者也处于这一层级之中，最典型的代表是掌握高超计算机操作能力的黑客，他们通过自己的网络才能破坏社区的管理机制和安全防护系统，对社区的正常运行造成极大危害。因此，从这一层面上说，社区黑客在社区中拥有的权限不可忽视，一个干扰者的计算机操作能力在一定程度上代表其在金字塔中的位置。总之，这一层级所覆盖的人员较第一层级更为多样和宽泛，他们大多积极参与社区中的互动，有较高的威望，是网络社区中的"精英"人物。

（3）中等级

处于金字塔的中间地带的，包括积极响应者和一般响应者两类人群。这两类人群是网络社区的普通"常驻人口"，既不销声匿迹，也不叱咤其间，虽就单个人来说"人微言轻"，但由于数量较为庞大，其积聚起来的力量不容小觑。他们具有社区一般成员的权限，可以使用社区网站内的大多数功能，包括发表和回复文章，查看及修改个人资料，查询社区用户资料列表，使用社区博客、商店、聊天室等功能，其社区积分一般处于社区的中低层级，他们往往为了挣积分而频繁回复或发言。从数量上说，这一层级涵盖的网民较前两个层级有明显增长，他们注册为社区成员，并时常性地登录，主动参与社区活动，与其他成员有一定的互动，是社区中的"普通人物"。

（4）低等级

位于金字塔的较底端的，主要是社区的潜伏者，他们虽为社区正式成员，却常在社区中销声匿迹，呈潜水状。除潜伏者外，该层级还包括一些干扰者，主要以不正当广告发布者、色情贩卖者以及垃圾邮件制造者为代表。这一层级的网民与中等级的网民相比，拥有相似的权限，但由于不经常登录、不主动发言，其社区积分一般较少，他们对自己的积分状况也不甚关注。总体来说，这一层级的网民人数较前三个层级也有较为突出的增长，他们为社区带来了人气，是社区中的"默默无闻者"。

（5）无等级

位于金字塔塔底的，主要是社区的浏览者，他们大多数是社区中的"无名小卒"，并未注册为社区的正式成员，也无权发言或回复，只是以一个局外人的身份关注社区的动向，或者为了自身的信息需求而浏览社区。他们不具有社区一般成员的权限，因此，在社区中处于被忽略的状态，由此变成了无等级的漂泊者。无等级是社区网民数量最多的层级，而这些网民构成了非会员登录的绝大多数。

总之，在社区成员的角色扮演下，网络社区成为一个有着等级与阶层的"是非之地"。与现实社区相比，在这一"是非之地"中，成员等级的划分标准与方式有了颠覆性的变化，成员的身份与角色也随之变迁，由此形成了网络社区中独具特色的角色扮演和互动格局。

中国青年群体的手机使用行为比较研究[*]

如今,手机早已从最初简单的移动通信工具转变为集人际交流与大众传播双重功能于一身的新兴媒体,手机用户也从单一的通信工具使用者转变为多元的媒体参与者。在中国 7.96 亿的手机用户群中,18～35 岁的青年用户占 90% 以上,已成为我国手机用户的主体。

为了深入了解青年用户的手机使用行为,课题组使用民族志方法进行了一定范围的用户调查。该调查将手机青年用户分为高校学生、青年白领和青年农民工三个子群体,并分别从中选取若干位 18～35 岁的青年人作为研究对象,对其手机媒体使用行为进行了为期一个月的参与式观察,获得了大量一手材料,经过整理和分析,发现了许多值得关注的现象。

一、日常情境下青年群体的手机使用行为比较

日常情境,是与特殊情境相对而言的,具体到本课题,指的是对青年群体而言没有重要意义、没有纪念性事件发生的时间和环境。调查表明,在日常情境下该群体对手机媒体的使用呈现出许多共同特征,也表现出一些群体分化特点。

---

* 本文原载于《中国广播电视学刊》2011 年第 1 期,与翁立伟、王洁、刘颖合作,收入本书时有改动。

1. 共同特征

作为一个以年龄为独立指标划分出来的社会群体，青年人有共同的群体特征，其手机媒体使用行为也呈现出许多共同特点，较为典型的有以下三点：

一是个性、时尚、追新。个性、时尚、追新是青年群体带有普遍性的共同特征，这是由他们所处人生阶段特有的生理和心理特点决定的。青年人正处于青春期或刚刚走出青春期，性格中一般带有追新、求异甚至叛逆的色彩，喜欢通过一些新潮、时尚的东西张扬自我。手机在某种意义上就充当了他们追求时尚、张扬个性的平台。一方面，青年人通过手机媒体制造和传播个性、新潮的内容资源；另一方面，他们也通过这些个性化的内容资源塑造自我形象并相互影响，产生对个性、新潮内容的进一步需求。所以，充满个性和时尚的内容总能通过手机媒体找到大量青年用户。因此，与其说是手机媒体改变了青年人的生活，不如说是青年人建构了手机媒体个性、时尚、追新的内容资源。

除了对手机内容产品的使用，还有一些现象也能够体现出青年群体个性、时尚、追新的手机使用特点。比如，调查发现，相对于中老年群体，青年群体更换手机的频率普遍偏高，一部手机的使用时间一般在1～2年；在购买手机时，青年人对手机的外观需求一般倾向于新款、时尚等。

二是分享性。分享性是青年群体使用手机媒体时所表现出的显著特征之一，它在很大程度上反映了新媒体的互动性特质。一方面，青年人自我意识的觉醒和个性化张扬使得他们渴望自己的意见和态度得到表达，而分享性恰恰能够满足这一愿望。由于青年人的自我意识还不够稳定，对事物的识别、处理能力尚欠成熟，易出现情绪性或波动性，这些都可以被看作青年群体热衷于分享的生理和心理动因。另一方面，手机媒体的互动特性在很大程度上也培养了青年群体的分享性，尤其是近年来移动互联网的兴起，为青年群体表达分享欲望提供了方便快捷的管道。

需要指出的是，这里的分享性所涉及的不仅是简单的分享、传播手机媒体的内容资源，还包括对态度、意见的分享，其内涵相当丰富。

三是依赖性。调查发现，几乎所有的青年人都拥有手机，且绝大多数是随身携带，伴随性极强。高度伴随性带来的是高度依赖性，许多青年用户甚至 24 小时处于开机状态。这一方面是手机媒体的高度伴随性直接导致的，另一方面也同我国青年人的群体特征有关。出生于 20 世纪 80 年代之后的中国青年大部分是独生子女，生活环境和阅历让这个群体从小就有一种孤独感、不安全感，他们表面上独立、要强，内心深处却渴望同他人建立联系并进行沟通、交流，以获得心灵的慰藉。手机媒体恰恰为这种需求的满足提供了平台，其伴随性可以让青年用户随时随地地联系他人和被他人联系，这在很大程度上对青年人的孤独感和不安全感起到一定的消解作用。因此，青年群体对手机媒体的高度依赖既是一种对通信、信息的需求，也是一种对人性、社会性的渴望和满足。

2. 群体分化

作为一个庞大的社会群体，我国青年群体的构成相当复杂，其中存在许多细分群体，这些细分群体的手机使用行为必然有各自的特点。调查发现，高校学生和青年白领两个群体的手机使用行为特征比较相似，而青年农民工则与其他两个群体存在较大差异。

一是高校学生和青年白领。这两个群体的绝大多数都拥有彩屏手机，手机的各种功能（如无线上网、摄像、手机广播等）比较齐全，但是基本通信功能仍然是他们使用手机的主要需求，打电话和发短信两项功能几乎占据了 80% 以上的手机使用时间。一般来说，对于比较重要和紧急的事件、信息，他们倾向于打电话沟通，而对于那些无关紧要的事件、信息，则倾向于使用短信（这里的短信仅指普通的文本信息，不包括彩信）。

与基本通信功能的绝对主体地位形成鲜明对比的是，手机增值服务并没有受到这两大群体的重视。他们所使用的增值服务集中在手机彩铃、手机报、手机音乐、移动互联网等方面。对于手机彩铃和手机报，大多数人是通过移动运营商的促销活动定制的，换句话说，是被动定制的。他们对手机彩铃普遍不感兴趣，认为并不实用，而对于手机报却持接受或欢迎态度（尽管同样是被动定制）。他们当中的很多人定制了两份以上手机报，通常不能即时阅读，而是延迟到空闲时间（如午休、睡前）阅读，有时甚至不阅读，但这并

没有影响他们对手机报的态度。除了被动接收彩信版的手机报业务，他们对彩信的需求极低，其主要原因是彩信价格偏高。手机音乐是高校学生和青年白领较为青睐的一种手机功能，但他们大都局限在下载收听层面，通过电脑下载后传输到手机，而不是通过手机的移动无线网络直接下载或在线收听手机无线音乐。他们对于移动互联网的需求层次较低，一般只用它来登录QQ或飞信等即时通信软件，偶尔会用手机浏览网页，以获取资讯（如股票行情、天气预报、地图等）。因此，总体来看，高校学生和青年白领使用手机增值服务主要是出于获取资讯等实用性目的。

另外，还有一个值得注意的现象，那就是当高校学生和青年白领利用电脑上网或者能够很容易利用电脑接入网络时，他们使用手机接打电话和收发短信的次数会大大减少。这可能是由于网络的通信和信息交流功能对手机有较强替代性的缘故，或者他们更倾向于利用网络进行交流。当然，网络的交流也存在局限性，所以，对于那些比较重要和紧急的信息，他们还是倾向于利用手机来传达。

高校学生与青年白领两大群体在手机使用行为上的不同主要体现在花销上。一般来说，由于经济能力较强以及业务需要等因素，青年白领的手机话费开销要比高校学生普遍高一个档次，平均每月开销为100～300元，而高校学生用于手机的开销每月平均仅为20～100元。相较高校学生群体，青年白领在手机开销上多出的部分主要是用于打电话、发短信等基本通信业务。在手机增值服务上的开销，两个群体基本持平。

二是青年农民工。这个群体已成为手机的重度依赖者，而且更加注重手机的外观和其他一些华而不实的功能。这可能是因为，手机不仅是通信和信息交流的工具，甚至更多的是一种身份象征。对于青年农民工来说，手机更多的是一种身份的象征，那些外观亮丽、功能复杂的手机在一定程度上能够达到一些青年农民工炫耀自我和满足虚荣心的目的。这也是目前众多外观华丽、价格低廉的"山寨"手机颇受青年农民工群体青睐的原因之一。

除了主要利用手机的通信和信息交流功能之外，青年农民工也使用手机增值服务，但与大学生和青年白领是为了获取资讯不同，他们具有明显的娱乐导向性，或者说他们使用手机增值业务主要是为了娱乐。他们所使用的手机增值服务，主要包括手机彩铃、短信增值业务、手机彩信、手机广播、无线移动网络等。相较大学生和青年白领，青年农民工更可能会订阅短信笑话或短信小说，他们还会下载、订阅有趣的手机彩信，利用手机收听广播节目，通过无线移动网络登录QQ等聊天工具与陌生人聊天，等等。通过这些服务，他们的娱乐和情感需求得到一定程度的满足。当他们沉浸在这种满足感中时，往往会忽略经济因素，这也是他们舍得花钱订阅短信笑话、手机彩信的重要原因。另外，由于青年农民工一般没有个人电脑，也缺少接入网络的条件，更可能利用手机浏览网页、下载音乐、图铃等。

调查还表明，在手机花销方面，青年农民工与高校学生群体的消费水平基本相当。

二、重要时间刻度环境下青年群体的手机使用行为比较

传播环境不仅包括空间环境，也包括时间环境。按照时空环境的不同，人的行为可分为日常情境下的行为和特殊情境下的行为。特殊情境，主要指一些重要的时间刻度，即那些重要节假日或对于青年人来说带有纪念性的时间环境。

调查发现，青年群体在这些重要时间刻度环境下的手机使用行为与日常情境下相比，存在显著差异。

一是手机使用行为的变异程度与青年人对该时间刻度的重视程度呈正相关。使用行为的变异，指的是在重要时间刻度环境下青年群体所表现出的不同于日常情境的手机使用行为，是重要时间刻度情境带给用户的行为反应。但是，这种相对于日常情境的行为差异具有很大张力，主要的影响变量是青年人对这些时间刻度的重视程度。换句话说，青年群体在有重要节假日或纪念性活动的时间状态中，其在手机使用行为方面表现出的特征与他们在日常情境中表现出的特征存在或多或少的差异，这种差异与他们对于该节假日或纪念性活动的重视程度呈正相关，即越重视，差异性越大。

这一特点突出地表现在青年群体在这些重要时间刻度环境下对手机媒体的使用时间上。无论是在中国的传统节日还是西方人的节日，青年群体在使用手机媒体时都表现出一定程度的变异。例如，使用手机收发短信和接打电话的频次明显增加，尤其是祝福短信的收发量更是比日常情境明显增加；青年人对某节日越重视，其收发短信或接打电话的频次就越高。

二是"线人"对在重要时间刻度下的手机应用起重要作用。这里所说的"线人"，指的是那些首先使用手机媒体向他人提示重要时间刻度的人，实际上是一些对重要时间刻度分享起引导作用的意见领袖。

调查显示，在重要的时间刻度环境下，"线人"对青年群体的手机媒体使用起到关键作用。众多不同层级的"线人"交织在一起，组成一张对重要时间刻度所持意见的"意见网络"，最终影响整个青年群体在重要时间刻度环境下对手机媒体的使用。这一点，在非传统节日中体现得尤为明显。

调查发现，在非传统节日期间，多数人不会首先主动使用手机向别人发送祝福短信，只有少数热心者或"线人"会这样做。这些"线人"往往对节日比较敏感，性格外向，有较好的人际关系，他们在发送节日祝福短信的同时，也起到了对节日进行提示的作用。而大多数人会接受提示，在回复"线人"发送给自己祝福短信的同时，也会主动向其他人发送祝福短信。"线人"的提示作用与青年用户对非传统节日的重视程度相互激荡，共同构建起了该节日期间的祝福短信传播网络。

"线人"对于重要时间刻度的提示不仅体现在非传统节日上，也表现在一些传统节日上，如正月初五、元宵节等。然而也应当看到，"线人"的提示作用在非传统节日中比在传统节日中大得多，也典型得多。这主要是由不同类型的节日在当代青年群体中的不同印象所造成的。对于青年群体来说，传统节日更多地代表一种普遍的文化规范，在传统节日时相互祝福是在这种文化规范指导下的一种自觉行为；而非传统节日或西方节日则更多地代表一种时尚或潮流，"线人"的出现及其提示作用可以在一定范围内形成群体压力或文化规范印象。因此，传统节日情境下一般不需要"线人"的提示，而非传统节日情境则为"线人"作用的发挥提供了空间。

三是与重要时间刻度相关的手机内容的符号性意义大于功能性意义。在重要时间刻度到来前后，手机媒体所传播的特定内容的符号性意义或象征意义明显大于其功能性意义，成为青年群体使用手机媒体的一大特点。

调查显示，许多青年人往往只关注祝福短信的发送者，却忽略短信内容，甚至根本不去查看短信内容。青年人发送节日祝福短信，多使用群发功能，且内容大同小异，因此短信的具体祝福内容并不重要，重要的是短信发送行为。所以，短信发送行为也就成为一种符号，不过是象征短信发送者对接收者的关注而已。手机短信拜年或手机节日祝福取代了传统的面对面的、以语音为媒介的寒暄、祝福，这无疑在一定程度上消解了传统和热情，使得充满人情味和文化意义的节日祝福作为文化规范的意义被弱化了。从这一意义上说，节日祝福短信实际上成为现代人际关系的一种联结手段，而祝福所应有的增进情感、沟通心灵的意义在这一新的语境下淡化甚至消失了。

综上所述，青年群体的手机使用行为具有相当的复杂性，它不仅与用户所处的细分群体关系紧密，还与手机使用行为发生的时间环境密切相关。要了解和掌握青年群体对手机媒体的使用行为，必须综合考量多元因素，结合用户的群体特征与所处的时空环境做出综合判断。调查中我们强烈地感受到，关于青年人手机媒体的使用行为还有许多有意义的研究视角或课题，比如个体因素与群体因素对青年人手机使用行为的互动影响，特殊情境下青年用户心理对其手机使用行为的作用方式等等，这些问题都值得深入探究。

审美与文艺篇

"以美育代宗教"的历史文化价值及其当代意义[*]

在中国现代教育史和美学史上,"以美育代宗教"既是一个影响巨大的重要理论命题,也是一面进步的思想旗帜,曾在思想界和理论界引起普遍关注,而提出这一命题者,正是中国现代教育事业的先驱蔡元培先生。

一、理论内涵

1917年4月8日,北京大学时任校长蔡元培应邀到北京神州学会发表了"以美育代宗教说"的专题演讲,之后,这篇演讲词便以《以美育代宗教说》为题先后刊载于《新青年》第3卷第6号和《学艺》杂志第1卷第2号。一石激起千层浪,"以美育代宗教"命题一经提出,就在当时的教育界、文化界引起巨大反响,一时广为流传。而蔡元培本人也非常重视对这一命题的补充和发挥。他先后多次以此为题进行演讲和撰稿,对命题内容予以不断丰富和完善,并一直延续到20世纪30年代。

通过对蔡元培有关论述的系统整合,我们可以发现,其"以美育代宗教"命题至少包含以下两重内涵:第一,"以美育代宗教"的必要性;第二,"以美育代宗教"的可能性。

对第一个问题,蔡元培从两个方面进行了论述。

---

* 本文原载于《文史哲》2000年第5期,人大复印报刊资料《美学》卷2000年第12期全文转载,收入本书时有改动。

首先，蔡元培通过对宗教欺骗性的批判和对宗教本质的揭示，从理论上动摇了宗教的神圣不可侵犯的地位。在他看来，"初民时代没有科学，一切人类不易知道的事，全赖宗教去代为解释"①。但是，社会向前发展了，宗教的神秘主义性质却始终没有改变。他认为，宗教排斥现象世界和现世幸福，企图把人们引"到另外一个世界上去，而把具体世界忘掉。这样，一切困苦便可以暂时去掉……"②，如此引导人回避现实，回避困苦人生，其实质就是一种精神欺骗。于是他指出，"现今各种宗教都是拘泥着陈腐主义，用诡诞的仪式，引起无知识人盲从的信仰，来维持传教人的生活，可算是侵犯人权的"③"我曾经把复杂的宗教分析过，求得他最后的原素，不过一种信仰心，就是各人对于哲学主义的信仰心"④。所谓信仰心，即人内心中存在的敬畏与崇拜。他同时指出，这种信仰心又绝不是至高无上、永远不变的，而是以哲学中的玄学即世界观为标准的，受哲学的影响和制约；哲学进步了，人的信仰心也会"循思想之进化"而"积极改良"⑤。这些分析，不仅揭示了宗教的存在本质，而且瓦解了宗教所谓永恒不变的神圣地位，这在当时是颇具理论深度的，从而成为"以美育代宗教"命题的理论基础。

其次，通过批判"美育附丽于宗教论"，揭示宗教的局限，蔡元培进一步阐明了"以美育代宗教"的必要性。关于宗教与艺术、与美育的密切关系，恐怕是谁也否认不了的。但随着艺术的发展和人类文明的进步，在对待美育与宗教的关系问题上却出现了观点对立的两派：一派坚持美育继续合宗教为一体，一派主张美育应当与宗教分离而独立发展。蔡元培明确地反对前者而主张后者。在他看来，宗教虽具有慰藉感情的作用，但无论哪种宗教，都具有"扩张己教攻击异教"的偏狭性，所以，"以此两派相较，美育之附丽于宗教者，常受宗教之累，失其陶养之作用，而转以激刺感情"。所谓"激刺感

---

① 中国蔡元培研究会. 蔡元培全集：第7卷［M］. 杭州：浙江教育出版社，1997：371.
② 中国蔡元培研究会. 蔡元培全集：第7卷［M］. 杭州：浙江教育出版社，1997：373.
③ 中国蔡元培研究会. 蔡元培全集：第4卷［M］. 杭州：浙江教育出版社，1997：591.
④ 中国蔡元培研究会. 蔡元培全集：第4卷［M］. 杭州：浙江教育出版社，1997：591.
⑤ 中国蔡元培研究会. 蔡元培全集：第3卷［M］. 杭州：浙江教育出版社，1997：305.

情",就是宗教把人们的感情活动引到现实中的政治斗争和利害关系中去。由于宗教间的冲突而导致的战争,一打就是几十年,甚至上百年的事例,历史上屡见不鲜。在当时的中国,有些佛教徒,不仅承袭"崇拜舍利受持经忏之陋习……甚至为护法起见,不惜于共和时代,附和帝制。宗教之为累,一至于此。皆激刺感情之作用为之也"①。因此,与美育相比,宗教具有明显的局限性:"一、美育是自由的,而宗教是强制的;二、美育是进步的,而宗教是保守的;三、美育是普及的,而宗教是有界的。"②

"鉴激刺感情之弊,而专尚陶养感情之术,则莫如舍宗教而易以纯粹之美育。"③要满足人性发展的内在需求,同时使感情勿受激刺和污染,使感情为纯正之感情,那就只有舍宗教而取美育。如是,"以美育代宗教"也就成了水到渠成的论断。

对"以美育代宗教"的可能性问题,蔡元培从两个方面进行了论述。

首先,在《以美育代宗教说》等文中,根据社会进化的观点,蔡元培从心理学角度,通过对人的精神作用与宗教关系之演变历史的分析,对"以美育代宗教"的必然性做了有力的论证。受康德、席勒的影响,蔡元培把人的精神作用分为三种,即知识、意志、感情,他认为,"宗教之原始,不外因吾人精神作用而构成",最早之宗教常兼有此三种作用,即知、意、情三者都是附丽于宗教的。知识作用附丽于宗教表现在把人类的起源、生命的存亡、社会的兴衰治乱等问题都归原于神。如基督教推本于上帝,印度旧教归之梵天。意志作用附丽于宗教表现在用宗教的劝说支配人们的意志活动。例如,人有生存欲望,由此欲望产生利己之心;起初以为非损人则不能利己,所以恃强凌弱、掠夺攫取之事很普遍;其后经验稍多,才知道利人是不可少的,于是有宗教家提倡利他主义,企图通过劝善,以改变人的利己之心。感情附丽于宗教表现在利用人们的美感活动,将其作为诱人信仰的方法和祈祷的仪式,以培养人们的宗教感情。例如,唱歌跳舞、雕刻图画等表现和寄托感情的形

---

① 中国蔡元培研究会.蔡元培全集:第3卷[M].杭州:浙江教育出版社,1997:60.
② 中国蔡元培研究会.蔡元培全集:第6卷[M].杭州:浙江教育出版社,1997:586.
③ 中国蔡元培研究会.蔡元培全集:第3卷[M].杭州:浙江教育出版社,1997:60.

式，一直都被宗教所占据和利用。特别是在愚昧人那里，由于知、意、情的作用至为混沌，因而都成为宗教的附属物。那时候，由于"无他种学术与之对，故宗教在社会上遂具有特别之势力"①。

但是，随着社会的进步与发展，知、意、情三种精神作用均已逐渐取得了相对独立性，从而为摆脱宗教的束缚与役使提供了条件。正是根据这三方面所提供的实证经验，蔡元培论证了"以美育代宗教"乃是历史发展的必然。第一，许多被宗教神秘化了的自然现象和社会现象，由于科学文化的发展，逐渐得以被正确认识和解释。比如："日星之现象，地球之缘起，动植物之分布，人种之差别，皆得以理化博物人种古物诸科学证明之……此知识作用离宗教而独立之证也。"第二，宗教家对于人群的种种道德规范，都归原于神，且永久不变，但是，"近世学者据生理学心理学社会学之公例以应用于伦理，则知具体之道德不能不随时随地而变迁；而道德之原理，则可由种种不同之具体者而归纳以得之；而宗教之演绎法，全不适用。此意志作用离宗教而独立之证也"。第三，"天下名山僧占多"，利用审美与艺术来吸引人心、控制人的感情，本是宗教所惯用的手段，但从历史发展的趋势来看，这种特定的关系也终将随着人类实践的发展而逐渐解体。"野蛮时代之跳舞，专以娱神，而今则以之自娱。欧洲中古时代留遗之建筑，其最著者率为教堂，其雕刻图画之资料，多取诸新旧约；其音乐则附丽于赞美歌；其演剧以排演耶稣故事……及文艺复兴以后，各种美术渐离宗教而尚人文。至于今日，宏丽之建筑，多为学校、剧院、博物院。而新设之教堂，有美学上价值者，几无可指数。其他美术，亦多取资于自然现象及社会状态。"艺术史上的一系列事实都充分说明，艺术已经逐渐突破宗教囿限，而以自然现象和社会生活为表现对象；美感作用已脱离宗教，而成为纯粹之美育。②"有人以为宗教具有与美术、文学相同的慰情作用，对于困苦的人生不无存在的价值。其实这种说法，反足以证实文学、美术可以替代宗教，及宗教之不日就衰亡。"③总之，同

---

① 中国蔡元培研究会．蔡元培全集：第3卷［M］．杭州：浙江教育出版社，1997：58．
② 中国蔡元培研究会．蔡元培全集：第3卷［M］．杭州：浙江教育出版社，1997：59-60．
③ 中国蔡元培研究会．蔡元培全集：第4卷［M］．杭州：浙江教育出版社，1997：381．

知识、意志一样，感情作用也将随着社会进步而逐渐摆脱宗教的束缚与役使，这是人类文明发展的必然趋势。

其次，在《以美育代宗教说》《美育代宗教》等文中，蔡元培换了一种视角，从教育发展的角度，通过对教育与宗教关系的历史考察，对以美育代宗教的历史必然性做了进一步论证。"宗教本旧时代教育，各种民族，都有一个时代完全把教育权委托于宗教家，所以宗教中兼含着智育、德育、体育、美育的原素。说明自然现象，记上帝创世次序，讲人类死后世界等等是智育。犹太教的十诫，佛教的五戒，与各教中劝人去恶行善的教训，是德育。各教中礼拜、静坐、巡游的仪式，是体育。宗教家择名胜的地方，建筑教堂，饰以雕刻、图画，并参用音乐、舞蹈，佐以雄辩与文学，使参与的人有超出尘世的感想，是美育。"①

与前文论述类似，蔡元培认为，随着社会的进步与发展，智、德、体三育均已逐渐脱离宗教。他指出，科学发达以后，不单是自然历史、社会状况，都可用归纳法求出真相，就是潜识、幽灵一类，也要用科学的方法来研究；宗教上的解说不攻自破，所以智育与宗教无关。历史学、社会学、民族学等发达以后，知道人类行为是非善恶的标准，随地不同，随时不同，所以现代人的道德须合于现代社会，绝非数百年或数千年以前之圣贤所能预为规定；而宗教上所悬的戒律，往往出自数千年以前，不特挂漏太多，而且与事实相冲突的也一定很多，所以德育方面，也与宗教无关。自卫生成为专学，运动场、疗养院的设备因地因人各有适当的布置，运动的方式极为复杂，旅行的便利，也日进不已，已非宗教仪式所能比拟，所以体育方面，也不必倚赖宗教。于是，宗教上所被认为尚有价值的也就只有美育的元素了。然而，宗教中美育的因素虽不朽，但既是宗教的一部分，就必然引起审美者的联想，从而受到宗教中智育、德育各部分的影响，如此则所谓慰情作用必然会演变成"激刺感情"，美感也就不再是纯粹的美感。所以他坚定地认为，不能以宗教充美育，而只能以美育代宗教。

---

① 中国蔡元培研究会. 蔡元培全集：第 3 卷 [M]. 杭州：浙江教育出版社，1997：585.

"余在二十年前，发表过'以美育代宗教'一种主张，本欲专著一书，证成此论；所预拟的条目有五：（一）推导宗教所自出的神话；（二）论宗教全盛时期，包括智育、德育与美育；（三）论哲学、科学发展以后，宗教对于智育、德育两方面逐渐减缩，以致全无势力，而其所把持利用的唯有美育；（四）论附宗教的美育，渐受哲学、科学的影响，而演进为独立的美育；（五）论独立的美育，宜取宗教而代之。"①蔡元培对这一角度思考之系统、深入，由此可见一斑。

二、历史文化价值

"以美育代宗教"思想的历史文化价值，主要表现在它对"五四"新文化运动的参与和促进上，是"五四"新文化不容忽视的重要组成部分。就是说，蔡元培不仅以言论自由、兼容并包的北大革新促成了新文化运动，而且以"以美育代宗教"说直接参与了新文化建设。

1917年2月，陈独秀提出反封建的"文学革命"口号，推出推倒贵族文学、古典文学、山林文学，建设国民文学、写实文学、社会文学的三大主义；《新青年》从古典主义、浪漫主义到写实主义、自然主义，全面介绍了西方近代文艺思潮的发展和演变过程。由此，新文化运动拉开序幕。但是，这些都限于文学层面。新文化运动哲学层面上对封建营垒的攻势，正是由蔡元培的《以美育代宗教说》来展开的。

"以美育代宗教"的提出，将陈独秀"文学革命"的反封建意识提升到了哲学层面，无疑是对新文化运动的深化。这一思想对新文化运动的贡献主要表现在以下几个方面：

首先，"以美育代宗教"反对愚昧、倡导自由，是"五四"科学与民主思想的有机组成部分。它把一切愚昧落后、扩张己教、攻击异教的神学哲学的弊端充分暴露出来，揭露了宗教利用迷信蒙蔽人心、利用美术欺骗感情的实

---

① 中国蔡元培研究会. 蔡元培全集：第8卷[M]. 杭州：浙江教育出版社，1997：516.

质，从而自然就推出了科学与民主之倡导。要破除迷信、恢复理性，要使人的感情纯正、健康，免受欺骗，就必须舍宗教而取美育。

其次，"以美育代宗教"，既是理论命题，又是现实武器，是"五四"时期反封建、反"孔家店"的一面鲜明的旗帜。它的美育代宗教，不仅是针对基督教，更是针对孔教，这在他的《以美育代宗教说》中是明确的。正因如此，"以美育代宗教"成为"五四"时期反对封建思想和封建文化的著名理论，对新文化运动起到了重要的推动作用。

最后，"以美育代宗教"在一定程度上具有填补人们价值真空的意义。我们知道，新文化运动打倒了"孔家店"，喊出了"科学"与"民主"的口号，科学与民主成为新文化运动的主潮，但是，我们应该看到，科学属于认知，民主关涉伦理，这些均未涉及人的情感慰藉与终极关怀。用蔡元培的划分法，新文化运动所标举的科学与民主的新文化只属于不超乎政治的现象世界，而没有关乎超越政治的实体世界。也就是说，科学与民主并不能取代孔学、孔教作为价值信仰的作用。正是从这一意义上，有人认为，当新文化运动对以孔学为代表的传统理念彻底否定之后，"以美育代宗教"便具有了以新代旧的意义。笔者虽不尽以为然，但也认为"以美育代宗教"思想在一定程度上具有填补人们价值真空的意义，显示了其深远的文化内蕴，体现了蔡元培作为一代文化巨人的睿智。1919年，当"五四"洪流汹涌澎湃之时，蔡元培却著专文以告，"文化运动不要忘了美育"，其原因盖出于此。

从理论渊源上说，在蔡元培之前，王国维曾提出"美术者，上流社会之宗教也"[①]的思想，他虽已看到美育慰藉感情的作用，但却以为美育代宗教只适用于上流社会，而对于下层民众，他认为还是只能慰之以宗教。相比之下，蔡元培鲜明的"以美育代宗教"的主张，却表现了一种民主主义者的平等、博爱情怀。而且在王国维那里，艺术作为上流社会的宗教还只是一种学术思想，蔡元培的"以美育代宗教"说则具有了直接的现实性，有力地参与和配合了"五四"新文化运动。

---

① 王国维. 王国维遗书：静庵文集续编[M]. 上海：上海古籍书店，1983：去毒篇.

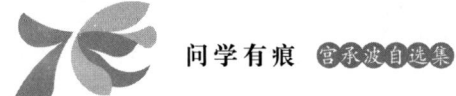

美育的作用是潜移默化的,美是首先作用于人的感情,而后逐渐作用于社会的,因此,提倡美育的思想家往往最易被社会忽略,或置于无足轻重的地位。正是因此,人们对蔡元培对于"五四"新文化贡献的认识,尤其是对他在"五四"时期提倡美育的作用和价值的认识,是随着时间的推移而逐步加深的。目前,蔡元培的学术影响、学术地位大有蒸蒸日上之势,其原因当然是多方面的,但上述因素恐怕是其中的重要方面。

三、当代意义

蔡元培的时代离我们越来越久远了,那么,他的"以美育代宗教"思想是否也离我们远去了呢?环顾我们的社会文化现实就会发现,事实远非如此。我们仍能感受到"以美育代宗教"思想的强烈现实感和旺盛、鲜活的生命力,他倡导美育的激越呼喊仿佛就在昨天,就在耳畔。

随着现代科技发展和经济繁荣,人们的物质生活水平得到了前所未有的提高,但是,大家却不约而同地发现,在物质生活得到较大满足的同时,人们的精神却在某种程度上进入了荒原,所以有"灰色人生""精神沙漠"的提法。原因何在?

> 我以为现在的世界,一天天往科学路上跑,盲目地崇尚物质,似乎人活在世上的意义只为了吃面包,以致增进食欲的劣性,从竞争而变成抢夺……要知科学与宗教是根本绝对相反的两件东西。科学崇尚的是物质,宗教注重的是情感。科学愈昌明,宗教愈没落,物质愈发达,情感愈衰颓,人类与人类一天天隔膜起来……[①]

几十年过去了,蔡元培的话却仍像针对我们的现实一样。一方面,正如蔡元培所说,科学技术的发展、工具理性的张扬把人的情感领域越挤越窄;另一

---

① 中国蔡元培研究会. 蔡元培全集:第6卷[M]. 杭州:浙江教育出版社,1997:614.

方面，笔者认为，是人们传统的精神寄托有所缺失的原因。一般认为，西方人的精神传统是重宗教，信仰基督、上帝；中国人的精神传统则是重血缘、伦理，崇拜圣人。而近代以来，自从尼采的"上帝死了"喊出之后，西方人的宗教意识逐渐走向衰落。在中国，则一方面"五四"新文化运动打倒了"孔家店"，推倒了以孔学为代表的传统理念；另一方面，近年来市场经济所带来的竞争意识也使原本温情脉脉的血缘情感和人伦观念越来越失去道德的约束力，传统伦理情感的寄托逐渐被弱化。所以近代以来，精神危机逐渐蔓延成为全球性的问题。

人是感情动物，人的感情总要有所寄托。"人之心力不寄于此则寄于彼，不寄于高尚之嗜好，则卑劣之嗜好所不能免矣。"[①] 人的精神领域、情感领域，高尚的东西不去占领，低级庸俗的东西必然会去侵蚀。

为矫正科技发展对现代社会所造成的弊端，西方社会已有绿色运动之倡导。但笔者认为，建设真正的现代绿色人生，不仅需要外在的绿色，更需要内在的绿色；不仅需要绿色自然、绿色物质，更需要绿色精神、绿色情感。美育重在陶养人的纯正感情，堪称现代绿色文化，而且其影响力较其他活动更纯洁、更平和、更持久、更深刻，是现代人生慰藉情感的最佳选择。舍宗教而取美育，使精神有寄，感情纯正，免受激刺和污染，这是现代绿色人生的内在需求，是当代精神文明建设的客观需要。美育虽不是宗教，但从终极关怀的意义上讲，美育事实上具有了一定程度的准宗教功能。"我们提倡美育，便是使人类能在音乐、雕刻、图画、文学里又找见他们遗失了的情感……"[②] 海德格尔追求诗话哲学的意义其实也在于此。

事实上，"以美育代宗教"，不仅可以使人摆脱宗教对情感的强力控制，培养人的纯正感情，还可以抵御宗教迷信对人类理性的侵扰和对世界观、人生观的侵蚀，从而使人们摆脱迷信，恢复理性，使人生走向自由，也走向科学。这才是真正意义上的自由。美育对建设现代绿色人生的重要意义由此可见。

---

① 王国维. 王国维遗书：静庵文集续编[M]. 上海：上海古籍书店，1983：去毒篇.
② 中国蔡元培研究会. 蔡元培全集：第6卷[M]. 杭州：浙江教育出版社，1997：614.

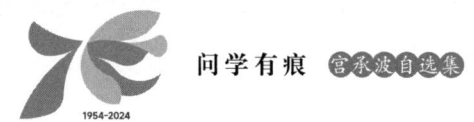

蔡元培美育思想的基本内容*

蔡元培先生是我国近现代美育的真正首倡者和奠基者,这是毫无疑义的,但是,对这一评价,多数人的认识都侧重在他的美育实践上,而对于他的美育思想,学界一般认为,"他的理论虽能兼收并蓄,但缺乏独创性和系统性"①。本文在前人研究基础上,通过总结梳理有关蔡元培美育思想的基本内容,力图说明他的美育思想不仅是系统的,而且不乏独创性。

一、美育的本质和特征

关于美育的本质,即什么是美育,蔡元培有两处解释。一处是他在《美育与人生》中的解释:"人人都有感情,而并非都有伟大而高尚的行为,这是由于感情推动力的薄弱,要转弱而为强,转薄而为厚,有待于陶养。陶养的工具,为美的对象;陶养的作用,叫作美育。"一处是1930年他为《教育大辞书》所撰写的"美育"条目:"美育者,应用美学理论于教育,以陶养感情为目的者也。……顾欲行为之适当,必有两方面之准备:一方面,计较利害考察因果,以冷静之头脑判定之;凡保身卫国之德,属于此类,赖智育之助也。又一方面,不顾祸福,不计生死,以热烈感情奔赴之;凡与人同乐,舍己为群之德,属于此类,赖美育之助者也。所以美育者,与智育相辅而行,

---

* 本文原载于《山东大学学报》2000年第1期,收入本书时有改动。
① 杨咏祁,李开,左健. 美育辞典[M]. 南京:江苏美术出版社,1993:239.

以图德育之完成者也。"

上述第一段话突出了美育的情感特征，以此把美育和智育、德育区别开来，但如果作为美育的定义就欠科学了。因为感性不仅存在一个量（强弱厚薄），更存在一个质（善恶真伪）的问题，也就是说，"陶养"作用不仅要使感情由弱转强、由薄转厚，也需要使其由恶向善、由伪而真；同时，一个人的行为"伟大而高尚"与否，不仅是感情的作用，知识、意志也起作用。上述第二段话强调了美育的学科属性，在理论上属于美学，在实践上属于教育。但是我们知道，美育并不等于"美学教育"，美学教育乃是一种知识、理论教育，是实施美育的准备或理论前提，但还不是美育过程本身。说美育是"应用美学理论于教育"，容易使人误以为美育就是美学教育，而美学教育并不以"陶养感情为目的"；要陶养感情，必须有美的对象和审美主体两个必要的前提条件。上述第二段话恰恰忽略了这两个根本方面。

蔡元培虽然是学者、教育家，但也是著名的资产阶级民主革命家，当时的政界要人，一生公务缠身，社会活动繁忙，其学术思考、演讲、写作都是忙中偷闲，有很大偶然性和随机性，因此许多论断缺乏严密性，这是可以理解的。纵观他一生的美育思想，如果把上文的两段话结合起来，应当说比较符合他对美育本质的整体看法，这样解释美育也还是比较全面的。美育是"美的对象"与审美主体交互融合、物我化一而产生的一种积极成果，"融合""化一"是一种美感境界，只有在这种状态下才能产生"陶养"的作用。美的对象总是以自身的生动具体的形象（而不是抽象的概念）和感染力量（不是靠论证、规范）打动人心，引起审美主体的情感活动，并通过主体情感活动的快与不快的体验，做出肯定性（美感、愉悦）或否定性（丑感、反感）的审美判断，这就是蔡元培所说的情感的"陶养"作用。经过这种无数次的"陶养"和潜移默化的过程，审美主体自然养成一种爱美斥丑的行为习惯，铸成表里一致、"文质彬彬"的高尚人格。

二、美育的意义和功能

为什么要实施美育？蔡元培从康德超功利主义美学理论出发，并与中国儒家"礼乐相济"的美育思想传统融会贯通，进行了创造性的发挥。他认为，美的根本特性，一曰"普遍"，二曰"超脱"。"既有普遍性以打破人我的成见，又有超脱性以诱出利害的关系；所以当着重要关头，有'富贵不能淫，贫贱不能移，威武不能屈'的气概；甚至有'杀身以成仁'而不'求生以害仁'的勇敢；这是完全不由于知识的计较，而由于感性的陶养，就是不源于知育，而源于美育。"（《美育与人生》）他又说，一切之美，"皆足以破人我之见，去利害得失之计较，则其所以陶养性灵，使之日进于高尚者，固以足矣"（《以美育代宗教说》）。蔡元培还指出，人分知、情、意三个方面，"意志的表现是行为，属于伦理学，知识属于各科学，感情是属于美术的。我们是做人，自然行为是主体，但要行为断不能撇掉知识与感情"（《美术与科学的关系》）。所以美育的任务是与智育相辅而行，从不同的侧面促进德育的完成。

蔡元培在美育中如此重视道德教育的宗旨，显然是接受了儒家传统的影响。当然，蔡元培在这里所说的"德"并不是狭义的道德品质，而是指广义的合规律、合目的的意志行动。蔡元培认为，艺术鉴赏以及整个审美活动，固然要给人以娱乐、消遣、享受，但这不是美育的根本目的，他一再强调的是教育，是提高道德情操，培养创造性，以便为救国革命，为建设事业而献身。他坚决反对在青年学生中进行"不正当"的娱乐，同时强调用审美活动加以引导，而不是采取简单化的行政制止手段。他说："近来学生多有麻雀、扑克或阅恶劣小说等不正当之消遣，此固原因在于其人不悦学。尤以社会及学校无正当之消遣为主要原因……所以吾人急应提倡美育，使人生美化，使人的性灵寄托于美，而将忧患忘却。"（《对于学生的希望》）他还严厉批评社会上以"烟酒赌博"为"消遣"的现象，严厉批评新闻报纸刊登低级庸俗甚至淫秽的广告、小说，"此不特新闻家自毁其品格，而其贻害于社会之罪，尤不可恕"(《北京大学新闻学研究会之演说词》)。他要求用教育家的眼光来审视新闻宣传,审视文学艺术。他认为,把文学艺术当成"娱乐品",是不知文学艺术为何物,特别是在国家处于危难的时代,新闻宣传、文学艺术都要承担起思想教育、审美教育的神圣任务,而不应成为奢侈淫逸和无聊消遣的东西。他说:"救国者,艰苦之事业也。墨翟生勤而死薄,勾践卧薪而尝胆,范仲淹先天下之忧而忧,后天下之乐而乐。断未有溺于耳目之娱,侈靡之习,而可以言救国者。"(《国民杂志》序)不可讳言,文学艺术和审美活动的确有引起"耳目之娱"的作用,但这不是最终目的,最终目的是培养高尚的人。"耳目之娱"是一种表面作用,由它"激性导欲",引起美感,从而才能展开陶养感情的过程,才能在人的心灵深处产生"净化"作用。蔡元培说:"美育之目的,在陶冶活泼敏锐之性灵,养成高尚纯洁之人格,故为达到美育实施之艺术教育,除适当课程外,尤应注意学校的环境,以引起学者清醇之兴趣,高尚之精神。"(《创办国立艺术大学之提案》)这才是文学艺术和审美活动的真正意义所在。

三、美育在教育结构中的位置

在德、智、体、美四育的关系中,蔡元培认为,德育为"中坚",其他教育(包括美育)必须以"道德为根本"(《对教育宗旨案之说明》)。此后,在《教育大辞书·美育》条目中,蔡元培又进一步从理论上做了这样的分析:

> 人生不外乎意志,人与人互相关系,莫大乎行为;故教育之目的,在使人人有适当之行为,即以德育为中心是也。顾欲求行为之适当,必有两方面之准备:一方面计较利害,考察因果,以冷静的头脑制定之;凡保身卫国之德,属于此类,赖智育之助者也。又一方面,不顾祸福,不计生死,以热烈之感情奔赴之;凡与人同乐,舍己为群之德,属于此类,赖美育之助也。所以美育者,与智育相辅而行,以图德育之完成者也。

可见，蔡元培把德育局限于道德的行为，而道德观念和信念成为道德行为的准备，搞的是二元论，即一方面，似乎道德受道德观念和信念的支配，如他所说的保身卫国之德，另一方面，"与人同乐，舍己为群之德"，因受美感的支配，而是无利害、无因果判断的。

这不过是康德的知、意、情三者相互区别而又相互对立体系的一种表述罢了。康德的《判断力批判》一书用分析法把人的活动分为认识和实践两个方面，认识活动又分为感性和理性两个方面，实践活动则分为互相联系的意志和情感两个方面。接着，他在这个体系中替审美活动或艺术活动找到一个适合的位置，把它列入感性认识那一方面。康德这一界定带来了两个否定：一个是否定了审美活动与逻辑思想所产生的概念之间的牵连，另一个是否定了它与实践方面的利害计较和欲念满足之间的牵连。这样，真、善、美就成了三种截然分开的东西，互不相干。蔡元培在论美育与德育、智育的关系时，毫无批判地接受了康德这一唯心主义思想体系，从而也就不可避免地阻碍了他对于美育与德育、智育关系的科学探讨。

其实，一个全面发展的人，不仅在智力上要有教养，道德上要有修养，而且也要有能力去欣赏和创造美好事物。德育通过多种教育途径，培养和锻炼青少年的道德行为、道德观念和信念以及性格特征；德育是灵魂教育、方向教育，也是世界观教育。它既是独立的教育，有一定的内容和形式，也贯穿在智育、体育、美育之中。

四、美育在人类文化结构中的位置

"如果说美育之本质的探讨是美育定义之内涵的探讨，那么，美育在人类文化结构中位置的探讨，则是对美育定义之外延的探讨"[①]，是对美育本质之探讨的扩展和深化。在蔡元培的美育思想中，这一问题的探讨具有核心意义，这就是他著名的"以美育代宗教说"。

---

① 曾繁仁，高旭东. 审美教育新论[M]. 北京：北京大学出版社，1997：236.

1917年8月,针对袁世凯封建复辟以来社会上宗教活动的猖獗,蔡元培发表了《以美育代宗教说》的讲演,并将这次讲演的内容发表在《新青年》上。其后,他又不止一次以此为题进行演讲和撰文,还准备写一本专著进行系统论述。《以美育代宗教说》的发表,使蔡元培的美育思想更具有反封建的批判精神和哲理。

他指出,宗教即使在西方各国也早已成为过去。虽然他们的教堂星罗棋布,许多人还在做礼拜仪式,这不过是历史遗留下来的一种习惯,并没有多大的实际意义。"所可怪者,我中国既无欧人此种特别之习惯,乃以彼邦过去之事实作为新知,竟有多人提出讨论。此则由于留学外国之学生,见彼国社会进化,而误听教士之言,一切归功于宗教,遂欲以基督劝导国人。而一部分沿袭旧思想者,则承前说而稍变之,以孔子为我国之基督,遂欲组织孔教,奔走呼号,视为今日重要问题。"他清醒地指出,一切宗教对于社会的、自然的现象"皆以神道为唯一之理由",宗教家对于人群规则,以为神之所定,可以永远不变。社会虽然向前发展了,宗教的神秘主义性质至今并没有改变,它所宣传的仍然是迷信,是对人们的欺骗。这与提倡科学教育和民主教育,是不相容的,而且"无论何等宗教,无不有扩张己教攻击异教之条件",这和美育的普遍性是根本对立的。他批判说:"现今多种宗教,都是拘泥着陈腐主义,用诡诞的方式,引起无知识人盲从的信仰,来维持传教人的生活。这完全是用外力侵入个人的精神界,可算是侵犯人权的。"他尤其反对教会学校诱惑未成年的学生去信仰他们的基督教,因此他认为应该规定:大学不设神学科;学校均不得有宣传教义的课程,不得举行祈祷式;传教士不能参加教育事业。总之,"绝对的"不允许宗教参与教育。(《非宗教活动》)对于宗教已经参与教育的事实必须改变,必须找出代替宗教的东西,这就是美育。

进而,蔡元培从历史发展的角度,通过论证"以美育代宗教"的必然性,深刻地揭示了美育在现代人类文化结构中的位置。蔡元培认为,"以美育代宗教"不仅是必须的,而且也是必然的。第一,宗教发展到今日,已完全变成腐朽的、落后的、狭隘的东西,已不能诱导人们走高尚之路。因此要以"普

遍""超脱"的美育取而代之,以培养高尚人格和献身精神。第二,由于历史的进化,科学的发展,宗教的欺骗性已基本失去作用。现代人不再以信神、敬神为最高道德标准,而代之以自由、平等、博爱。对于现代人,宗教唯一有吸引力之处在于感情。但在感情领域,早已有"脱离宗教之趋势",特别是我国的艺术从唐宋以后很少受宗教的役使,时至今日,人们的情感教育彻底摆脱宗教而代之以美育,条件业已成熟。

"以美育代宗教"命题的提出,符合中国艺术精神和民族教育传统,因为中国人不同于西方人,并不以宗教和外在的神为最高境界;中国人所追求的最高境界是艺术的、审美的,"神"不在天上,而在心中。蔡元培应时代需要,提出"以美育代宗教"的主张,不仅有现实意义,也表现出他思维的深刻性和理论的创造性。

五、美育的实施

蔡元培认为,"美育之实施,直以艺术为教育,培养美的创造及鉴赏的知识,而普及社会"[①]。

具体说来,美育的实施大致有以下三方面:

(1)家庭美育。孕妇入胎教院,胎教院的环境、建筑和设备应优美恬静,使胎儿在母体中接受美育。胎儿出生后,离开母亲,在公共育婴院继续生活、培养和教育。

(2)学校教育。幼稚园有舞蹈、唱歌、手工,中小学有音乐、图画、运动、文学等,大学有美术专科,如音乐、图画、建筑、戏剧等,文科教材与设备均应有富于美育的意味而能涵养其美感。

(3)社会美育。社会美育分两方面:一方面是专设机关,如美术馆、美术展览会、音乐会、剧院、影戏馆、历史馆、博物馆、古物学陈列所、人类博物馆、博物学陈列所与植物园、动物园等;另一方面是地方的美化,如道

[①] 孙常炜. 蔡元培先生全集[M]. 台北:台湾商务印书馆,1968:1148.

路、建筑、公园、名胜古迹、公墓等。

如此美育之实施,"一直从未生以前,说到既死以后",可见思虑之全面,用心之良苦。对于学校美育,他在《对于教育方针之意见》《普通教育和职业教育》《美术与科学的关系》《对于学生的希望》《三十五年来中国之新文化》等文章中尤有关注,其中不乏精辟见解,如美育的科目——图画、音乐,要真正达到美育的效果,"亦须活用,不可成为机械的作用"。他曾对新加坡南洋华侨中学的师生讲到,"活用"在于在教学过程中提倡直观性原则,充分调动学生学习兴趣,进行因材施教和结合中国国情,方能达到"真美"的目的。

总之,蔡元培的美育思想是丰富的,也是系统的,上述五个方面概括了其美育思想的基本内容。我们看到,蔡元培的美育思想是建立在康德唯心主义哲学基础上的中西合璧的产物,上述五个方面内在逻辑上的密切联系是明显的,基本上构成了一个较为完整的思想体系;同时我们应该看到,蔡元培既有深厚的中国古典美学修养,又对西方美学有深入广博的了解,所以能够在兼收并蓄的基础上生发创新,从而提出属于自己的思想体系的见解,这是蔡元培美育思想的特点,不应被视为其缺乏独创性的根据。

试论中国人审美心理的社会化[*]

一个人从呱呱坠地离开母体,便成为所在社会的新成员,然而这个社会新成员虽然拥有了物质躯体,但其精神世界却还是一片空白。他(她)无所谓是非,无所谓善恶,也无所谓美丑。也就是说,这时的他(她)主要是人口学意义上的社会新成员。人的本质在于,人是自然之子,也是社会文化的产物。衡量一个人是否成为社会的一员,关键看其社会本质,看其是否接受了所在社会的行为规范和价值体系,是否接受了所在社会的文化,这便是人的社会化。

所谓人的社会化,是"指人的后天行为的规范化,指生物的人或自然属性的人按照一定社会文化的要求而被教化为社会人、文化人的过程"。[①] 这无疑是说,人的社会化也就是人的"文化"化。"不论对民族还是个人来说,心理结构模式主要靠后天习得,传承的物质媒介就是民族文化。"[②] 这进一步启示我们,人的社会化,其实质是通过民族文化的"习得"和传承构建人的心理结构模式的过程。以传播学观念考量,这一过程是传受双向的:从传者一方看,是社会实体传播文化信息、实施文化教化的过程;而从受者一方看,则是社会成员接受文化信息、得到文化教化的过程。不难看到,这一过程中,首要因素是文化信息,其次是传播或接受文化信息的方式或途径。如此说,

---

* 本文原载于《中国人审美心理研究》一书,梁一儒、户晓辉、宫承波著,山东人民出版社2002年版,原名《中国人审美心理的社会化》,收入本书时有改动。

[①] 司马云杰. 文化社会学[M]. 北京:中国社会科学出版社,2001:374.

[②] 梁一儒. 民族审美心理学概论[M]. 西宁:青海人民出版社,1994:105.

作为人的社会化过程的重要组成部分，审美心理社会化指的就是人的审美心理结构模式的构建过程，也可以说，是接受主体通过对审美文化信息的接受和传承，形成审美感觉、提高审美能力的过程——尽管这一过程可能比其他社会化过程更为精致、更为复杂，但其核心要素不外乎这样两个方面：一是审美文化信息的内涵，二是接受审美文化信息的方式或途径。

根据上述思路，关于中国人审美心理社会化模式的探讨，我们也便有了明确的关注对象：一是中国审美文化信息的内涵，二是中国人接受审美文化信息的方式或途径。其中，前者是首要的、起决定意义的因素——从一定程度上说，审美心理的社会化模式是由特定时空的审美文化内涵决定的。

我们知道，文化是属于一定社会的文化，特定的人类族群产生特定的文化；文化又是属于一定时代的文化，特定的历史阶段产生特定的文化。作为文化之一部，审美文化既具有人类生活共同性的层面，即世界性，也具有各族群社会个性的层面，即民族性；既具有历史连续之维，即稳定性，也具有吐故纳新之维，即变异性。从本文的任务出发，我们对于中国审美文化信息的关注重点，无疑在于其民族性而非世界性，在于其相对稳定的特征而非偶然性的特征；但同时应当看到，中华文化源远流长，在漫长的历史发展过程中，中国审美文化内涵也曾几经流变——尤其是从古代到近现代的重大转折，不仅是量的变化，更是质的转型。据此，我们的探讨也划分为两种模式，即古典模式和近现代转型模式。

一、中国人审美心理社会化的古典模式

"古老的东方有一条龙"，这形象的比喻强调的是中国古代文化的整体形态，也包括审美文化的特质。中国人审美心理社会化的古典模式具有鲜明的地域性与时代性，它是在中国古代的生态环境、生产方式下形成的，尤其与中国古代特定的文化背景息息相关。

中国古代社会是一个封闭的超稳定的农业社会。在漫长的历史过程中，儒家思想是一以贯之的占统治地位的思想，虽然道家思想对它进行了卓有成

效的渗透——所谓"儒道互补",后来又有佛家的影响——所谓"儒释道并举",但均不能与之抗衡,不能动摇儒家文化的主体地位。这一文化现象,几千年中虽有变异,但始终未离其宗。因此,中国古代文化往往被称为宗法文化。这里的"法",指的就是以亲子血缘关系为基础,将伦理、政治、信仰统一在"仁"学旗帜下所形成的一套经世致用规则,也就是在内曰"仁"、在外为"礼"的儒家伦理秩序。古代中国审美文化鲜明的民族性,古代中国人审美心理社会化独具特色的模式,正是在这样一种特定文化背景下形成的,甚至可以说是这样一种文化土壤的必然产物。

(一)美善统一:古代中国审美文化信息的民族性特征之一

我们知道,无论中国还是西方,古代美学总体上都追求真、善、美之素朴的和谐统一,但相对来说,西方更强调美与真的结合,而中国更侧重美与善的统一。应当说,中国美学,乃至中国审美文化美善统一的特征,其形成是与儒家的礼乐文化直接相关的。在中华民族传统文化中,礼乐文化具有本原意义。

关于"乐"的起源,传说起于三皇五帝。《世本》一书载:"伏羲作琴,伏羲作瑟。神农作琴,神农作瑟。随作笙,随作竽。颛顼命飞龙氏铸洪钟,声振而远……"到舜的时候,"乐"已成为重要的教化工具了。所以,《乐记》中有舜"作五弦之琴,以歌《南风》"而治天下的传说。到西周时,乐教已发展到相当的规模和水平,在社会生活中占有非常重要的地位。蔡元培先生指出:"洎乎周代,家给人足,人类公性,不能以体魄之快乐自餍,恒欲进而精神之幸福。周公承之,制礼作乐,礼之用方以智,乐之用圆而神,右文增美,尚礼让,斥奔竞……"① 这就是说,周公制礼作乐,已有史可考,因而被视为礼乐文化的源头。

孔子可谓中国远古礼乐文化的集大成者,他关于礼乐教育的思想及其实践对中国古代审美文化具有广泛而深远的影响。在他的教育生涯中,诗教、

---

① 蔡元培. 蔡元培学术论著[M]. 杭州:浙江人民出版社,1998:131.

乐教始终受到高度重视。"不学《诗》，无以言。"[①] "诗可以兴，可以观，可以群，可以怨。迩之事父，远之事君；多识于鸟兽草木之名。"[②] 可见，孔子对"诗"的作用可谓推崇备至。"兴于诗，立于礼，成于乐。"[③] "乐"更是被孔子视为高尚人格形成的根本途径。

孔子何以如此重视诗教、乐教？在孔子倡导的礼、乐、射、御、书、数的"六艺"教育中，"礼"居于首位。这就是说，包括美育在内的其他教育皆应从属于"礼"的教育，服务于"礼"的教育。在礼乐活动中，孔子明确反对只注意审美形式而忽视仁德内容的倾向。"礼云礼云，玉帛云乎哉！乐云乐云，钟鼓云乎哉！"[④] 难道礼乐仅仅是由玉帛钟鼓所表现的纯然形式吗？绝对不是。"人而不仁，如礼何？人而不仁，如乐何？"[⑤] 孔子认为，如果离开"仁"的内核，礼乐仪式也就成了矫情伪饰的手段。"八佾舞于庭，是可忍也，孰不可忍也！"[⑥] 对超越礼这一规范的娱乐行为，孔子更是给予坚决的否定和抨击。不难看出，孔子乐教的实质其实是礼教，"礼"是内容，"乐"是形式，"乐"不过是对"礼"的装饰。由此，孔子提倡诗教、乐教的用意已不难理解。

孔子的礼乐思想得到了后人的继承和发扬，"诗教""乐教"也被后人进一步重视和强调。孟子说："说诗者，不以文害辞，不以辞害志；以意逆志，是为得之。"[⑦]《乐论》说："声乐之入人也深，其化人也速。"《毛诗序》称："故正得失，动天地，感鬼神，莫近于诗。先王以是经夫妇，成孝敬，厚人伦，美教化，易风俗。"直至清代，依然讲究"礼乐不可斯须去身"。总之，礼乐传统贯穿中国封建社会始终。而且我们从中可以看到，礼乐并举，礼乐相济、相成，强调礼对乐的约束，追求人格道德的完成，是礼乐文化的基本原则和

---

① 论语：季氏.
② 论语：阳货.
③ 论语：泰伯.
④ 论语：阳货.
⑤ 论语：八佾.
⑥ 论语：八佾.
⑦ 孟子：万章上.

最高目标。

礼乐文化决定了中国古代审美文化的一个基本特征,那就是审美、艺术本身不是目的,而是手段,是培养、教育完美人格的最佳途径;衡量一个事物是不是美,首先要看它是不是善,美与善是一致的、统一的。因此有学者指出,西方人和中国人的美学思想有一个根本的不同,那就是西方人看重美,中国人则看重品——就连自然美的欣赏和评价也要讲究"比德"。比如,西方人喜欢玫瑰,是因为玫瑰色泽鲜艳,具有美的形式。而中国人赞美松柏,则是因为它善于斗风雪,耐严寒;欣赏荷花,是因为它出污泥而不染;喜欢梅兰竹菊,称它们为"四君子",也是因为它们有各自的"品"——总之,它们都是高尚人格的象征,形式美是次要的,精神美才是主要的。在中国古代,从文学艺术到日常行为规范,无不贯穿、渗透着这种精神。以善为美、美善统一,是中国古典美学和艺术的民族精神,也是中国古代审美文化最突出的特征。

(二)天人合一:古代中国审美文化信息的民族性特征之二

中国人的自然观,简单地说就是人不是大自然的奴隶,也不是大自然的主宰,而是大自然的朋友。人与自然是平等的,是一种亲和、友善的关系。这一观念的形成与古代中国人的生态环境和生产方式有密切关系。我们知道,中华文明最早发源于黄河流域,属温带大陆性气候,这里风和日暖,四时节令明显,非常适宜农作物生长。长期以来,特定的生态环境形成了中国古代以农为本的社会发展模式。小农经济的生产方式,日出而作、日落而息的生活方式,决定了中国人与大自然之间的密切关系。长此以往,人与自然便形成亲密、和谐的"朋友"关系。如宗白华先生所说:"因为中国人由农业进于文化,对于大自然是'不隔'的,是父子亲和的关系,没有奴役自然的态度。"①

天人合一是古代中国人带有普遍性的观念,儒家、道家概莫能外。儒家

---

① 宗白华. 美学与意境[M]. 北京:人民出版社,1987:239.

重人道却不忘天道，道家讲天道也不忘人道，只是亲和自然的态度在道家思想中表现得更加直接和突出罢了。如老子主张："人法地，地法天，天法道，道法自然。"① 庄子说："天地与我并生，而万物与我为一。"② "天地有大美而不言……是故至人无为，大圣不作，观于天地之谓也。"③ 这无疑是说，人道、天道都是一致的，皆源于自然之"道"，所以他们都主张虚静无为，顺应自然，返璞归真。正是道家的这些思想，对中国人的"天人合一"观念起到了重要的强化作用，从而使中国人的这一观念更加鲜明和突出。

人与自然的亲和关系必然反映在审美文化尤其是文学艺术之中。魏晋南北朝时期，中国已出现独立的山水诗、花鸟画，由此形成了中国人崇尚自然、寄情山水的美学传统。在中国古代的各种艺术形式，如诗歌、音乐、书法、绘画中，这种人与自然的亲和关系可以说如灵魂一般随处可察。所谓"道法自然""质性自然"成为古代中国人审美标准的最高层次。在外民族眼中，这一特色尤为鲜明。德国诗人歌德对此曾深有感触，他说："（中国）人和自然是生活在一起的。（从中国传奇里）你经常听到金鱼在池子里跳跃，鸟儿在枝头歌唱不停，白天总是阳光灿烂，夜晚也总是月白风清。"美国现代诗人加里·斯奈德也深有体会地说："在中国诗人眼中，大自然不是荒山野岭，而是人居住的地方。不仅是冥思之地，也是种菜的地方，和孩子们游玩、与朋友饮酒的地方。"④

如前所述，"儒道互补"是中国古代一以贯之的文化传统。尊崇儒家哲学，提倡儒家美育，培养人们的伦理道德情感，有利于促进个体与社会的和谐。但是也应当看到，儒家哲学在强化群性、社会性的同时，也极大地压制、约束了人的个性和自然性。正是以道家哲学、道家美学为主的天人合一观念有效地淡化了儒家的功利欲望和伦理道德对个性的压抑，从而使人的精神尚能超脱，生命尚有自由；正是天人合一观念、亲和自然态度的深深浸润，中

---

① 老子：二十五章．
② 庄子：齐物论．
③ 庄子：知北游．
④ 梁一儒．民族审美心理学概论［M］．西宁：青海人民出版社，1994：81．

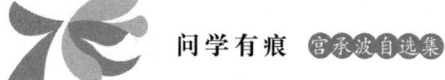

国古代的文学艺术才形成了独具民族特色的美学情趣,成为区别于西方文学和艺术的精华。在此有必要特别指出,这是一种极具未来性的美学精神和文化精神。随着工业社会所带来的人与自然关系的扭曲和恶化,这一精神价值越来越受到全人类的重视,这可以说是古老的中华民族贡献给人类文明的一份珍贵遗产。

(三)理想与现实统一:古代中国审美文化信息的民族性特征之三

表现理想、描绘现实,历来都是文学艺术的重要内容,但是在如何处理理想与现实的关系上,不同的民族、不同的时代却有不同的态度。在中国古代的文学艺术中,我们不难看到,理想总是围绕着现实徘徊,像低飞的鸟儿展不开翅膀;现实往往要镶上一个花边,甚至安排一个遂人心愿的团圆结局。总之,情与理、理想与现实总是纠结在一起,互相掣肘。这是为什么呢?其渊源在于中国古代中和之美的审美理想。

从孔子开始,中国人即已形成比较完备的中和之美的理想。"子谓《韶》:'尽美矣,又尽善也'。谓《武》:'尽美矣,未尽善也'。"① 这里的"善"即符合"礼"的规范,这无疑是说,孔子的艺术理想是既要合于礼的规范,又要具有美的形式,两者"相和"才算完美。在育人方面,孔子提出了"文"与"质"相合的"君子"标准:"质胜文则野,文胜质则史。文质彬彬,然后君子。"② 就是说,做人既要有美的外在容饰,又要有优良的内在品质,两者统一,方为理想人物。从中我们可以看到,无论是尽善尽美还是文质彬彬,其实质都是"和"。古代中国人有一种素朴的辩证思维,那就是"执两用中";在矛盾对立的双方中,人们习惯舍其两端而取其"中",往往把"中"看作"适""和"的标准尺度所在。由此可知,古代中国人的所谓"和"也就是"中和",以"和"为美当然也就是以"中和"为美。

由于以中和、和谐为美,同时又主张"发乎情,止乎礼仪",强调以礼节

---

① 论语:八佾.
② 论语:雍也.

情，那么感情自然就不能尽性表达，矛盾也不能充分展开。这样一种观念投射在表现艺术中，就是情与理的统一，就是"乐而不淫，哀而不伤"[①]；投射在再现艺术中，就是理想与现实的和解，就是"大团圆"。所以，中国古典文学艺术中很少有撕心裂肺的痛和极度狂欢的喜，情感、矛盾发展到一定程度就要"中节"，就要向相反的方向转化。为此，情感总不能尽情宣泄，现实与理想总不会相去太远，总是表现出一种"温柔敦厚"的风格，有人说，中国古代是"喜剧不喜，悲剧不悲"，比如悲剧，看完之后很少有激荡感、不平衡感，总是善有善报、恶有恶报，往往都是大团圆结局。不必说《西厢记》中的张生与崔莺莺是"有情人终成眷属"，《梁山伯与祝英台》的男女主人公更是死后化蝶也要比翼双飞，即使是《窦娥冤》，虽史称"惊天动地"，可谓大冤案、大悲剧，然而窦娥死后，其三桩誓愿也还是都如愿以偿。总之，中国古代的悲剧，往往不是"状元模式"的爱情团圆，就是"青天模式"的申冤昭雪。[②] 这与西方悲剧的惊骇人心，总是充满痛苦、不幸和丑恶，结局常常是美好愿望横遭毁灭，美好事物分崩离析，甚至是恶战胜了善，等等，不能不说是一个鲜明的对比。

（四）艺术美的熏陶/自然美的感化/日常生活的濡化：古代中国人接受审美文化信息的基本方式

近代以前，中国一直没有"美育"这一概念。尽管没有"美育"概念，但自古以来，中华民族拥有美育传统，这是一个不争的事实。而且，中华民族是一个高度重视审美教化的民族，礼乐教化具有源远流长的传统。当然，古代没有现代意义上的学校，也就不可能有规范的审美教育，而只能是通过各种文化媒介，通过寓于文化媒介中的丰富的审美因素，以潜移默化的方式进行。

概括起来看，古代中国人对于审美文化信息的接受有以下三种基本方式：

---

① 论语：八佾.
② 周来祥，陈炎. 中西比较美学大纲[M]. 合肥：安徽文艺出版社，1992：181.

一是艺术美的熏陶。自古以来,中国人就拥有自己丰富的民族艺术形式。民族艺术是民族审美因素及审美文化成果的集中体现,也是古代中国人获取审美文化信息的最重要的媒介。从先秦时代起,儒家就形成了以诗教、乐教为主的美育传统,在漫长的封建社会,一系列古典乐曲、歌舞,以及《诗经》《唐诗三百首》等经典著作,都产生过相当积极的美育效果。与此相关的,还有书法、绘画、戏曲、小说、散文等文学艺术形态,也都是中国古代艺术美育的重要媒介——这些就是中国古代艺术美育的所谓"雅媒介"。相对于雅媒介,中国古代美育中还有一种"俗媒介",主要是民间艺术。中国是一个文明古国,是一个十分爱美的民族,自古以来,民间艺术丰富多彩,不断出新,如说唱艺术、地方戏曲、民间文学、民间工艺品等。此外,建筑园林、服饰饮食等,都是古代艺术美育中不容忽视的重要部分。

季羡林先生曾经指出:"说雅说俗,好像隐含着一种评价。雅,好像是高一等的,所谓'阳春白雪'者就是。俗,好像是低一等的,所谓'下里巴人'者就是。然而高一等的'国中属而和者不过数十人',而低一等的'国中属而和者数千人'。"① 如果说音乐、歌舞,以及诗、文、书、画等艺术形式属于阳春白雪的话,那么民间艺术当然就是下里巴人了。究竟何者更为重要呢?在古代,由于生产力水平低下,经济落后,因而有机会接受相对正规的教育,接受所谓阳春白雪的美育者,只能是上层少数贵族子弟;对于千千万万广大劳动人民的子弟来说,他们对审美信息的接受,来自下里巴人的要远远大于所谓阳春白雪。所以,对于中国古代的审美教化,从总体而言,民间艺术具有不可替代的重要作用。

二是自然美的感化。受天人合一观念的影响,古代中国人对自然美有特殊的兴趣和爱好。"比德"与"畅神"可以说是古代中国人对自然美信息的两种饶有特色的接受方式。所谓"比德",就是把自然美的某种特征比喻成人的品行,通过对自然美的接触、感受、欣赏,达到砥砺品行的目的。"夫玉者,

---

① 欧阳海燕. 乐文化[M]. 北京:中国经济出版社,1995:总序.

君子比德焉。温润而泽，仁也；栗而理，知也；坚刚而不屈，义也……"① 由此可见，"比德"论注重的是自然美的象征含义，也就是其中的精神美信息。所谓"畅神"，是指人通过亲近自然，通过与自然的"神交""与物为春"，甚至融为一体，获得一种精神超脱、畅快和情感满足。可以看出，"畅神"论获取的是直接来自自然的形式感、色泽感、时空感等，即自然美本身的信息，是把自然美的欣赏作为抒发情感、表现性灵的渠道。

有人说，"比德"论讲究人格道德的完成，渗透了儒家美育精神；"畅神"论讲究个体生命的自由伸张，显示的是道家美育精神。② 这是颇有见地的。正是两者相互贯通，互为制约，共同塑造了古代中国人关于自然美的心理结构和对于自然美的感受方式。因此，古代中国人通过对自然美的欣赏，通过对自然美信息的接受，既能得到儒家所要求的伦理道德教育，又能获得道家所追求的生命自由感。这便是中国人对自然美历来青睐有加的原因，也是"儒道互补"观念渗透在中国古代审美文化中的又一佐证。

三是日常生活的濡化。一个人总是处于一定的生活环境中，寓于生活环境中的各种文化因素总是在无形之中潜移默化地对人产生着影响，这就是所谓濡化。濡化，即熏陶、习染、消化、融合。这种作用一般不易被人觉察，但对于人的心理社会化作用之大，却不容忽视。

中国古代的风俗习惯、生活礼仪等，虽然是一般社会文化的集中体现，但也蕴藏着丰富的民族审美文化因子，是传播递送民族审美信息的一种特有媒介。例如，风俗习惯中的服饰、饮食、居住、娱乐、节庆仪式等等，无不在物质化的凝固形态中埋藏着富有民族特色的审美因子。这些审美因子，是民族心灵光彩的衍射，也是民族自我意识的展现。生于斯，长于斯，耳濡目染，潜移默化，无形之中，其中的审美因子即深深地植入了人们的心田。封建社会的生活礼仪以及行为规范，虽有明显的压抑个性的消极作用，也不免烦琐，但其中的仪态美、气质美信息，如坐有坐相、站有站相，堂堂正正、

---

① 荀子：法行.
② 姚全兴. 审美教育的历程[M]. 上海：上海社会科学院出版社，1992：146.

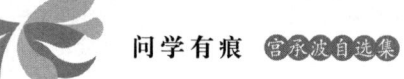

大大方方，不骄不躁、不卑不亢、衣冠整洁、举止优雅，等等，对人的审美心理建构都是有积极意义的。此外，日常生活中的伦理道德教育虽然往往杂以封建糟粕，但不容忽视的是，其中时常内含着人格美、精神美的重要信息，是一种传递审美文化信息的重要媒介。例如，孔子赞赏的"一箪食，一瓢饮，在陋巷，人不堪其忧。回也不改其乐"的安贫乐道①，"三军可夺帅也，匹夫不可夺志也"的矢志不渝②；再如孟子倡导的"浩然之气"，以及"富贵不能淫，贫贱不能移，威武不能屈"的"大丈夫"人格③，都是非常典型地蕴含在伦理道德教育中的人格美信息。

总之，中国古代的审美教化是零散的，但却是丰富的，中国不愧为闻名世界的美育之邦。对此，蔡元培先生有过比较全面的概括。他说，在孔子倡导的"六艺"教育中，"乐为纯粹美育；书以记述，亦尚美观；射、御在技术之熟练，而亦态度之娴雅；礼之本义在守规则，而其作用又在远鄙俗；盖自数以外，无不含有美育成分者。其后若汉魏之文苑、晋之清谈、南北朝以后之书画与雕刻、唐之诗、五代以后之词、元以后之小说与剧本，以及历代著名之建筑与各种美术工艺品，殆无不于非正式教育中行其美育之作用"④。通过众多文化媒介"于非正式教育中行其美育之作用"，道出了中国古代审美教育的基本特点。《毛诗序》曰："风，风也，教也；风以动之，教以化之。""风""化"，是古人对这一过程富有见地而又十分准确的概括。

二、中国人审美心理社会化的近现代转型模式

同古典模式的形成一样，中国人审美心理社会化的近现代转型模式也是由其特定的社会环境和文化背景决定的。1840年的鸦片战争，其直接结果就是古老的国门被打开。从此，帝国主义的坚船利炮和西方文化双双破门而入，

---

① 孟子：滕文公章句下.
② 论语：雍也.
③ 论语：子罕.
④ 高平叔.蔡元培美育论集［M］.长沙：湖南教育出版社，1987：208.

封闭、稳定的封建社会结构逐渐发生倾斜,一步步沦为半殖民地半封建社会。随着社会变迁,以儒家思想为核心的宗法文化逐步失去生存土壤,不可避免地步入危机之中;同时,西方文化的输入也为中国人观察宇宙人生开启了新的窗口。在这一背景下,学习西方,引进西学,成为一批中国知识分子的理智抉择,然而几千年的文化传统欲弃之不顾又谈何容易!在很长一段时间里,对孔夫子誓死捍卫者有之,对温情脉脉的礼乐文化深怀眷恋者也有之,还有的嘴上高喊"打倒孔家店"的口号,骨子里流淌的仍是儒家文化的血液。你方唱罢我登场,各领风骚三五天,近现代文化舞台上人来人往,传统与现代交织,国粹与西化并存,一片沸沸扬扬。这种现象至今在我国文化界还时有表现。然而拨开迷雾,撩去面纱,我们却不难发现,从总体上说,引进、借鉴、吸收、融合,用西方理论阐释中国传统文化,或以中国人的眼光解读西方文化,应当说是整个中国近现代学术、文化的主流,这便是中国文化的所谓"近现代转型"。

从20世纪初叶开始,中国近现代美学思想开始萌芽;之后不久,在上海、江浙一带悄然兴起的新式教育中,近现代美育实践开始起步;直到"五四"前后,随着新文化运动高潮的到来,中国近现代审美文化略具雏形——由此,中国人的审美心理社会化步入了近现代转型期。我们知道,面对几千年的传统文化积淀,这一转型无疑是一个迄今为止尚在进行的长期的、渐变的过程。在此,我们拟重点对"五四"前后转型起步期的特征做一粗浅的梳理——关于中国人审美心理社会化的近现代转型模式,在一定程度上或可由一斑而略窥全豹。

(一)审美与人生的结合:转型期中国审美文化信息的特征之一

审美与人生的结合,是就中国近现代审美文化的启蒙性而言的,是指审美和艺术对人生、对"人"的关注和关切,是指其中人的主体意识、个性意识的觉醒。

近代以来,由于内忧外患,中国社会可以说一直处在一种动荡、萧条和骚乱之中。广大人民或流离失所,或生计日促,长期陷于苦不堪言的困顿状

态,古老的民风民俗不可避免地受到强烈冲击;面对现实社会的衰败,上层社会也普遍感到沮丧、迷茫,心灵世界荒凉、孤寂,许多人处于精神痛苦中不能自拔,为寻求解脱,从而走向颓废、堕落。对此,有些知识分子由于不懂得社会发展规律,看不到人们精神痛苦背后真正的社会原因,同时受西方美学和艺术思潮的影响,于是便将其归结于缺乏美和艺术的滋育、陶养。例如,王国维就把吸食鸦片一类嗜好的形成归结为缺乏信仰和精神寄托的结果;朱光潜则认为,面对动荡不安的社会现实,人们如凭借艺术对人生做审美的观照,就可以在美的世界里寻求到心灵的安宁。为了挽救人心,疗救病态的社会,一些忧国忧民的知识分子将目光投向了审美和艺术,企图引导人们在审美王国里找到解除精神病痛的良方。于是,在一些文学艺术作品中,面对社会人生的不幸和苦难,有的表现出一种似痛非痛的所谓人道主义的关切和同情,有的表现出无关痛痒的静观,甚至走进唯美主义的象牙之塔。

随着西学东渐,以儒家为核心的宗法文化重"礼"轻"人",压抑主体、束缚个性的本质暴露出来。如前文所述,美善合一的中国古代审美文化是以封建宗法文化为生存土壤,为维护封建礼教服务的。随着社会结构的变革,当宗法文化被动摇之后,审美文化的弃旧图新也自然成为时代发展的要求,从而顺理成章地汇入了反儒家伦理、反封建礼教的时代洪流之中。于是,将审美从封建礼教、封建伦理的禁锢下解放出来,便成为中国近现代美学和艺术的重要命题。从实现人的自由和解放的目的出发,审美、艺术的独立价值受到前所未有的重视。王国维援引康德关于人的心理功能知、情、意的三分法,强调美育就是情育,与德育、智育具有本质区别。蔡元培把美感教育界定在"超轶乎政治"的教育范畴内,在他看来,美感教育就是通过使人亲近艺术、亲近自然,通过"与造物为友",达到精神的"超脱",从而挣脱伦理道德的枷锁,获得思想感情的自由。朱光潜注重的也是艺术的审美作用,在他看来,美育的目的就是通过艺术经验怡情养性,拓展人的精神空间,求得人性的解放。总之,近现代美学思想的关注重点是努力发现美与善、美与真之间的差别,发现审美活动的独立品性。这就是说,在他们的思想构架中,审美已经赢得独立合法的席位——虽然他们最终也指向社会,但他们首先关注的是"人",是人的情感解放与精神自由。

在上述背景下,反抗专制、要求民主、挣脱伦理、争取个性自由,成为先进知识分子共同的审美追求。蔡元培主张,以美育代宗教、代孔教,是摆脱专制、实现民主、走出愚昧、走向科学的必由之路;陈独秀认为,封建专制与以孝悌观念为核心的儒学具有不可分割的血缘关系,束缚人生、人情的伦理纲常与自由平等是背道而驰的。因此,打倒"孔家店",取缔封建宗法文化,以民主、自由、平等、博爱的新道德取代以纲常名教为核心的所谓"君君、臣臣、父父、子子"的旧道德,是社会发展所需,是时代大势所趋。于是,反伦理,主个性,呼唤爱情自由、人的解放,关注人生,救助人生……总之,倡导"为人生"的艺术成为当时文学艺术作品的一大主题,尤其是针对"三纲五常"的妇女解放成为五四时期文学艺术的亮点。大量新体诗、新体小说、新体戏剧、新体散文,以及蕴含西方近现代艺术因素的音乐、美术作品,等等,不仅以崭新的艺术形式,更以生动的、充满时代感的文化新质和审美理想,极大地丰富了"五四"前后的审美文化内涵,成为当时民主与科学思潮中最具冲击力和战斗力的生力军。

(二)文艺与社会的结合:转型期中国审美文化信息的特征之二

文艺与社会的结合,可以说是中国古典美学"载道"论的现代翻版,是中国近现代审美文化新旧纠葛的突出表现。但应当看到,这一翻版并非机械、简单的复制,而是具有鲜明的时代特征和时代内涵,尤其是爱国主义成为贯穿其中的红线,更是闪耀出璀璨夺目的时代光华。

鸦片战争以后,中国一直处于内忧外患之中,可以说是国难深重,民不聊生,国家、民族一直处于生死存亡的边缘状态,救亡图存始终是摆在每一位炎黄子孙面前的首要课题。对此,广大志士仁人痛心疾首,改造社会、救国救民成为大家的一致抉择。然而,关于救亡道路的选择却有所不同。如前文所述,蔡元培等所采取的是启蒙心智、救社会先救人的办法;而梁启超、鲁迅等则采取了更为直接的救社会的办法。在他们的思想结构中,启蒙虽然也被高度重视,但改造社会、救亡图存却具有更重要的位置。梁启超早年即倡导"小说革命",把小说变革与社会变革对应起来,认为"欲新一国之民,不可不先新一国之小说"。① 在他的思维系统中,艺术教育没有自在的目的,而仅仅是一种手段,即改造社会、改造国民性的手段;艺术教育的主要指向不是人生,而是社会,是改造社会、救国救民。与梁启超一样,鲁迅也是对社会、对国家抱有深切关怀的代表人物。在文学创作中,他总是基于一种使命感,因而尤其注重文学的社会意义,注重文艺的革命性与战斗性。

毋庸讳言,在很长一段时间里,蔡元培式的美感启蒙的呼号只是在知识分子圈里得到微弱的回响;而梁启超、鲁迅式的艺术社会化主张则得到社会与民众的广泛认同,并在未来的岁月里不断得到强化,从而逐渐成为社会意识的主流。其实,这是具有一定必然性的。有人认为,从思想理路上看,鲁迅,尤其是后期的鲁迅是跟着梁启超的教育思路接着说和接着做的。② 这种观点固然是有眼力的,然而我们还应当认识到,他们其实还都是"文以载道"论的接续者。我们知道,启蒙与救亡是中国近现代社会的两大主题。从历史发展规律的角度讲,前者理应受到重视;而从社会现实的角度讲,后者更是不容回避的课题,中华民族具有几千年的"文以载道"传统,此时此地,既有历史的渊源潜流,又有现实的情势所迫,其文学艺术主流不能超越"载道"论当然也就在必然之中了。后来,毛泽东的文艺思想应当说也是对此做了马克思主义发展的结果。

正是在文艺与社会的密切结合中,爱国主义凸现为"五四"前后审美文化最可宝贵的精华。

爱国爱家,以国为家,应当说是中华民族的优良传统,在历代文学艺术中都有生动体现。但在古代,由于封建帝王家国一体,所以爱国主义往往也就与"忠君"联系在一起。辛亥革命的炮火为封建王朝敲响了丧钟,到五四运动时,反帝反封建的口号一出,爱国主义便自然地与国家、民族的前途命运直接相联,从而上升到一个新的境界。在思想界,无论是主张救社会者,

---

① 梁启超. 论小说与群治之关系[M]//饮冰室合集:文集之十:第2册.北京:中华书局,1989:6.

② 杨平. 多维视野中的美育[M].合肥:安徽教育出版社,2000:37.

如梁启超、鲁迅、陈独秀、李大钊，还是主张救人者，如蔡元培、宗白华、刘海粟，他们都在文艺救国、"美育救国"论中设计了改造社会的思维理路，描绘了未来中国的美好蓝图。在文艺创作界，"五四"前后也产生了一大批反对帝国主义、爱我"少年中国"、控诉肮脏丑恶现实、崇尚未来美好社会的文艺作品。这些作品的广泛传播，有力地增强了文学艺术的青春活力，大大丰富了时代审美的文化内涵。然而，审美教育提倡者也好，文艺创作者也好，大都是和书本知识、文化教育、音乐美术之类打交道的知识分子，对社会实践知之甚少，对变革现实的艰苦卓绝更是缺乏正确估价。他们虽然具有改造社会的良好愿望，但却缺乏真正改造社会的手段、措施和力量，这也就决定了他们的蓝图以及生花妙笔的构想尽管浪漫而纯洁、神圣且崇高，但都不过是海市蜃楼般的憧憬而已——尽管如此，那一腔赤诚、那鼓舞人心的热情，仍是当时审美文化信息中境界最高、最富有生命力的部分。

（三）悲剧与"团圆"并存：转型期中国审美文化信息的特征之三

所谓"团圆"，是指在中国古代文学艺术中，情感未到高潮就发生转化，矛盾未充分展开就达于和解，是情与理的妥协，是理想与现实的迁就，所以在中国古典悲剧中，情感撞击不明显，矛盾冲突不强烈。鲁迅认为，悲剧就是将人生有价值的东西毁灭给人看，具有激荡感、刺激感，往往出现赤裸裸、血淋淋的场面。"五四"时期，现实主义与浪漫主义的崛起，标志着文学艺术中出现了情与理的对立、理想与现实的分离，现代悲剧开始走上中国的文学艺术舞台。

固然，早在明代中叶，与江南一带资本主义萌芽相伴，以《牡丹亭》《西游记》为代表的浪漫主义春芽就破土而出；清代中后期，随着封建矛盾的加深，以《红楼梦》《儒林外史》为代表的现实主义开拓之作也应时而生，然而均未形成气候。作为自觉的、成熟的文艺思潮的到来，还是到了五四新文化运动时期。以"文学改良"为先声，胡适首开文学变革之风。之后，陈独秀高举"文学革命"大旗，吹响了埋葬旧文学、建设新文学的号角："曰，推倒雕琢的、阿谀的贵族文学，建设平易的、抒情的国民文学；曰，推倒陈腐的、

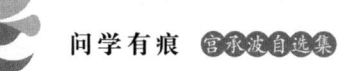

铺张的古典文学,建设新鲜的、立诚的写实文学;曰,推倒迂晦的、艰涩的山林文学,建设明了的、通俗的社会文学。"① 鲁迅更是以一种蓄积已久的沉雄气蕴发出呐喊:"世界日日改变,我们的作家取下假面,真诚地、深入地、大胆地看待人生并且写出他的血和肉的时候早到了;早就应该有一片崭新的文场,早就应该有几个凶猛的闯将!"②

随着宗法文化的逐步解体,到"五四"前后,"中和之美"的审美理想受到了有力的冲击。在残酷的社会现实面前,人们不得不从瞒和骗的团圆模式中走出来,去直面惨淡的人生。1921年,"文学研究会"和"创造社"两大文学社团先后成立,标志着现实主义与浪漫主义两大文艺思潮在中国的确立。以鲁迅、茅盾等为代表,直面现实,直面人生,其犀利的笔触下冷峻的现实摒弃了理想的幻影;而以郭沫若、郁达夫等为代表,则尽情地歌唱理想,抒发真情,其激越、浪漫的情思终于割断伦理的撕扯,飘上广阔自由的云天。正是在这样一批文学巨匠的开拓和努力下,新文学运动迈出了坚实有力的步伐,走出古典模式,走出大团圆,从而为世人送来清新的、充满时代感的艺术、审美信息。

当然,理想与现实的真正对立,其结果必然是古典文学艺术模式的彻底破产。但是,由于漫长封建历史的厚重积淀,"中和"理想在中国人的心理结构中可谓根深蒂固,因此,文学艺术的团圆模式尚不可能在顷刻间销声匿迹。这正是我们所看到的,悲剧与团圆并存、互渗、交织,是"五四"时期文学艺术的一个重要特征,也是迄今余绪尚存,甚至在一定范围内还颇有市场的一种文艺现象。

(四)学校审美教育/大众媒介传播/进步组织宣传:转型期中国接受审美信息的新途径

加拿大传播学家麦克卢汉有一个著名命题:"媒介即讯息"。这固然是技术

---

① 王中江,范淑娅. 新青年[M]. 郑州:中州古籍出版社,1999:165.
② 鲁迅. 鲁迅全集:第1卷[M]. 北京:人民大学出版社,1973:332.

决定论者的偏执。"无论如何，从基本属性上说，各种传播媒介都是人类创造出来的用以传播信息的载体和工具，载体固然重要，但更重要的还是载体里的讯息内容。"[①] 但是不可否认，麦克卢汉以一种片面的深刻极大地启示和强化了人们对媒体作用的认识。19世纪末20世纪初以来，随着社会变迁和文化转型，中国人接受审美信息的媒介、途径不断得到拓展。到"五四"时期，在传统媒介继续发挥作用的同时，一系列新媒介已经在人们接受审美信息的过程中发挥出越来越重要的作用。正是这些新媒介、新途径，有力地加强了审美文化信息的传播，促进了中国人审美心理社会化模式的近现代转型。

"五四"转型时期，中国人接受审美信息的新途径主要有以下三种：

一是学校审美教育。中国古代没有现代意义上的学校，也就不可能有规范的审美教育。近代以来，随着西学东渐，具有现代意义的学校教育逐步兴起，艺术教育逐步被引入课堂，音乐、图画、游戏等课程相继开设，专门的艺术学校陆续开办。相对规范化的学校教育，使艺术教育的方式、方法开始走向科学化、系统化。同时，西方艺术的引进，大大开阔了国人的审美视野；西方美学思想和艺术观念的输入、传播，使中国人的审美观念逐步摆脱经验性，走向学理化。这些，都有力地促进了中国近现代审美文化信息内涵的丰富，是中国审美教育的重大转折。中国人对审美信息接受的科学化、系统化步伐即由此迈出。

二是大众媒介传播。近代以来，西方科技的引进使传播媒介日趋丰富，尤其是报纸、杂志、书籍等大众传媒的日渐兴盛，大大拓展了人们接受审美信息的途径，提高了人们接受审美信息的频率。随着五四新文化运动的兴起，白话报刊如雨后春笋般得到迅猛发展，使携带新的审美信息的小说、诗歌和散文等作品如潮流一般涌向民间；剧院、美术馆、博物馆的创设，为中国近现代戏剧、音乐、美术走向民间、走向大众创造了条件；后来，电影、广播相继出现，同样对文学艺术的广泛传播发挥了积极作用。这些新媒介，尤其是白话报刊成为"五四"前后中国人接受文化信息包括审美信息的重要途径。

---

① 李彬. 大众传播学[M]. 北京：中央广播电视大学出版社，2000：177.

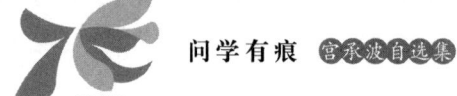

正是因此,新文学、新艺术在中国现代审美教化中的巨大作用才日渐凸显。

三是进步组织宣传。中国近现代史既是一部帝国主义列强侵吞掳掠、罪恶滔滔的历史,也是一部中国人民不屈不挠、奋勇抗争的历史。抵御外侮、救亡图存始终是中国近代社会的主旋律。无论是在推翻清政府的斗争中,还是在反袁、"护法"时期,都有许多热血青年走出书斋,走向社会,组织进步团体,为中华民族的前途命运而奔走呼号。"五四"时期,更有一大批进步青年自觉地走向民间,担负起传播民主与科学的新文化,以启蒙民众的神圣职责。中国共产党成立后,从大革命到十年内战,从抗日战争到人民解放战争,在党的组织领导下,广大共产党员、共青团员深入人民群众,为宣传马克思列宁主义,唤起民众投身民族解放事业所做的一系列卓有成效的工作,已是大家所熟知的事实。这些宣传,内蕴了爱国主义和一系列进步的审美文化因子,对广大人民群众尤其是广大青年产生了不容忽视的积极影响和教化作用,许多人就是在接受了这些宣传后走上革命道路的。在革命队伍里,他们进一步接受了系统的共产主义教化,确立了崇高的审美理想,从而塑造了坚定的共产主义人格。正是在此基础上,一批批革命青年前仆后继、义无反顾地投身到民族解放斗争血与火的主战场,以青春甚至生命升华了自己的审美理想,谱写了壮丽的人生乐章。

总之,同中国文化总体上的近现代转型一样,"五四"时期中国人审美心理的社会化模式明显地呈现出一种中西融会、传统与现代杂糅的特征,是一种典型的转型、过渡形态。与古代相比,以"五四"时期为代表的中国近现代审美文化明显地呈现出一种开放的结构,中国人审美心理的社会化模式拥有了更加丰富、更具时代感的内涵。

新时期以来,随着改革开放,西方现代审美文化的一系列新异的审美观察和审美信息涌进国门,中国人的审美心理结构再次受到猛烈撞击。经济的迅速发展,使环境美、生态美的建设取得重大成就;社会主义精神文明建设的倡导和实施,使社会美、精神美的比重大大增加;尤其是大众文化的普及,更使审美文化信息及其内涵大大丰富起来。同时,随着科技进步和物质条件的改善,信息传播媒介出人意料地迅速发展,尤其是大众传播媒介的日渐增多和不断优化升级,使中国人接受审美信息的途径大大拓展。学校教育中,教学设备的优化、教学条件的综合改善,使审美教化方式日渐科学化、系统化。总之,当代中国人已日渐处于现代审美文化信息的多层包围和全方位浸染之中。继"五四"之后,中国人审美心理社会化的近现代转型又一次迈出了前所未有的历史阔步。尽管当代中国审美文化结构及其社会化模式仍然处于一种过渡状态,但在传统与现代之间,心理结构却明显地越来越疏离传统,越来越趋向现代。

民族审美心理研究的一块基石*

——《民族审美心理学概论》评介

"到目前为止，所谓民族心理学的研究很少涉及'审美'，而一般审美心理的研究又几乎罔谈'民族'。"① 梁一儒先生的《民族审美心理学概论》一书正是在这一背景下推出的一部富有特色的学术新著。

民族审美心理学是一门新兴的交叉性、边缘性学科，在美学—审美心理学—民族审美心理学这个三级塔式结构中，它高居于塔顶，属于新建的一个学科分支。诚然，关于民族审美心理现象的探寻和关注早已有之，如我国古代美学史上儒释道各家对汉族审美心理特点的精深独到的体验和概括，以及对各少数民族不同审美风尚的关注，等等；西方美学家，如伏尔泰、丹纳、康德、黑格尔、温克尔曼、维柯、别林斯基等，分别从哲学、美学、文化人类学和文学艺术等角度探索民族心理的秘密，提出过许多有关审美心理构成、民族风格要素、民族鉴赏趣味等方面的精辟见解。但是，这些探讨都只是经验性的或零星片断的，严格来说，还未上升到理论把握的更高层次，更未形成严整的理论体系。作为一门独立的学科，对民族审美心理从现象到本质进行全面系统研究，无论在国内还是国外，目前都处于拓荒阶段。从这一意义上说，《民族审美心理学概论》一书是营建我国民族审美心理学学科大厦的一块基石，其开拓价值不能不予以肯定，其学术勇气不能不令人称道。

---

* 本文原载于《山东大学学报》1999 年第 3 期，收入本书时有改动。
① 梁一儒. 民族审美心理学概论［M］. 西宁：青海人民出版社，1994：2.

梁一儒先生曾长期在民族地区工作，从事民族文学、文艺理论和美学的教学及科研工作30多年，是我国卓有建树的学者，所著《文艺民族化论稿》等在学术界有广泛的影响。长期在民族地区的生活实践和学术实践陶铸了梁先生敏锐的民族意识，他曾说："民族这根神经，在我头脑中一刻也松不下来……"《民族审美心理学概论》一书，正是梁先生将多年的生活积累与学术积累融会升华的结晶，也是对他30多年边疆生活的丰厚回报。捧读此书，联想梁先生的坎坷经历，不免感到沉甸甸的……

作为新兴学科的一部开拓性论著，依笔者管见，《民族审美心理学概论》一书的主要特色或价值体现在以下几个方面。

第一，《民族审美心理学概论》一书运用辩证思维方法建构起自成体系的民族审美心理学的理论框架。

一部严肃的理论著作不能没有自己的理论思维特点。一部学科纲领性论著，其理论思维当然首先表现于这一学科的理论框架。"民族审美心理学的研究对象是民族审美心理的内部结构、活动方式及其外化形态。"作者开宗明义，在绪论部分即明确了民族审美心理学的研究对象。在这一基础上，从研究对象出发，作者有条不紊地构筑起全书的理论框架。首先，作者对民族审美心理的内部构成做了静态剖析（第一章）；其次，对民族审美心理的形成进行了发生学探讨（第二章），对民族审美心理的发展、转型做了动态考察（第三章）；进而，对民族审美心理的基本特征给予了归纳总结（第四章）；最后，则分别对民族审美意识的推理符号——民族语言（第五章）和民族审美意识的表现符号——民族艺术（第六章）进行了透析。通过上述内容，一个新兴学科的基本理论框架也就形成了，确立了。

看似平易，实却艰辛。不难看出，这一学科框架的基本思路是，先静态研究后动态研究，先内部观察后外部考察，先主体研究后延伸到符号系统。这样一个框架和思路对于我们来说既熟悉又陌生，其实，这正是作者运用辩证思维方法匠心独运的结果。没有熟悉就疏离了读者，没有陌生也就失去了创新价值，一般理论研究是这样，一个学科框架的构建也是这样。《民族审美心理学概论》一书的理论价值即在于此。

第二，《民族审美心理学概论》一书从内容到方法为我们展现了广阔的学术视野。

"民族审美心理学同美学基本原理、一般的审美心理学相比是特殊与一般、个性与共性的关系，其出发点和落脚点都落在'民族'上面；而同文学原理、艺术理论相比，其侧重点则双双落在'民族'和'心理'上面，而且层次更高（美学的组成部分）、视野更广（涉及哲学、民族学、文化人类学、社会学、心理学、生理学、文艺学、民俗学、宗教学等各类文化形态）。"[1]民族审美心理学的这一学科性质，决定了该学科的任务主要是通过一种新的视角去开辟新的学术地盘，借助新的学术方法，杂取种种，融多于一，介于几者之间又超乎几者之上，及他者所及且又未及。

正是以这一学科性质和立论为指导，《民族审美心理学概论》一书内容上广取中外美学史、艺术史，资料丰富、翔实；方法上熔美学、心理学、民族学和文化人类学等为一炉，视野开阔，万取一收；贯穿全书的是旁征博引，纵横捭阖，哲理思辨、心理分析、文化比较等随处可见，中外艺术、民俗风情、考古鉴赏等俯拾即是，令读者大饱眼福，表现出作者丰厚的学术积累和恢宏的学术气度。同时，作者文采飞扬，论述流畅自如，材料信手拈来，读来令人既耳目一新，又畅快淋漓。

第三，《民族审美心理学概论》一书表现出浓郁的中国民族色彩，是建构具有中国特色的民族审美心理学的有益尝试。

关于民族审美心理问题，比较而言，国外特别是欧洲国家对这一学科的认识较早，研究历史较长，因而学术积累相对丰厚一些；但同时应该看到，欧洲人的研究多以欧洲人为研究对象，以欧洲文化为参照系，因而具有极强的西化色彩。在我们中国，由于汉民族文化圈一向比较凝固内倾，缺少与别种文化参照系的交流和比较，没有比较，缺乏"类型"意识，同时中国人的思维习惯又偏于直觉，弱于分析，因而民族审美心理理性探讨的积累相对薄弱。

---

[1] 梁一儒. 民族审美心理学概论[M]. 西宁：青海人民出版社出版，1994：2.

梁先生的《民族审美心理学概论》一书，在马克思主义理论指导下，吸收西方有关民族审美心理研究的有益成果，以传承中国民族文化为鹄的，无论是在思维方法上还是材料运用上，都呈现出浓郁的中国民族色彩。在方法上，作者既注重宏观的理论把握和文化观照，又善于阐发独到的艺术感受，长于细致入微的具体分析；在材料运用上，尽管作者中西对比、中外并用，但基本上是立足于中，以中为主，通过西方材料、外国材料与中国民族材料的比较，使中国的民族特色更加鲜明，印象更加深刻；在民族审美心理的关注点上，作者更加关注中国的文化特点和中国人的审美心理特点，因而关于中国民族的论述篇幅在比重上占绝对优势。总之，该书既对民族审美心理学做了有力的学科开拓，也为建构具有中国特色的民族审美心理学做了可贵尝试，迈出了可喜的一步。

当然，其作为一门学科创辟之作，自然还存在许多粗糙或者不足之处。比如，某些概念的界定还欠严谨、精到；理论框架还有待进一步深化、完善；论证内容和方法如能更多地吸收各学科的最新成果，尤其是心理学、美学方面的最新成果，论述则会更加添姿添彩。正如作者在跋中所坦言，撰写此书"一直感到各方面知识的不足。尤其是在心理学、世界民族志和我国少数民族的田野调查方面，情况更是如此。我在写作过程中时有察觉却无力补天，留下了诸多遗憾"。然而瑕不掩瑜，一方面，任何探讨、创新都会有遗憾，却同样都是难能可贵的；另一方面，创建一门新兴的交叉、边缘学科岂是一人所能胜任？我们期待着从这一基石起始，有更多的后来者添砖加瓦，那么民族审美心理学学科大厦的崛起也就指日可待了。

"童话诗人"与"近代化石"*

——顾城诗作的矛盾二重性浅论

顾城的名字是同"朦胧诗"一起升起于诗坛的,他的诗既不像舒婷的婉约,也不同于北岛的凝重冷峻,同时区别于江河的恢宏。他那跳跃的短句、迷离的情思、喃喃自语式的独白,常常给人以浓重的悲凉和凄楚、孤独和寂寞。总之,他以自己的歌喉唱出了自己的独特的歌。读他的诗,如同看到一个委屈的孩子,低着头,忍着晶莹的泪水,在低低地诉说。

如果说舒婷的诗中流动着大姐姐似的温情,那么在顾城的诗里则时时跳动着一颗小弟弟般的童心,纯洁无瑕,晶莹透明,所以舒婷称他为"童话诗人"。然而同时,我们也会在他的诗作中看到另一种情况,看到一个灰暗的幽灵般的世界:"大地黑暗又平静/只剩下一串路灯//树形亲切又阴森/遮断了路旁的小径//我的心发热又发冷/希望象忽隐忽现的幽灵"(《夜归》)。

一个纯净的天国、一个灰暗的尘世,构成了顾城诗作的对立矛盾的两个世界。那么,我们怎样来看待这种现象呢?或者说,对于顾城的诗作,我们应该持怎样的认识和评价呢?

---

* 本文原载于《黄河诗报》1994年第3期,收入本书时有改动。

"童话诗人"与"近代化石"

一

"打开安徒生的童话,浅浅的脑海就充满光辉。""万物,生命,人,都有自己的梦。每个梦,都是一个世界。我也有我的梦,遥远而清晰,它不仅仅是一个世界,它是高于世界的天国……"(顾城语)

显然,构筑一个远离尘世的童话天国是顾城的艺术理想,安徒生便是他立意效法的尊师,他要建构的童话世界,便是那未被尘世污染的人性的天国。"用单线画一条大船/从童年的河滨驶向永恒/让我们一路上叽叽喳喳/象小鸟那样去热爱生命"(《童年的河滨》)。像安徒生那样,"运载着一个天国/运载着花和梦的气球/所有纯美的童心/都是他的港口"(《给我的祖师安徒生》)。

于是,我们从他的诗中看到了一个"绿色的、白色的、蓝色的"世界,在这里,我们的心抹去了闹市的浮尘,恢复了自己的感知。这是一片露珠般洁净透明的净土:"在秋天/有一个国度是蓝色的/路上,落满蓝莹莹的鸟/和叶片/所有枯萎的纸片/都在空中飘飞/前边很亮……有时能听见叮叮咚咚的雪片"(《净土》)。在那里,"种子啊/在冻土里梦想春天"(《梦想》),人们"会象青草一样呼吸";在那里,"一切故事的开始/都充满芳馨和惊奇"(《初夏》)。人人都有一个彩色的钱夹,但人们并"不要钱/不要那些不会发芽的分币";钱夹只是一间"用来贮存花籽"的"小仓库"(《生日》)。在那里也有一片美丽的海,自由的海水,"它走过许多神庙,才获得了天的颜色";人们不用带渔具,不用带沉重的疑惑和枪,只带一颗心去,只要对海说一声"爱你/鱼群就会跟着我/游向了陆地"(《分别的海》)。在那里,"所有习惯黑暗的眼睛/都习惯光明"(《我是一个任性的孩子》)。

在大自然的怀抱里,在诗人梦幻的净土上,世俗社会的重压远逝了,诗人的忧伤、欢乐、期求、理想,都在大自然那里找到了寄托与象征。

"画下丘陵/长满淡淡的茸毛/我让它们挨得很近/让他们相爱"(《我是

一个任性的孩子》)。这正是那童话中奇妙的生命的咒语,表达了诗人对净化与童心的向往、对人与自然的和谐的追求、对美与人性的珍重。静止的丘陵蕴藏的生命活力,在审美的想象中被一层层打开,从外形到动作,到情感形态,随着那生命的咒语,奇迹般地动起来。他的纯洁的童真,使你的心智不得不跟着他进入这个天国世界,而从世间俗务的纠缠中得到一次解脱,得到一次心灵的净化,看到从凝固的躯壳中解放出来的人化的自然。

> 你相信了你编写的童话
> 自己就成了童话中幽兰的花
> (舒婷《童话诗人——赠顾城》)

是的,虽然"你相信了你编写的童话",虽然你暂且"成了童话中幽兰的花",然而,在那个天真受到拐卖、信赖受到欺骗、狂热受到挫折、理想受到摧残的年代,这样的一片净土,这样的一个至善至美的童话世界到哪里去找呢?那只不过是诗人心灵的一种自慰与平衡,一个乌托邦式的梦幻,是顾城灵魂深处萌生出来的变形的感觉世界罢了。

二

幻想终究是幻想,梦也毕竟是梦,梦做完了,人从天国跌到地上,重重地,含着泪水。"每个独自醒来的时候/都可以看见如海的忧愁"(《剥开石榴》)。

现实却是一片黑沉沉的夜,黑沉沉的。

> 黑夜给了我黑色的眼睛
> 我却用它寻找光明
> (《一代人》)

然而"光明"在哪里呢?"为了坚信/我双目圆睁"(《眨眼》)。然而,他

"童话诗人"与"近代化石"

又看到了什么呢?

"多么可怕的昏眩／天地开始对转"(《游戏》),"黑暗在淤积／无边无际／掩盖了／珊瑚般生长的城市／和默默沉淀的历史"(《梦痕》),"阴谋和匕首／藏在门后"(《歌乐山诗组》),"太阳去追赶黑夜／又被另一群黑夜／所追赶"(《案件》),"云／灰灰的／再也洗不干净"(《雨行》)……

恐怖,凄凉,混乱,芜杂,在丑恶的现实面前,天真的诗人失望了,沮丧了,他想哭,却又哭不出,他像个孩子一样委屈饮恨,欲言又止。

总之,无论是对客观世界的感觉,还是诗人自我的观照,"悲凉"构成了他的这一类诗的底色,或者说这类诗构成的是一个悲凉的世界。

这一切都不是凭空产生的。

历史性的灾难,造就了狂热的、迷惘的,沉思的、早醒的一代人,他们失去了金色的年华,失去了温暖和友爱,目睹了一出出悲怆和闹剧,他们苦闷、不满、抗争,终于对那虚伪、变态的现实发出了"我——不——相——信——"的疾呼。高尔基说过:"诗人是世界的回声,而不仅仅是灵魂的保姆。"是的,诗既是自然之子,也是时代的产儿,心灵的道路就是历史的道路,既然历史在这里沉思,人们又怎能不沉思这段历史?

顾城的诗既是他心灵的歌,也包含了深刻的历史内容,是历史的回音和化石。那畸形的岁月,那一代人的伤痛和沉思,都在他的诗中得到了全面凸显,因而顾城自己称这些作品为"近代化石"。在这些化石的线条、图案和凸凹不平的轮廓上,我们可以清楚地辨认出那动乱年代的鞭痕和弹孔,以及心灵的泪水涌穿的小洞。这些鞭痕、弹孔和小洞在诗人的心上留下了巨大创伤,是难以想象、难以弥合的,以致在初春时节,也迫使他发出这样的疑问:"阴沉的天空在犹豫:是雪花?还是雨滴?混浊的河流在疾走:是追求?还是逃避?远处的情侣在分别:是序幕?还是结局?"(《初春》)

这疑问,在顾城的心里久久地盘旋着,因此即便是一切都成为过去,阴

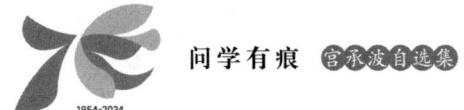

影仍噬咬着他的心。

在黑暗的岁月刚刚遁去的时候,顾城像许多青年一样,完全听凭个人对于生活的感受,并受这种情感的驱使,诅咒着那罪恶的年代。然而他的头脑中却始终有一根警惕的神经,他在这页历史中久久、久久地停留着,以至胸中时常跳出一种强烈的惊悸:"民族,看看你的背后"(《歌乐山诗组·谋杀》)。

三

美丽、纯净的童话天国与丑恶、灰暗的动乱现实,构成了顾城诗歌的两个对立矛盾的世界。笔者认为,顾城笔下的两个世界,既是对立矛盾的,却又是和谐统一的,是同一主观心灵的两个侧面、两种时态、两个层次,是对立中的统一、矛盾中的和谐,是一个统一的整体。

诗是诗人心灵的窗口,我们从顾城诗歌的两个对立矛盾的世界中可管见诗人的思想内核。面对丑恶、悲凉的现实,一方面,他睁大一双早熟的"黑眼睛"来审视那充满机巧与世故的人生,是厌恶尘世,痛思人世的;另一方面,诗人突出的本真童心和异想人格又加剧了他的白日梦天性,"齐物"的深层意识使他将"人"永远置于"物"的水平,从而远离尘世,亲近自然,于潜意识梦幻中建构他的美好净洁、自由纯真的童话王国,以感悟生命本体的瞬间奇迹,借此来对抗现象世界。他说:"我不愿正视那堆垃圾,不愿让权和钱观念来磨损我的童心。我只有躺在草滩上看云,和我的属民——猪狗羊在一起。"

因此,顾城诗中的否定意识和唯美主义两种看似矛盾的艺术格调,从本质上说是同源于诗人的"内心生活"。而"内心生活"又是一个人对其自身历史发展的内心写照,是他对客观世界、生活的内在感受。当他在心灵的显微镜下观察社会时,他诗中的意象是阴冷、灰暗、朦胧的;当他厌倦了,便抬起头,把心灵的望远镜对向那遥远的童幻境界,这时,跳进他脑海的意象却是自然、单纯、清晰的,让人感悟到一个物我同一的美好境界。所以说,这两个对立矛盾的世界是诗人心灵的两个侧面,两种时态。

然而，这两个世界是不属于同一平面的两个层次，是分层极的。丑恶、灰暗的动乱现实是第一个层次，是客观动乱现实的直接反映；童话天国则是第二个层次，是飘浮于第一个层次之上的，是客观现实融于心灵之后的理想追求的主观显现，然而归根结底依然是地上现世人生的投影。他带着一个孩子的心来到世界，饱经了人世间的风霜，又达到一个深刻而成熟了的，然而也因了理性的醒悟与艺术的过滤而更为明澈、纯净的境界，这是外部世界经过诗人的情思而转化成的二次空间，它看似纯净，其实已内蕴了生活的博大与纷繁。因此，他的诗中又常常在写实的描述上投以超现实的天光云影，甚至直接将超现实形象引入诗行，使梦幻的天国与现实的人世错综呈现。

《永别了，墓地》中，诗人这样描写那红卫兵之墓的景色："我还没忘／小心地绕过墓台边／空蛋壳似的月亮／它将在那里等待／离去的幼鸟归来"。

"月亮"，这个在中国诗歌史上无数次出现的形象唤起了多少联想：山河、家乡、亲人、祖国……如今它却被置于浩劫废墟的墓台边，像个空蛋壳似的，日复一日、年复一年地等待，而脱壳的幼鸟却一去不返，长眠墓中了。透过梦幻般的表层描述，沉郁厚重的深层意蕴，包含了多少对历史与人生的感慨、反思和醒悟即可。

当然，顾城的诗并非一块完璧，如果苛求一点说，对那畸形的岁月和变态的人生，顾城没有体现出正面抗争的精神，而是表现了一种灰色的失望、一种消极的抵抗，同中国历史上的知识分子一样，企图以"回归自然"的消隐思想来抗衡动乱的现实。

问题还在于，顾城所寻找的天国和伊甸园是带有空幻色彩的，是一片梦中的净土。当动乱结束，春天来临时，他本应从梦中醒来，走出来，回到充满活力的现实生活中。然而他却仍然把自己封闭在一个幻想的天国里，与社会生活始终没有合上节拍，而且，随着时代的车轮飞速运转，他距离现实世界越来越远了。当他建立理想天国和现代伊甸园的梦想被现实粉碎后，他由绝望以至变态，终于从一个童话诗人变成了凶残的杀人者，残忍的手上沾满了挚爱他的妻子的鲜血。顾城以悲剧收场的一生告诉人们，现代乌托邦是害人的。一个曾谴责凶残和暴力的诗人，最后却走向了暴力和凶残，这确是发人深省的。

论新时期电影对社会人生的深层揭示*

新中国成立后的十七年间，电影创作基本上是以革命历史题材为主。由于现实主义创作原则的内驱和艺术家创作主体意识的自觉以及党的文艺政策的适度调整，产生了一些直面现实生活、勇于开拓探索的电影作品，如《霓虹灯下的哨兵》《洞箫横吹》《布谷鸟又叫了》《上甘岭》《英雄儿女》等等。但是，极左路线的推行，使这些影片受到不同程度的不公正的批判，反映现实的创作原则受到束缚和禁锢。"文革"十年，电影创作更是遭到极大破坏，电影沦为政治斗争的工具。新时期以来，现实主义的创作原则得以恢复。"四人帮"的覆灭，结束了世界文化史上罕见的浩劫。人们仿佛从一场噩梦中惊醒过来，精神、肉体上的创伤一时难以愈合，这种伤痕情结便成为艺术家创作的内驱力。对"四人帮"倒行逆施、毁灭文化，人的尊严和价值遭到野蛮践踏的愤怒控诉和无情批判，在新时期最初几年中几乎成为电影创作的基调。如同文学上出现了"伤痕文学"一样，电影创作也相应有"伤痕电影"。代表作如《泪痕》《苦难的心》《神圣的使命》《苦恼人的笑》《巴山夜雨》《生活的颤音》等。《巴山夜雨》将一群年龄、性别、职业、性格、经历不同的素不相识的人，置于一条航行在风雨交加、阴晦迷蒙的轮船上，让他们围绕被押解诗人秋石，展开或隐或显的错综复杂的矛盾冲突，显示了各自的命运，从而揭露了"文化大革命"给人民带来的苦难：或家破人亡，或屈死于武斗，或灵魂倍受污染……船舱虽小，却成了"文革"这一特定历史条件下的社会的

---

* 本文原载于《山东行政学院学报》2000 年第 3 期，收入本书时有改动。

缩影。

伴随着全民性的社会大反思向纵深延伸，新时期电影没有一味沉湎于"伤痕"之中，而是顺应民族文化反思的呼唤，迅速将镜头向历史的纵深穿透，相继出现了一批对"文革"和"文革"前一段历史进行反思的影片。例如，《天云山传奇》《许茂和他的女儿们》《被爱情遗忘的角落》《牧马人》《燕归来》以及《人到中年》《芙蓉镇》等，旨在深入揭示浩劫中那种极左政治及其封建文化氛围产生的历史渊源，它们力图从政治、经济、社会的角度以独特的审美方式对现实和历史进行重新思考。

《天云山传奇》不仅大胆描绘了反右派、反右倾、"文革"等一连串风云变幻的历史面貌，把颠倒的历史颠倒过来，而且从政治、爱情、道德等方面提出了如何重新评价人的严肃课题。《许茂和他的女儿们》揭示出农村的落后、贫穷，农民的自私、保守，与新中国成立以来农村推行的极左路线是密切相关的。极左路线和封建势力相勾结，不但严重阻碍了社会生产力的发展，而且使人们目光短浅，唯利是图，旧的文化心态恶性膨胀。《被爱情遗忘的角落》通过存妮和小豹子的恋爱悲剧、荒妹变态的心理告诉人们，"爱情的贫困"正是物质生活的贫困造成的，不挖掉穷，农民中存在的落后、愚昧、麻木的思想意识就无法获得真正的解放。影片以质朴、自然、逼真的表现手法展现出农村的贫困：农民从未见过火车，第一次看到火车后兴奋得几天睡不着；农民没有进过电影院；存妮穿的毛线衣是母亲结婚时穿的，但她舍不得借给荒妹穿；农村将女儿当东西一样卖出去的事情又发生了……

如果说《人到中年》只是从政治和社会的视角，为知识分子不公平的待遇、艰难坎坷的命运鸣不平，呼吁全社会重视和关心知识分子，还是浅层次、政治功利性的，那么《黑炮事件》《海滩》《老井》《良家妇女》《青春祭》等则立足现实，对中华民族最基本的生活方式、对人的主体精神背后的文化制约方式进行了深层的考察和描述。在对知识分子的自身文化心理的深刻反思上，"赵书信性格"（黑炮事件）在文化价值上高于"陆文婷性格"。"赵书信性格"就其社会内涵而言，具有深刻的历史真实性。生活在传统文化氛围中的知识分子，由于其对精华的正确选择，形成拍案而起维护民族尊严和祖国利益的英勇品质；但对封建糟粕的错误认同，又往往酿就他们无是无非的奴性文化心理。《良家妇女》是当代电影自觉地在中国传统文化背景下，关照中国农村妇女命运的影片。在中国传统文化这个参照系下，它形象地揭示出"良家妇女"们的悲剧命运不仅是现实的经济条件和社会关系造成的，也是以伦理为本位的古老文化历史积淀的必然结果。这种文化传统积淀的力量是无形的，也是强大的，足以扼杀人的觉醒和对幸福的追求。传统文化是复杂的，积极的和消极的、文明的和愚昧的、先进的和落后的东西常会混杂在一起。《老井》中的老井村是个缺水的穷地方，祖祖辈辈打了200多口井都没有打出水，却还在一代代打下去。中华民族勤劳勇敢、吃苦耐劳的特征被银幕化了。但是深入思考，它又是民族落后、愚昧的表现，不总结经验，不采用科学知识和先进技术、方法，自然很难获胜。这种文化透视的力度就在于既看到民族的长处，有民族自尊心，又看到民族的短处，不夜郎自大。

改革开放的迅速发展，使中国社会发生了天翻地覆的巨大变化。电影艺术家们敏锐地抓住这一主题，紧扣时代脉搏，高扬主旋律，有胆有识地触及改革浪潮中的尖锐矛盾，不回避生活中的阴暗面，表现出艺术家的历史责任感和忧患意识。例如，《不该发生的故事》中生产队改造时，很多党员落选，社员分协作组，就是不要党员。矛盾是尖锐的，问题是严重的：多年来极左路线的干扰、破坏，特别是"四人帮"的专制，加上一些党员身上存在的弱点，使我们党在群众中的威信大大降低了。

《乡民》突出地描写了非经济因素对经济力量的制约，以及二者的尖锐冲突。四皓镇上原来没有任何根基的王才突然"发"了，一下子打破了当地现存的经济平衡态。乡贤韩玄子是镇上的文化偶像，出于对传统文化秩序被打破的"忧虑"，与团聚在他周围的乡民们同王才展开对抗，他们利用和调动一切传统文化力量阻碍、限制乃至扼杀以王才为代表的新的经济力量。而王才也是从传统文化孕育出来的，因袭了沉重的精神压力，虽然代表着新的经济因素，也呼唤着新文化精神的武装，却只能怀着"敬畏"心理向心目中的文化偶像韩玄子求救，得到的却是无情的打击和排斥。影片深刻地反映了改革的艰巨性、复杂性和历史的悲剧性。

工业题材的电影也大胆揭示矛盾，深刻剖析生活，往往以纪实的笔法直接切入改革斗争的旋涡，从而增强影片的厚度和力度。例如，《血，总是热的》中丝绸印染厂仅仅是为了一个改机器印染为手工印染从而打开国际市场的具体问题，却遇上了种种难分难解的麻烦。在我们的企业领导干部面前，生活变得如此复杂，市场竞争严峻，工人思想复杂，还有更难以解决的市场改革措施与各种旧规章、旧制度的不和谐，常常使人一筹莫展，正如罗厂长说的："找不到对手是谁。"这种让人无奈的复杂性在《在被告后面》中更加典型。大型机械厂为维持正常生产急需弄到煤炭，但他们面临的却是庞大的社会关系网设置的层层阻力。我们可以从艺术手法上去挑剔因观念化而故意设置的过分的恶劣环境，却没有理由不去承认这一切正是现实生活中耳闻目睹、司空见惯的。《花园街五号》《T省的八四、八五年》《共和国不会忘记》等影片表现了革新与守旧矛盾的尖锐。要改革的企业管理干部刘钊为了应付来自对手、上级、朋友、同志的种种诘难和不理解，几乎精疲力尽；T省机械总公司的一分厂厂长只剩下走上法庭为自己辩护的招架之功；大型钢铁工业基地上的矛盾冲突更是扑朔迷离，这一切都让人感到是那么复杂，又那么真切。

都市文明，是现代工业文明乃至人类文明的主体空间，孕育着现代意识和现代价值观念的最高层次，它处于整个文化的社会最前沿，最具有当代社会的文化特征。反映现代都市文明的现代都市电影也相应兴起，这是当代中国从农业文明向工业文明裂变的历史必然在电影艺术中的体现。例如，《太阳雨》和《给咖啡加点糖》中，南方现代都市特有的都市生活节奏和永不停息的媒介交流，首次展示在中国的银幕上。《给咖啡加点糖》以非常明快、强烈和富于时代感的节奏、画面及音响给我们展现了一个躁动着的、扩张着的色彩纷呈的现代都市世界，现代都市的文化气息扑面而来。这是一个充满各种竞争和欲望的物质世界，在其中奋斗、挣扎、扭动着的人们既感到快乐，也感到情感的压迫，他们似乎在希冀着什么，可是又说不清楚、捉摸不到，奔波、狂欢、焦灼、渴望混杂在一起。在这里只有复杂的心理内容，而没有好坏善恶的评价，这不正是我们既熟悉又陌生的都市生活感受吗？《太阳雨》通过女主人公亚曦及她的男友、女伴的生活，深刻地剖析了现代人心灵的孤

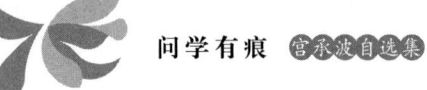

独和对于沟通的渴求、人生的选择和命运的支配。女主人公的痛苦和忧郁似乎十分盲目，找不到具体的事件冲突和对应物。其实，她忧郁的对应物是整个生活。这种既具体又抽象的痛苦，恰恰表现了现代人面对世界的处境。每个人的个人痛苦，实际上都是人类对自我的思索。

1988年后，《鸳鸯楼》《电影人》《弧光》《本命年》等，以及由王朔、刘衡等的小说改编成的《摇滚青年》《顽主》《轮回》《大喘气》《一半是海水，一半是火焰》等影片的出现，使都市电影勃发起来。前四部电影继续表现都市青年的痛苦与焦灼。《鸳鸯楼》通过展现六对青年男女的世俗生活，如吃饭、睡觉、交谈等，深入表现出他们的文化修养、物质欲望、潜隐心理、理性制约与人的本质的矛盾。在这幅被浓缩的城市青年的生活图景中，人性被各种内外因素扭曲了。对人的现实存在的理解与对人内在心理矛盾的洞察，揭示出人物在似乎"正常"情况下的"不正常"，在"幸福"中生活的不幸与痛苦。《弧光》以柔和的照明灯光尖锐地扫描了当代人的灵魂深处与现存社会的阴暗角落，发现为数众多的道貌岸然的当代人，由于世俗的污染与灵魂的扭曲，才是真正的被害妄想型精神病患者。《本命年》则侧重反映一个希望改邪归正、重新做人的浪子寻找真善美而不可得的悲剧性人生，正面地表现了当代都市人的孤独、失落、痛苦与自我拯救的心态，带有沉重的人生意味。

相反，《顽主》《轮回》《摇滚青年》《大喘气》等影片中的主人公却是一种瞠目结舌的新时代的"浪子"形象。他们不是社会的宠儿，也不是渣滓；没有较高的社会地位，也没有丰裕的物质财富；崇高的理想对他们没有诱惑力，正统的道德规范对他们也没有约束力。在失控而且变形的世界里，色彩怪谲，气氛荒诞，地平线倾斜，向心力紊乱，他们自以为把握了生活的真谛，凭着本能与冲动，放浪形骸，游戏人生，活得荒唐而且充实。这是世纪末综合征的急性患者。

令人可喜的是，1991年之后，出现了一批独特、深刻、多样、富有创造力与感染力的现实题材电影，如《蒋筑英》《秋菊打官司》《阙里人家》《中国人》《站直了，别趴下》《女大学生之死》《香魂女》《凤凰琴》《过年》等。这是电影走向市场、走向商品经济大潮后的巨大收获。《中国人》让人深思建设的艰难与人生真正的壮美。《站直了,别趴下》揭示了商品经济既能调动人的积极性,也能使人丧失本性而沦为金钱的奴隶。《女大学生之死》深刻表现了实际利益对人的灵魂的锈蚀、道德与价值的失落。《香魂女》因瞩目于物质生活富裕了而精神生活却严重滞后的反差而令人震惊。《凤凰琴》中民办教师的生存困境和卑微而高尚的心灵震撼着社会。

新时期电影由于对社会、对人生的洞察、观照终于迈出了坚实有力的一步,也正是因为这一步,才有了新时期电影的迷人魅力和审美价值。

革命历史题材电影的审美透视*

历史是电影艺术的一个重要而广阔的表现领域，优秀历史题材的电影总是以真实的历史人物、历史事件为基础，运用电影艺术逼真的再现手段，既忠实于史实，又加以一定的虚构，展示特定历史时期的社会风貌和人物的精神风貌，并揭示出某些历史发展的趋势和规律。

新时期以来，历史题材的影片，特别是重大革命历史题材的电影创作，取得了重大的突破和显赫的成就，创作出《南昌起义》《曙光》《西安事变》《四渡赤水》《风雨下钟山》《血战台儿庄》《巍巍昆仑》《开国大典》《开天辟地》《大决战》《毛泽东和他的儿子》等一大批优秀影片。这是由于党的十一届三中全会及六中全会以后，实事求是的思想路线越来越深入人心，被歪曲的历史认识得到了应有的澄清和纠正的结果。中共中央《关于党内若干历史问题的决议》作为一份实事求是的马克思主义的文件，成为重新认识历史、表现历史的纲领性指南，对于历史的把握，使人们摆脱了盲目崇拜和困惑迷茫，表现中国革命历史的重大事件，描写历史上的重要人物，不再是电影创作的禁区。在这种新的政治文化背景下，艺术家们焕发了新的创作活力，他们不再满足于只是从一个狭小的角度或单薄的侧面去反映历史，而是力求在尽可能广阔的视野中纵深地把握历史，从而深入揭示出具有伟大转折意义的历史发展态势。历史，是不以人的主观意志为转移的客观存在；艺术，是情感和精神的传达，离不开艺术家个人的思想感情和艺术观念的投射。优秀的

---

* 本文原载于《山东行政学院学报》2000年第4期，收入本书时有改动。

历史题材影片必须站在历史唯物主义的高度，摒弃狭隘的拘囿，既以史为本，准确科学地认识历史，又必须遵循审美的规律，做到历史客体与审美主体的有机融合。新时期革命历史题材的影片正是力图在尊重史实的基础上对审美表现力做出积极的追求和探寻。

一

高视点、大视野的宏观角度，全景式地观照历史风云，是新时期革命历史题材电影的一大突出特征，表现出创作者厚重的思想涵养和清醒的历史意识。《楚天风云》《南昌起义》《秋收起义》展现了当时历史环境下风起云涌、复杂多变的革命斗争情景。《开国大典》以广阔的视角、恢宏的气度涵盖了极其丰富的史实，再现了新中国诞生前在中国大地上发生的一系列重大历史事件，以及1949年10月1日开国大典的历史性场面。1948年到1949年是中国历史上光辉灿烂的一页，两个阶级、两种命运、两种前途进行着殊死的大决战，其间的重大历史事件：党的七届二中全会、国共和谈、北京和平解放、淮海战役、渡江战役、解放南京、攻克上海、国民党政府逃往台湾、中华人民共和国成立等等，无不惊心动魄、撼天动地。影片以纪实的手法进行了真实的再现，不愧为"史诗性的巨片"。《开天辟地》的创作者从大量史料和真实的历史生活中，把握五四运动之后中国社会的主要矛盾，筛选、提炼、概括出"中国向何处去"这一最能体现时代精神本质的题旨。影片围绕"寻找道路，建立政党"，把错综的事态、众多的人物、色彩纷呈的环境统领起来，学生运动、工人罢工、长沙"驱张"、孙中山和陈炯明的活动、国际共运组织的关注等多条线索互相勾连，彼此映衬，构成了陈独秀、李大钊、毛泽东等先进知识分子寻求真理、摸索道路的典型环境，真实地再现出发生在中国大地上这场波澜壮阔的历史运动的必然趋势。伟大的历史人物正是在这样的典型环境中显示出：他们的动机不是出于烦琐的个人欲望，而是脱胎于当时所处的历史潮流。宏观的视角和视野使影片有声色地传达出历史的丰富性、复杂性和深刻性。

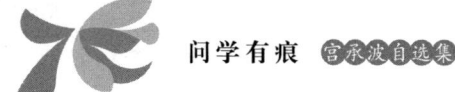

再如纪实性、全景式的革命战争片《大决战》，其创作者站在战略决策的高度，牢牢把握住国共两大政治集团的历史走向，从正面展现了双方最高统帅部的政治、军事、道德的较量。这样的叙述角度使影片具备了高视点、广视野的艺术特色。开片冰河解冻、山呼海啸的排山倒海之势，形象地概括、预示了这场扭转中华民族命运的战争的举足轻重的意义。影片以历史的宏观眼光，不但描绘了以毛泽东为首的中央军委运筹帷幄的雄才大略，也大胆表现了处在垂死挣扎中的国民党统帅内部并不乏有魄力、有抱负的将领，在双方的斗智斗勇中让人悟到，一个政治集团的失败并非个人的失败，而是历史潮流的必然。影片运用电影独具的手法把空前规模的战争表现得淋漓尽致。一部《辽沈战役》设计了特点不同的塔山阻击战、锦州攻击战、辽西围歼战。作品没有回避战争的残酷和惨烈，而是在流血牺牲中具体描绘出我军指战员的英雄气魄，在今人对战争反思的基础上，使革命英雄主义精神得到真实的历史的再现。可以说，这些历史题材影片不仅在题材上有重大突破，在表现纪实的历史中更注入了艺术家的思考。影片能够创作拍摄得这般纵横驰骋、大气磅礴、高屋建瓴、从容不迫，没有艺术家对史料的准确把握、精心取舍和恰到好处的提炼、剪裁，没有驾驭历史的应有气度和艺术功力，是不可能做到的。无疑，这是一种对历史的新的认识和深层次的开掘。

二

由表现事件到塑造人物，使一批栩栩如生的人物形象在银幕上熠熠生辉，这是新时期革命历史题材影片的另一显著特色。尤其在领袖人物的塑造上，由"神"回到"人"，把领袖人物当成真实可信的人物来表现，既看到他们作为人的共性的平凡的一面，又抓住他们作为领袖人物的非凡的一面。因此，在描写领袖人物雄才大略的同时，注意表现他们普通的一面；在写他们平凡的生活琐事的同时，又注意表现他们伟大的不同于常人的一面。善于从描写日常生活的角度入手，小中见大；注重开掘历史人物的内心世界，敢于写情，这是新时期革命历史影片刻画历史伟人的成功经验。

首先，从描写日常生活的角度入手，以小见大。《毛泽东和他的儿子》中，毛泽东既是共和国的主席，又是一位有儿有女的父亲。编导更多时候是把他作为一个家庭中的父亲来看待的。他把新婚的儿子送到朝鲜战场，他承受着失去爱子的巨大痛苦，因为不忍将噩耗告知儿媳，又默默经受着感情上的煎熬。听到儿子牺牲的消息，他会惊愕地闭不上嘴，两眼怔怔地盯住报告的秘书。他会叹息，会流泪，会沉浸在对往昔与儿子同欢共乐的深切回忆之中。当卫士好心取走他手中的白薯而使他蓦然从美好的回忆中回到残酷的现实时，他会气愤地喝令卫士走开。面对天真纯洁的儿媳，他时时想鼓起勇气把实情告诉她，可又怕见她的哀痛和伤感，因而总是难以启齿。面对银幕，我们感到的是一股浓浓的父子之情，也因此而对这一形象产生了高度认同。影片正是通过这些对亲子之情的真切表现，有血有肉地塑造出了毛泽东作为共和国主席和普通父亲的艺术形象。《咱们的领袖毛泽东》则通过警卫战士的眼睛来看生活中的毛泽东。全片没有一个完整的事件，而是一个个故事片段的集锦。但编导并没有沉浸在对生活琐事的无节制描写之中，而是对不同的生活侧面进行了认真精选。例如，延安老乡凑粮请毛主席看戏、西柏坡的老裁缝做衣、青霉素用于路旁的病儿、回韶山宴请乡亲等几个场面，都紧扣毛泽东与人民群众的血肉联系这样一个严肃动人的主题，从而使毛泽东的人格魅力得到了充分的展示。

其次，开掘历史人物的内心世界，是塑造好历史人物形象的重要方面。《周恩来》集中开掘了周总理丰富、复杂的精神世界。特别是王铁成出神入化的表演，使周总理这一艺术形象的塑造达到了前所未有的高度。影片中有这样一场戏，周总理在身体状况越来越差的情况下，忍受着病痛的折磨，游了一次龙门石窟。这场戏看似闲笔，实际上却用意深刻，当周总理一步一步登上台阶时，他那与病魔斗争到底，与"四人帮"团伙斗争到底的坚强决心亦得到了淋漓尽致的表现。游览登高正是向企图整垮他的"四人帮"发出的无声宣言！这样的戏比直接用言语来完成显然更加准确、得当，也更具表现力。每一个人都是内在与外在的统一，失去任何一个方面都会使这个人的形象变得单薄和平面化。要真实、立体地塑造历史人物形象就必须深刻地展现其丰富的内心世界。例如,《百色起义》对青年邓小平的塑造就是在人物的内心状态、精神生活与历史情景的有机统一中完成的。25岁的邓小平风华正茂,雄才大略正当时,他的思想和风采体现在他的音容笑貌中,更体现在他个性的深层展示上:深思熟虑的沉默、与众不同的主张、据理力争的锐气、敢于承担后果的胆略……。《开国大典》在表现毛泽东和他的战友们为创建新中国进行英勇斗争的同时,也紧紧把握住这位伟人的内心活动并在最恰当的时候予以展示。即将举行开国大典,在这令人激动兴奋的时刻,编导却匠心独运地安排了一次毛泽东与儿子的谈心,看似唠家常,话题却十分重大。面对取得全国政权的胜利,毛泽东想到的是黄炎培曾经对他作过的那番关于国家兴亡的告诫,他没有被胜利冲昏头脑,而是牢牢记住了李自成的教训,在思考新中国成立后为巩固政权而应付出的努力……一个伟人的深沉和远见在这场极为平常的谈心戏中得到了深刻的揭示。

"无情未必真豪杰",写人必须写情,写伟人更是如此。情感是人所共有的,人的性格往往在情感的流露中表现得最充分、最自然。创作者们带着强烈的创作激情,对历史伟人的感情世界,凝神聚力、大笔谱写、重彩描绘、极尽表现。这是新时期历史题材电影的重要收获。亲情、爱情、友情、同志情,描写真切自然,紧紧牵动着观众的心绪。同时,又不只是孤立地写个人情感,而是将这种情感与时代、与责任联结起来。"谁叫你是毛泽东的儿子!"《毛泽东和他的儿子》中的一声叹息,使多少观众心头发热,泪如泉涌!

三

科学、准确、客观地认识历史,使人物形象既忠实于历史,符合历史真实,又能成为艺术的典型,这也是新时期革命历史题材影片的重要审美特征。对于盖棺论定的历史人物,敢不敢在银幕上呈现其符合历史真实的形象?这衡量着艺术家是否是个历史唯物主义者,是否是个真正的艺术家。《开天辟地》不仅描写了1921年7月以前的陈独秀,而且揭示出他成为新文化运动的一面旗帜的发展过程，更重要的是通过他的一系列社会活动、政治主张、与妻儿的关系等，生动地表现出他热情激越、坚毅刚愎、恃才傲物的个性。这一性格的塑造，是在尊重历史事实的基础上，依照人物性格发展的必然逻辑而进行的艺术创造。《辽沈战役》创造了很有特点的细节，充分把握住了林彪作为战役指挥首脑的逼真气质，在他与党中央、毛主席、罗荣桓的关系处理上，创作者审慎地掌握住历史的、政治的、艺术的分寸，从而使这个艺术形象透射出历史的真实感。《开国大典》中的蒋介石也不是脸谱化的人物，而是老谋深算、精明强悍、颇具城府，他不肯轻易退出历史舞台而把统治权让于他人。蒋家王朝的失败，从根本上说是因为他逆历史潮流而为，总是与大多数中国人的利益背道而驰，因而最后一败涂地。

然而，历史的真实绝不等同于艺术的真实，历史影片不是历史教科书，而是艺术，当然离不开艺术的加工与虚构。对于电影创作来说，为了使故事更集中、更生动地表现人物，就需要在忠于历史的前提下，对影片的历史人物做某些艺术加工，甚至虚构部分人物来烘托、渲染主要历史人物和历史事件，做到艺术虚构与历史真实的统一、文献价值与艺术价值的统一。《南昌起义》中黑姑、双喜这两个虚构的艺术形象，不但丰富了历史故事片的人物类型，加强了故事性和戏剧性，而且通过他们不同的生活目的和命运，对表现那个历史时代起到了很好的烘托和渲染作用。《开天辟地》中毛泽东湘江击鼓这一虚构的细节，活脱地表现出青年毛泽东的神采气质。而陈独秀面对打他一记耳光和"尝尝新青年的厉害"的前来逮捕他的警察，迅速回敬一记耳光说"尝尝老青年的厉害"；面对毛泽东一激动拍到白西服上的油墨手印，笑道"不愧为《湘江评论》的大手笔啊！"这两个虚构的细节出神入化地表现了陈独秀无所畏惧又幽默风趣的个性。《开国大典》中有两组精彩的对比：一边是毛泽东在北平西苑机场举行阅兵式，另一边是蒋介石被噩梦缠绕醒来发现一个硕大的蜘蛛；一边是解放军开向北平时毛泽东与女儿李讷的画外对话，另一边是"太康号"离开大陆去台湾前蒋介石与孙子爱伦的画外对话。这些细节都对刻画人物、强化对比起到了很好的作用，因而具有极大的艺术感染力。

仅有历史的真实，并不能成为艺术；艺术的真实未必不是历史的真实，

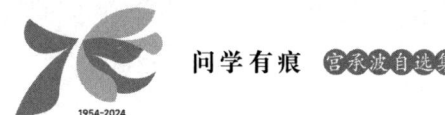

甚或可以说更从本质上还历史以真实。历史不会变更，而艺术却可以常新。只有当书写在银幕上的历史真实感人的时候，只有对历史的书写是一种审美的把握时，银幕上的历史才能够在电影史上占据应有的位置。新时期革命历史题材电影的可贵之处，在于对此有了清醒的认识并做了积极的努力。

试论文化类真人秀节目中的"三个平衡"*
——以《中国成语大会》为例

近年来,真人秀节目从"草根"梦想秀(如《中国好声音》《中国梦之声》)到明星专业秀(如《我是歌手》),再到励志公益秀(如《星跳水立方》《中国星跳跃》)、明星亲子秀(如《爸爸去哪儿》),横跨各界、轮番登场的不同"主角"反映出人们对真人秀的关注焦点从嬉笑唱闹到价值内涵(如梦想、音乐、公益、家庭、亲情等)的转移。其中,一批以"文化+综艺"为核心形态、旨在传递中华传统文化的文化类真人秀节目应时而生,大开清新之风,无论从收视率还是节目影响力来看,都堪称"黑马"。

由中央电视台和国家语委联合主办、实力传媒倾力打造的《中国汉字听写大会》(2013年8月首播)、《中国成语大会》(2014年4月首播)可谓众多文化类真人秀节目的领跑者。国家级媒体的支持、强大的创作班底、晚间黄金档的播出时段、别具一格的节目形态,使它们虽生逢歌唱选秀真人秀的热潮期,却获得了可观的收视率,一改往日文化节目"难撑门面"的窘境,让观众眼前一亮。作为央视2014年度的重点节目,它们不仅较好地体现了文化的大众性,开辟出一条通过提炼传统文化符号、将文化内容和娱乐形式有机结合以传递和展示厚重传统文化的新路,也彰显出主流媒体的社会责任与担当。

不过,以"文化""知识"为主体的文化类节目在电视这样一种大众传媒上呈现,还要想方设法与各类娱乐性较强的竞争对手抢夺观众眼球,就不得

---

* 本文原载于《中国电视》2015年第1期,与田园合作,收入本书时有改动。

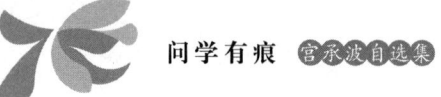

不在节目制作、形式架构、选手选择等各方面下功夫,很多环节稍有不慎就会出现问题。本文以《中国成语大会》为例,通过剖析该节目中存在的问题,探讨此类真人秀节目需把握的"三个平衡"。

一、《中国成语大会》存在的问题

毋庸置疑,在网络文化盛行、碎片化凸显、"母语失忆症"日趋严重的当下,《中国成语大会》巧妙借助大众传媒,使中国传统的成语文化以一种轻松、活泼的姿态走入大众视野,让人们重燃对中华文化的热情。但从节目的设计和传播来看,仍存在一些问题。

(一)重"竞技娱乐",轻"文化传播"

将中国成语文化与被中国大众所广泛接受的真人秀节目形态相结合,并引入竞赛机制,带动观众的收看热情,是《中国成语大会》的一大亮点。它采用擂台赛的方式,以两人搭档合作完成猜词游戏为主,描述者采用题面成语的释义、典故、使用情状对题目进行提示,猜词者根据提示说出成语,主要包括目标计时、双音节同题、单词限猜、限时竞猜四种方式。这种紧张激烈的擂台赛重叠挑战,层层推进,不断推出实力最强、最具竞争力的选手,竞赛制的紧张感和悬念感凸显,节目越进行到后期越有看点,可以说,有效地达到了将严肃性内容娱乐化、趣味化的目的。

然而,我们也不能忽视在这一过程中出现的问题:一方面,在猜词过程中,描述者以使猜词者准确猜到词为目的,只要在描述过程中不出现题面中的任何一个字、不做口型提示、不使用其他语种的同义词提示,便可以选取任何个性化的描述方式,有时,凭借搭档间的默契和描述技巧便可轻易战胜真正的实力对手;另一方面,具有时间限制的紧张赛程加快了节目的整体节奏,无论是选手的注意力还是节目的最终呈现重心都是成语的数量,尤其在比赛紧急关头,各种"奇葩"描述更是层出不穷。两方面综合,比赛过后,观众记忆中只有一连串成语和由选手五花八门的描述所引发的笑点,却并没有真正记住、理解几个成语。例如，为了猜对"东鳞西爪"一词，描述者不是去解释该词的含义，而是提示猜词者"左边右边分别是什么方向？鱼身上有什么？"猜词者先是反应出"东、西"，接着反应出"鳞"，继而猜出了该词。又如，双音节猜词本来比的是选手对成语的理解和总结提炼能力，但在对"投石问路"的双音节描述中，描述者不是使用"试探"这种能够基本概括成语含义的词语，而是使用了"投子（儿）"这种类似于脑筋急转弯的启发性词语，这就与综艺节目中的猜词比赛别无二致，只不过把答案限定为成语，使原本以普及成语知识、唤起大众成语应用意识为诉求的寓教于乐变成了以竞技为重、以尽可能少的时间猜对更多成语的猜词游戏，从而背离了节目文化传播的初衷。

（二）重"知"，轻"用"

任何文化形式都有其独特的魅力，汉字的魅力在于一横一竖、一撇一捺中包含的无穷意蕴，诗词的魅力在于优美深邃、抑扬顿挫中蕴育的情、画、趣、理，而成语的魅力则在于言简意赅中深藏的祖先智慧、处世哲学和丰厚文化积淀。作为汉语中一种特有的语言形式、一种高度集成的载体，结构对称、韵律和谐、风格典雅、语言简洁的成语大多有一个属于自己的典故，并在千百年的传承中被保留下来。它凝聚着中华文化精髓，承载着中华儿女的特殊情感和偏爱，被余光中喻为"精致文化的'现钞'，日常生活随时可用"，寥寥数字即可充分表达抽象的概念、细腻的情感、复杂的情状和深奥的哲理。由此可见，汉字重书写，诗词重意境，成语则重应用。

可惜的是，《中国成语大会》更多地强调了对成语的"知"，即知道、了解，而对成语的"用"关注不够。不少观众吐槽，许多参赛选手是靠死记硬背而非平日读书积累猜词（《汉字英雄》中靠背字典取胜的选手也存在此类问题）。每对搭档显然在比赛前都进行过专门练习，并形成了默契，对普通人不具参考性，有些词描述者还尚未描述完，观众也云里雾里，猜词者就已猜中。而且，许多日常生活中并不常见的生僻成语参赛选手也能猜对，这些成语的释义在电视屏幕上停留的时间较短，整个节目只是不停地猜词，没有充分讲解，更没有对词意用法的辨析，即使看过节目，观众仍对该词一知半解，甚至很快遗忘。

（三）重"赛"的作用，轻"人"的作用

文化类真人秀节目是对文化性内容的娱乐化表达，而"娱乐化表达"的方式多种多样。从实践来看，《中国成语大会》更多地将这种娱乐性放在了比赛上，单纯依靠竞猜、比拼、淘汰等来吸引观众，而对同样能够承载娱乐元素、进行娱乐化包装的"人"的作用发挥不够。

首先，对选手的包装不够。在介绍选手时，只是简单地指出其姓名、年龄、学历、职业、专业等基本信息，而没有随着比赛进程的深入去挖掘每个选手的个性特点，并根据这些特点进一步针对晋级选手制造"看点"；在表现选手时，采用现场追述法在播出过程中插入有关选手心路历程的采访，常规性地切出家长、老师、竞争对手的现场表情镜头，而在充分挖掘选手个人魅力方面做得远远不够。在这方面，《汉字英雄》可拿来作为参考。从参赛对象来看，《汉字英雄》比较突出个人，且在选手选拔阶段就颇为精细，节目进行过程中将选手标签化，最后，打造出如"喵星人"刘冠文、"笔画达人"黄首程、"字典妹"石舒雅、"唐朝通"李浩源、"红粉佳人"王一诺、"字典哥"李雨轩、"书法才子"麻君豪、"繁体字美女"牛济源、"语音强迫症患者"李晴等一系列热点人物，使观众先成为选手的"粉丝"，继而成为节目的"粉丝"。《中国汉字听写大会》则强调团体作战，尽管没有刻意挑选参赛选手，却也重点打造了一批话题人物，并深入这些人物所在的家庭、学校进行深度采访，制作短片，展示他们的多面个性，如以"小清新"气质赚足人气的王笑奕、有"大师"之称的刘浞尘，他们都为节目带来了更高的关注度和收视率。

其次，评委作用发挥得不够充分。在评委的选择上，《中国成语大会》更重视权威性，而忽略了传播效果。毕淑敏是作家，蒙曼是历史学者，郦波是汉语言文学学者，虽然他们都是在各自领域颇有建树的专家，但从播出效果上看，他们的点评在每集节目中所占的比例却微乎其微，个别评委甚至很少点评，总体来看，点评没能有机地融合到与选手的互动中。毕竟节目本身不承担传道、授业、解惑的功能，生涩、严肃的阐释容易让观众听而生畏，反而不利于知识的普及。

最后，与现场观众的互动不够。在传播渠道的选择上，《中国成语大会》

除借助传统的电视媒体，也积极地利用网络媒体、社交媒体等，可谓电视节目全媒体传播的有益尝试。因此，在激发年轻受众的关注热情、与网友互动方面取得了良好的效果。但是，从互动的广度和深度上看，仍有潜力可挖。例如，可以与现场观众进行互动，互动不能仅停留在对节目的线上讨论上，还可以延伸到线下的猜词、答词、评奖等多个环节。

二、文化类真人秀节目中的"三个平衡"

在众多真人秀节目中，文化类真人秀是比较特殊的一类：它既要严肃，又要轻松；既要传递知识，又要娱乐大众；既需要"叫好"，还需要"叫座"。从《中国成语大会》的实践来看，这类节目要想真正做到"有效传播"，需掌握好"三个平衡"。

（一）节目形态：文化内容与娱乐表达的平衡

一直以来，文化类电视节目都在受众娱乐需求和电视台收视率需要的双重制约下表现不佳，原因在于这类节目的内容决定了其不易通过视觉语言、影像手段予以呈现。此前，大多是电视纪录片和科教栏目担此重任，但毕竟收视范围有限，难以形成广泛的影响力。从目前的实践来看，"某一文化元素＋真人秀包装"不失为一种有效的表现形式。不唯《中国成语大会》，从解读中国姓氏文化的《知根知底》到弘扬传统诗词文化的《中华好诗词》，再到重温汉字书写的《汉字英雄》《中国汉字听写大会》，都是这种形式的尝试。

从本质而言，这类节目在制作上的中心目标都是寻求文化内容的娱乐化表达，而"娱乐化表达"包含有吸引力的节目环节设置、张弛有度的节奏、恰到好处的喜剧元素等等，目前已播出的大多数节目选取的主要表现手段都是竞赛制。这里，就出现了需要引起节目制作者高度重视的一点：如何实现文化内容与娱乐表达的平衡。从《中国成语大会》的案例来看，需注意三个方面：其一，无论赛制如何设置，临场发挥和机智应对固然重要，但赢得比赛的关键因素必须是选手的词汇量、对知识的掌握能力、阅读量而非小窍门、

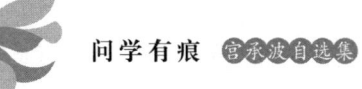

小技巧；其二，赛程中悬念、气氛的打造需有利于引导观众了解、熟悉更多知识，而非吸引观众一味关注竞赛结果、冠军归属；其三，从知识普及的角度看，节目的节奏不宜过快。

（二）目标导向：所关注内容"知"与"用"的平衡

对于各种文化类真人秀节目来说，尽管它们关注的焦点有所不同，如汉字、诗词、姓氏、成语等等，但其宗旨都是一样的，即弘扬中国传统文化，号召人们关注传统文化，从而在快节奏的现代社会中汲取祖先智慧、传承文化精髓。如何才能做到这点？关键还在于让更多人认识到传统文化的魅力，愿意主动学习传统的文化知识，并能够自觉地在日常生活中应用。

从传播的有效性和文化类真人秀节目的可持续性来看，对于汉字、成语这类不能脱离日常生活的文化现象，重视其应用，即是重视其文化价值。仍以成语为例，它"以特殊的方式浓缩了中华民族历史上成千上万的精彩片段，内容无比丰富。人们可以透过它寻找曾经的历史故事、风土人情、朝代兴替、制度沿革……中华民族是这样一个追求语言美感的民族，若想形容花儿颜色丰富，我们不会简单地说'有红的有紫的'，而是更愿意使用'姹紫嫣红'这个成语。这里面多出来的附加意味是前者很难表达出来的"。由此，在该类节目的赛制设计上，可以有很多思路。例如，给出一种语境，让选手说出一个能够精准概括这段话意思的成语；给出一段不完整的文字，其中留出一两处空白，让选手用合适的成语将空白部分补充完整，或给出两至三个意思相近的成语，让选手选择一个最准确的用于这段话中；还可以将《三国演义》《红楼梦》等古典名著中的成语提炼出来分类出题；等等。这些都会展现出成语独特的魅力，加深观众对该成语的理解，从而唤起应用意识。

（三）呈现技巧：节目本身与"人"在节目中作用的平衡

在任何类型的真人秀节目中，"人"都是至关重要的元素，整场真人秀节目的张力、感染力、吸引力全靠人的活动、走向、情感等去实现，人物以及人物的言行、人物之间的关系也很容易成为节目的看点。因此，充分认识节目中各人物所扮演的角色、有效利用不同人物的力量、充分发挥他们的作用，是保证节目播出效果的关键。通常，文化类真人秀节目中都设有三类关键人物：选手、主持人和评委。

选手是节目的核心。他们可能是《汉字英雄》《中国汉字听写大会》中十几岁的青少年，可能是《中华好诗词》中跨越年龄段和工作行业的普通民众，也可能是《成语英雄》第一季中的亲子组合……但无论是谁，他们所起的作用是一样的，即在舞台上展现自己的个性和实力、朝气和热情，与观众分享自己的喜悦、快乐抑或遗憾、失望、痛苦，通过自己的拼搏和努力让观众产生移情心理。而对于节目制作方来说，最重要的任务是：发现选手的个性，挖掘他们的个人魅力，为观众创造记忆点。

评委是节目的看点和焦点。从节目播出效果和大众文化知识普及的角度看，评委的选择需遵循这样一种规律：他们不一定是某领域最权威、最顶尖的专家，但一定要熟悉电视传播的语言，能够带动起大家学习的热潮，能够与主持人、选手甚至观众形成有效互动。例如，《汉字英雄》中的评委张颐武、于丹并非专业的汉字研究专家，但都是观众熟悉的电视"名脸"，他们反应灵活，学识渊博，且具有很好的表达能力，能够选取最合适的时机进行讲评，还能在讲授知识、解读意义的同时将节目现场的气氛调节得恰如其分。

主持人是节目的招牌。在节目开播前，他们可能是聚集观众的噱头，如《成语英雄》第一季的崔永元。在节目进行中，他们是节目进程、节奏的掌控者，当选手出现紧张、失望情绪时，他们还是有力的劝慰者、疏导者。他们在节目中所表现出来的知识素养、驾驭节目的能力、谈吐风度、文化底蕴是决定节目整体质量高低的重要因素，他们的主持风格也间接影响到节目最终呈现出的整体面貌。因此，在主持人的选取上，要尽量兼顾其个人风格魅力、知识素养、观众认知度三个方面。

当然，除了选手、评委、主持人外，还有一个不容忽视的群体便是节目的现场观众。充分发挥他们的作用，对于拓展节目的互动形式、吸引受众的参与热情同样具有十分重要的作用。

短视频火爆背后的大众视觉消费转向*

2017 年,将"短视频"列为继直播、共享单车之后的又一关键词恐怕一点都不为过。从早期的腾讯微视、新浪秒拍、美图秀秀、美拍,到如今的 Papi 酱、一条、二更、梨视频、西瓜视频、火山小视频等形形色色的短视频应用,短视频风口已然形成。今日头条启动短视频战略、腾讯收购快手、阿里文娱助推土豆转型为短视频平台、优酷推出短视频社交应用"美点"、搜狐视频和百度视频联手布局 PUGC(专业用户生产内容)短视频内容。短视频正在成为资本、巨头、网络达人的聚集地和各类电商、美妆、直播平台的营销标配。不仅如此,就连新华社、人民日报、央视等传统主流媒体也纷纷上线了以新闻资讯、热点关注、舆论引导为主要内容的短视频项目,新闻的短视频化趋势正在形成。

技术的推力、视频制作和发播门槛的降低以及短视频自身传播特征与大众碎片化阅读习惯的契合无疑是这种新型泛娱乐信息传播方式流行的重要因素。但在这样一条从平台方到渠道方、从内容制作方到用户个体都热情爆棚的产业链中,与其一味展开"为什么"的追问,不如反向思考:短视频的火爆,给我们带来哪些信号?或者说,短视频火爆的背后,隐含着哪些大众视觉消费的转向?

---

* 本文原载于《新闻论坛》2018 年第 1 期,与田园合作,收入本书时有改动。

一、从静态的图片消费到动态的影像、拟像消费

媒介技术的进步不断刷新着人类通过媒介获得的视觉体验，也于无形中改变着人类的视觉消费偏好及习惯。在报纸、广播、电视三大传统媒体三足鼎立的时代，如果说人们对媒介的选择是依托于媒介自身的传播特性（如图文、声音、影音），那么如今媒介消费者的个人兴趣则无疑主导了这种选择。读图时代、去阅读时代、图像社会、视觉文化时代等，都是人们对当今以视觉为主导的媒介文化景观的描述，米尔佐夫指出，"新的视觉文化最惊人的特征之一是它越来越趋于把那些本身并非视觉性的东西予以视觉化"，而在这种视觉化的过程中，影像化占据了主导性地位。从静态图文到刷爆朋友圈的GIF动图，再到微电影、小咖秀、拍客、影客等各类传播手段，大众对于视觉信息的消费正随着技术的牵引走上一条动态化、影像化之路。以短视频为代表的数字新媒体为这样的"影像化"打上了一些新的烙印。

首先，影像与生活之间的界限模糊甚至消失，这种影像消费是"真实"的。动态影像具有时间上的延展性，可以无限逼近现实。但相较而言，电影和电视剧中的影像是经过艺术化剪辑和加工后向审美主体呈现的影像化叙事，而短视频中的影像则是审美主体同时作为影像生产主体和消费主体生产的，其中有明星、网络达人，以搞笑视频为代表的大多数视频段子中的人物就是生活中的普通人，影像所呈现的各类窘事、调侃、吐槽等也都是以娱乐化、游戏化的方式叙说日常生活。这缩短了影像中的生活和现实中的生活之间的距离，让人们在消费影像时感受到"真实"。

其次，影像借助于数字时代各种虚拟技术，为大众带来不同于现实生活的体验，这种影像消费又是"超真实"的。尽管短视频中的影像卸掉了影视化加工，却同时携带了数字时代的虚拟加工。多数短视频应用软件允许用户对视频进行编辑，包括添加字幕、滤镜、贴图、表情符号等或使用动画、抠图等特效。例如，"美国人 Zach King 在 YouTube 上发布的'魔术'短视频，利用借位和剪辑的效果使人产生视觉上的误差，产生魔术的视觉效果，被人

称为'男巫'"。人们通过短视频，不仅可以看到影像，也可以看到"拟像"，从而获得一种"超真实"的视觉体验。

二、从被动的视觉接受到主动的视觉产品创造

相较于传统影视机构所生产的影像产品，短视频所带来的最大革新不是影像内容本身，而是大众"观看"世界的方式和语境、"看"与"被看"的关系。

移动互联网的发展、网络带宽速率的支持以及各种便携式智能终端的普及使动态视像成为每个人都可以生产、传播与消费的经验载体。从早期网页的静态图片到后来的GIF动图展示，从需要跳转的视频超链接到在当前网页便捷播放的窗口，从微博支持Live Photo2到微信朋友圈的小视频功能，视觉作为载体的"虚拟"不再简单地作为由数字传递、程序驱动的方式所创造的真实物的感知，更成为基于二手经验的真实判断，转换成一种通过视讯终端确认自我并生产形象的新型社会关系结构。当然，短视频发展过程中"工具"属性的加入也是这种转变的诱发因素之一。诸如，"小咖秀""小影"等短视频应用瞄准的都是"个性化工具生产"这一方向，用户可以借助这些工具性的短视频进行个性化配音、视频剪辑等，将自己的作品在社交平台上分享，这无疑刺激了大众的创作欲。

影像权力的下移使原来的观看者亦有机会成为参与者、分享者、生产者，从诞生起，短视频的制作模式就是UGC式的（后来有了PUGC），无需专业的摄制团队，只需呈现精彩瞬间，"可能是仅仅呈现一个场景，或表达一种情绪，或记录一次观察，甚至只是一段并无主题预设的视频自拍，突破传统视频要素过全、四平八稳的叙事逻辑和框架。这样的方式自由随性，开门见山，节奏明快，既降低了传播者的传播成本，也减轻了受众的心理负担"。生产者突破陈旧叙事机制的影像化自我展演，观看者则予以评论或转发，在此过程中，两者完成视觉产品的意义共建。而当这种主动的、自我的视觉输出和演绎机会增多，又反过来进一步影响着大众消费视觉产品的方式：一方面，视

觉产品的"观看"价值被消费价值稀释,利用短视频进行直播、弹幕观看等影像互动成为数字时代新的视觉消费风尚和文化需求,在此基础上,类似短视频广告这样的新型市场也应声而起;另一方面,个人视听体验的爆炸式增长在某种程度上模糊了人们对"高质量"视觉内容的认定标准,转而更加关注个性化、猎奇性、游戏性、娱乐性等其他元素,这使得大众对视觉内容的选择更加分散、多元、自主,"受众对空间影像包括对其植入广告的观看热情与其说是对信息'编码''解码'的偏移,更像是一种对非常态空间的消费和注视。人们在自主选择中选取自身最认同、最易于接受的信息存入大脑,完成自主选择的快感"。

三、从"审美"式观赏到"审丑"式解构

短视频被视为内容创业的风口,原因之一就是其内容形式具有较高的自由度和包容度。个体生产的低门槛及其"短平快"的传播优势使之极易与大众生活接轨。目前,很多短视频都是草根化叙事,以夸张的动作表情、幽默而接地气的语言表达来调侃社会热点事件,或恶搞,或反讽,或吐槽,题材设计独特新颖,内容涉及百姓生活、文艺娱乐、休闲八卦等。与更加注重"观赏性"的电视剧、电影等不同,大众对短视频的消费从一开始就不是以"审美"为导向的,而是呈现出一定的"后现代"特征:短视频的核心精神更偏向于解构而非建构,更着意于重塑而非观赏,用户往往通过在虚拟空间中的影像化表达来完成自身对现实的想象性关联。

从生产的角度看,在短视频的制播标准中,传统视频创作中的视听语言运用、严密的叙事框架等变得不再重要,有趣、有料的内容和幽默诙谐的语言、夸张搞笑的肢体动作等才是打动用户的关键。同时,现实生活中的所有事物均可被符号化和影像化,赋予审美条件,从而在短视频中加以呈现,在短视频的审美体系中,生活与艺术之间的界限不再明晰。

从消费的角度看,短视频不仅是用来"看"的,也是用来"玩"的,反艺术、开放性、解构、颠覆等构成了其最重要的精神内核。快手的广告语

是"6亿人都在玩的短视频App"、土豆转型为短视频平台后口号也由"每个人都是生活的导演"变为"只要时刻有趣着"。"多数短视频之所以被转发分享,不是因为视频制作有多精良,而是内容充满对现实生活某一现象的调侃,甚至是创作者通过化妆打扮的"自黑"达到搞笑的目的。这种从"审美"到"审丑"的转变,在一定意义上是后现代美学的重要表现之一",有人将短视频称为新一代的主流文化消费形式,而事实上,它在被消费之余,也在悄然引领着新一代的消费风尚。从曾经的全民"社会摇"、冰桶挑战、假人挑战到如今的全民答题,短视频带来的视听内容创新和体验升级不仅激发起"90后"甚至"00后"的亚文化喜好(如AcFun、有料),也推动自身日益展现出更加清晰、独特的网络互动和社交文化面貌。

四、从大众产品消费到小众"文化"消费

用户的视听盛宴也好,内容创业者的狂欢也罢,短视频的确不啻为视频媒体平台的一场革命。在迅速扩张的产业规模、持续迭代的技术支持、不断成熟的盈利模式等的引领之下,短视频作为一种新型的视觉传播形态,助推着一股由大众转向小众的视觉消费风潮。

用户对短视频的浏览与使用就具备了"小众"特征。许多短视频应用主打个性化推荐,当用户选看特定内容后,平台会依据其兴趣爱好和行为习惯自动向其推送相似内容,使其欲罢不能。最终,不同用户会拥有各自不同的"短视频世界"。但在这样的"小众"世界中,也形成了"大众化"的沉浸式使用,有"中国的YouTube"之称的西瓜视频日均观看用户数超过1亿,人均每日观看时长超过70分钟。因此不少人用"有毒"来形容短视频,时长短、门槛低、传播广的特点使其成为一种"精神毒药",人们不断地怀揣好奇点开下一个有趣的短视频,而完全感受不到时间的流逝。

就短视频自身的演进而言,有着从泛娱乐向专业化、垂直化、圈层化发展的趋向。短视频在诞生早期,多以微博、微信等移动社交平台为依托,用户自己录制,然后进行多渠道分发。随着短视频模式创新的推进,众多独具

"小众"特色的短视频应用出现，如专注于年轻人的音乐短视频"抖音"、引入 Battle 文化的"奶糖"、知识分享类的"盒饭秀"、主打财经内容的"功夫财经"、被称为体育版"秒拍"的"秒嗨"、致力于内容营销的"淘宝二楼"，还有一条、二更、即刻、刻画等大批生活方式类短视频等。除娱乐之外，用户在美妆、旅游、健康、体育、财经、母婴等各领域的内容消费需求被逐渐发掘，而过去略显"高冷"的文学、艺术、历史等专业性知识也得以以娱乐化的面貌在短视频平台上呈现（如"视知""秒懂百科"）。过去，人们进行视觉消费，是消费视觉产品本身，而如今，人们更关注消费其中的文化与情怀。随着各类主流媒体向短视频领域的进驻，更把短视频向制作组织化、内容专业化方向上推进了一步。

当然，短视频只是推手之一，大的市场环境从商品经济到产品经济再到服务经济和体验经济的转型才是大众消费升级的主导因素，但就视觉消费的转型而言，短视频正在成为一支不可忽略的重要力量。

多重美学奏和弦，国风国潮领风骚*
——2022年总台春晚整体审美

中央广播电视总台（以下简称总台）《春节联欢晚会》自1983年推出以来，至今已连续举办40届。从"观赏春晚"到"品论春晚"再到"玩转春晚"，这道独特的电视景观在国家、媒体、企业、受众多方鼎力协作下赓续着春晚的凝聚功能，丰富着春晚的价值内涵，革新着春晚的美学表征。2022年总台春晚以"新征程上的迎春曲，中国年里的欢乐颂"为主题，在延续往年集时代性、思想性、艺术性、技术性于一身的传播格局下，呈现出民族美学、人民美学、技术美学等多重美学和谐共奏的艺术审美范式。从媒体热度和受众反馈来看，《只此青绿》《忆江南》《金面》等国风国潮类节目有效完成了传统文化的现代化转化，赢得了观众的认可与喜爱，成为整台晚会艺术展演的亮点和高潮。

一、多重美学和谐共奏

综观本届春晚的美学展现，叙事母题围绕建党百年、生态文明、乡村振兴、中国航天、喜迎冬奥等重大媒介事件，展现了在党的领导下全国人民对全面建设社会主义现代化国家新征程的向往、对实现中华民族伟大复兴宏伟目标的追寻，突出民族特色，契合东方审美，通过多元艺术的巧妙结合完成

---

* 本文原载于《电视研究》2022年第3期，与王琳合作，收入本书时有改动。

了传统节目样态的创新书写，展现出中华民族多姿多彩的审美心态。整台晚会呈现出超高清、沉浸式、多维度、交互性的审美特点，强化着技术美学的审美体验。多重美学以各有其彩、相互交织的审美态势，以你中有我、我中有你的契合表达完成了2022年总台春晚的美学书写。

1. 符号表征强化民族美学，融合展演弘扬多彩文明

民族美学源自各民族的艺术经验和审美思想，体现在各族人民创造的物质和精神文明的成果中。[①]从艺术经验上来看，各民族特有的民族风格兼具稳定性和演变性，一方面，这种风格历经千百年而形成，具有相对稳定的特质；另一方面，各民族艺术随时代而演变，且在保有本民族特色的基础上吸取他族美学经验及思想，使艺术表现不断发展，进而具有动态演变的特质。从审美思想上看，民族精神源自人们在共同地域长期生活所生成的共同思维、映射的文化心理，是艺术展演的灵魂所在。对其审美思想的挖掘要从审美创造的正反两个方面进行思考，一是民族艺术成果所反映的思想内容、审美意识、本质情感；二是这些审美思想是如何作用于艺术形式之中，激活美学的感染力。总台春晚作为连续举办40年的盛大晚会，早已成为新春民俗之一，定期约会全国人民，因此其节目类型、符号表征的设置涵盖多个民族的艺术形式，展现丰富的民族遗产，力图在艺术展演中达到弘扬民族优秀文化、凝聚民族团结精神的审美效能。

民族文化是民族美学的根基，民族审美是民族艺术的核心，在民族文化和民族审美的共同作用下，民族美学的实践完成了从自然生态、人文生态到文艺美学的转向，呈现出种群与自然的关联、自然与人文的互文、人文空间的流动、情感共同体的形塑、个体诗意的回归等特征[②]。2022年总台春晚突出中国元素，强调文化自信，注重艺术融合，展现多彩文明。一方面，我们在这个盛大的晚会现场看到了戏曲、武术、民族歌舞等熟悉的"故交"；另一方面，我们发现"故交"在新的一年换上了新衣，通过音乐、诗歌、舞蹈、剧

---

① 王世德.论民族美学［J］.西南民族学院学报（哲学社会科学版），1996（3）.
② 吴震东."审美生境"：一个民族美学关键词的知识谱系研究［J］.云南师范大学学报（哲学社会科学版），2018，50（2）.

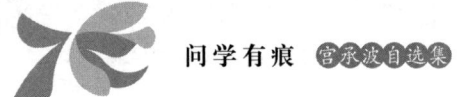

情等艺术形式相结合的新样态、数代人同台献礼的新组合，展现出我国锦绣山河之美、传统文化之美、历史沉淀之美、人文景观之美、风土人情之美。

2. 创作基调立足人民美学，聚焦现实引发情感共鸣

人民美学以马克思主义美学为理论基础，历经中国共产党百年文艺思想发展，遵循理论与实践、文化与政治、历史与现代、中国与世界相统一的原则，在新时代语境中呈现出新的特质，丰富了新时代社会主义人民美学的理论体系①。从本质上看，习近平总书记明确指示，"社会主义文艺，从本质上讲，就是人民的文艺"②；在政治原则上，申明了"文艺要反映好人民心声，就要坚持为人民服务、为社会主义服务这个根本方向"③的基本要求。从表现形式上，人民美学具有现实性、人民性、审美性、时代性特质，其中现实性是人民美学的出发点，文艺创作要源自社会现实，反映社会生活；人民性是人民美学的导向，艺术作品要源于人民、为了人民、属于人民；审美性是人民美学的着力点，要将心、情、思沉入其中，将美的价值注入美的艺术，在审美中增强艺术作品的感召力，凸显意识形态的引导力④；时代性是人民美学的驱动力，是对其他三大特质的赓续创造。通过对人的典型塑造、对事的现实捕捉，强化新时代人民美学的现实性表征，将人民对文艺作品的认可度作为新时代人民美学人民性的衡量标尺，对虚拟现实文艺范畴的创造性革新、审美性引导是新时代人民美学审美性突围的关键。对于总台春晚这个包罗万象的大型文艺作品来说，人民美学的文艺创作要贯穿全场，其中语言类节目由于占时长、能够以剧情化形式进行演绎，是整台晚会中最能体现人民美学的节目类型，也是最受大家关注的节目类型，其演出效果的好坏在很大程度上影响着人们对整台晚会的评价。

从整体审美感受本届春晚，我们能看到各种节目类型对人民美学的应用，

---

① 谢纳.百年激荡：人民美学的历史逻辑与中国共产党文艺思想的理论建构［J］.艺术百家，2021（3）.
② 习近平：在文艺工作座谈会上的讲话［N］.人民日报，2015-10-15.
③ 习近平：在文艺工作座谈会上的讲话［N］.人民日报，2015-10-15.
④ 孙恒存.新时代人民美学及其现实主义精神［J］.当代文坛，2019（3）.

如歌舞《朋友》《真爱起舞》《你是我生命中的礼物》《这世界这么多人》等，分别从友情、爱情、亲情、人间大爱等角度展现对细微美好的关注、对内在情感的共鸣。聚焦语言类节目，人民美学的现实性表征较为凸显。通过创业者、抗"疫"英雄等人物形象的典型塑造，父子、婆媳、夫妻、要钱者与还钱者等人物关系的典型演绎，显示出对当下社会问题的思考及未来发展趋向的洞察。面对人民日益提高的审美情趣，未来春晚作品需进一步从人民立场出发，契合人民的真实需求，扎实打磨每一个细节，仔细斟酌每一句话，用心用情用力创作人民满意的"喜剧故事"，力争有效融合观赏愉悦感与立意崇高感的审美属性。

3. 审美体验凸显数字美学，媒介技术革新带来视听盛宴

技术美学是技术与艺术的相互融合、相互转化，是科学技术铸造的艺术形态、艺术实践、艺术规律，并从中提升出美学价值[①]。电视技术美学是技术美学在电视这一媒介中的反映。近年来，随着数字技术的介入，其美学形态呈现出超高清、沉浸式的特点，扩展了电视的审美范围，观赏场景变得多元，视听感知表现为可选择性匹配。数字美学是技术美学的分支，是数字时代面临融合语境审美趋向细化的界定，其美学实践一方面立足于微观的切身体验，强调感官联动、氛围沉浸、走向"尚无"的演进。此过程需平衡好技术与艺术的关系，注重美学精神内核与文化内蕴的主导地位。另一方面聚焦于宏观的空间传播，在媒介共融、多屏共振中助力网络文明建设，在网络空间命运共同体的构建中发出中国声音，讲好中国故事。

总台春晚数字美学的发展演变，从舞台本身来看，视听体验在机械化静态布景、LED屏、全息投影、三维立体、虚拟真实等技术升级中完成了舞台美学的突破，发展至今呈现出虚拟与现实空间共在、非线性与全感官叙事多维、数字交互与身体在场情感共振的特征；从传播矩阵看，视听范围历经多台联播、国际转播、网络直播、移动端介入、户外覆盖等走向全矩阵传播的美学共赏。2022年总台春晚传播矩阵再次创新，舞美展现、舞台效果呈现出

---

① 高鑫.技术美学研究（上）[J].现代传播（中国传媒大学学报），2011（2）.

"大象无形"的美学意境，带来了奇观化的视听盛宴。舞台设计保留了中华元素等象征性符号，除此之外，进一步加强虚实结合的超真实场景与具象化舞美表达的融合，舞台视听语言通过具体节目的"写意"表达，传达出艺术的历史感、生命感、宇宙感。"百城千屏""竖屏看春晚"作为本届春晚新的传播形式，结合轻量化、全 IP 的系统部署，完成了观看视角自由切换的数字美学转变。

二、国风国潮独领风骚

40 岁的春晚始终没有停止前进、求新的脚步。2022 年总台春晚聚焦千年积淀的中华文明，于缤纷浓色之中再现清丽淡雅之美，在古今对话之中试图以大气、沉稳的文化自信照亮新征程的道路。2022 年总台春晚以弘扬中华传统文化为导向，推出众多国风国潮类节目，通过介入"视觉表演型"技术手法，完成了中华历史璀璨文明的探寻、山水诗画美学思想的提炼、风土人情民族记忆的强化、人文景观哲学内涵的彰显，国家美学、民族美学、人民美学等"意"的表达融入其中，展现出国风国潮的人文魅力，证实了中华美学的超越性价值。

1. "千年一相逢，古今一舞台"的历史沉淀之美

2021 年三星堆文物的出土再次引发了考古界的关注，2022 年总台春晚将国之重宝请至舞台，在亿万观众面前，见证了考古百年的肃穆与成就，国家美学悄然显现。随后通过 3D 动画、全息技术渲染引出创意舞《金面》，以历史活化、剧情表现的形式带领观众穿越至古蜀世界，感知璀璨的三星堆文明。随着当代少女与古蜀青年的翩跹起舞，在面具轻巧触碰与缓缓摘下的过程中，历史的悬念与艺术的诗意表达相碰撞，传达出中华民族对爱的追寻及美的向往。舞蹈诗剧《只此青绿》利用现代技术美学手段，将长 11.9 米、高 51.5 厘米的《千里江山图》投影于整个演播厅，气势恢宏的大山大水同抑扬顿挫的现代舞蹈完美契合，"青绿""险峰"的意象之美隐藏于舞者的服装造型、身体姿态中，使观众沉浸于宋代的美学风韵，寄望于丰亨豫大的理想景象。音

舞诗画《忆江南》让演员嵌入元代名画《富春山居图》中，山水人文的时空交错，使悠然自得的古代镜像同幸福生活的当代场景契合。此外，由于《富春山居图》曾被毁为两段，"剩山图"现藏于浙江省博物馆，"无用师卷"现藏于台北"故宫博物院"，本届春晚借助技术艺术化的表现方式将上下两卷在舞台上合二为一，从文化渊源的角度看，寓意着两岸文缘的同根同源、相承一体。

2. "一元周复始，万象景更新"的锦绣山河之美

符号具有双重意指，它既存在于以能指为形式的所指中，也显现为所指概念意义的内蕴，这种内蕴即为隐喻①。本届春晚运用大量的隐喻符号进行艺术价值隐形书写，在国风国潮类节目中，通过山水之美的艺术展现，传达出青山绿水、生态文明的美学表征，传递出山川异域、风月同天的审美心态。例如，《只此青绿》《忆江南》皆以山水名画为底色，留白处题中国诗词，在演员动静结合的舞动吟唱中，尽展传统文化诗情画意的古典之美、中华大地锦绣山河的壮丽之美。《只此青绿》将"青绿"作为美学提纯，同"明月"相共存，两个意向的描摹象征着画作的色泽和时空的轮回，舞者通过"静待、望月、垂思、独步、险峰、卧石"等系列情景动作②指代《千里江山图》中青峰叠峦、绿水隐现的自然景象，画中的意蕴美得以实体化呈现，映照了习近平总书记"绿水青山就是金山银山""建设生态文明，功在当代，利在千秋"的理念。《忆江南》开篇一队曼舞女子手持素伞进入水墨画卷《富春山居图》，依托中国山水画可游可居的创作风格，画中之人游走于山间、滑行于江面、伫立于亭中，通过吟诵诗词、吟唱江曲等艺术表演，展现出典雅秀丽的江南风情，折射出古代文人的淡泊致远。歌曲《黄河长江》融入了王之涣的《凉州词》及李白的《早发白帝城》，并由来自海峡两岸及港澳地区的歌手共同演唱，使黄河长江孕育生命、穿越古今仍生生不息的恢弘气势得到升华，中华儿女凝聚伟力、共赏盛世的美学意蕴在此刻达到高潮。

---

① 巴尔特.符号学原理[M].王东亮，等译.北京：生活·读书·新知三联书店，1999：39.
② 宣晶.央视春晚《只此青绿》刷屏，"只此一卷"为何惊艳无数人[N].文汇报，2022-02-02.

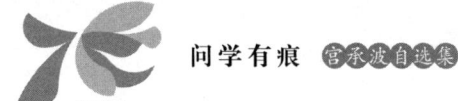

3. "天地人合一，真善美统一"的文化传承之美

春晚走过四十载，戏曲节目从未缺席。此次戏曲表演联袂京剧、豫剧、越剧、黄梅戏四种剧目，在各路名家演绎、数代人同台献礼中上演的《生生不息梨园情》，延续着民族辉煌，赓续着文化精神。景观太极《行云流水》中，杨顺洪、杨德战、梁壁荧三位太极/武术冠军在上海、广州、重庆三座现代化城市的"云端高楼"相遇、展示、碰撞、共生。通过太极"天地人合一"的核心精神，将传统美与现代美相结合、人与城市文明相融合，人文景观之美在民族文化孕育现代文明的立意中得以传承创新。武术短剧《乳虎啸春》，以"虎娃"为第一视角，通过"晨练、跋山涉水、乳虎啸春"三个回合的叙事，讲述了调皮捣蛋的小虎娃历经挫折、完成任务的故事。其中，节目传递的侠义精神、奋斗精神同中华民族自强不息的品质一脉相承。情景表演《土地的歌》将非遗文化搬上春晚舞台，通过红色旭日、金色艳阳、悦动水滴等 LED 球的变化，完成了数字美学写实、写意风格的融合，通过原生态的歌舞形式，向观众展现了多地的民族风情。民族文化的展演打破了以往的人海战术，采用一方水土一方歌的形式尽显祖国的地大物博，文明与艺术在这广博的中华大地上萌发，土地联结了不同地域的生命之歌，唱出了风土人情的质朴，唱响了永续发展的希望，传递出和谐共生的理念。

三、结语

春晚，一方舞台，浓缩社会变迁，强化民俗记忆，记录时代故事，转眼间已走过四十年。这四十年中，受到过赞扬，遇到过追随，遭遇过质疑。2022 年总台春晚以传统文化为根基，在多重美学的和谐共奏中，贯联古今文明，展现民族风采，塑造中国形象，使中华文明在国风国潮类节目的创意表达中焕发出生机，为春晚赢得观众、走向世界提供了新的契机。

2024 年中央广播电视总台春晚的叙事新景观[*]

从 1983 年到 2024 年，中央广播电视总台春节联欢晚会历经四十余载，俨然凝练为独特的节庆仪式，成为除夕之夜的精神大餐，在固本谋新中书写着一年又一年的春晚故事。2024 年总台春晚继续遵循"思想+艺术+技术"的融合传播路径，通过文化叙事、故事叙事、互动叙事等多重叙事模式，传递出春晚理念新气息，建构起春晚叙事新景观。

一、文化叙事：多元符号创新表达，繁荣春晚文化创作

春晚作为一年总结的盛大晚会，始终致力于描绘多元文化共生图景，已成为传递文化价值的重要途径。2024 年总台春晚进一步深耕文化资源，在传统与现代、民族与时尚、写实与写意、东方与西方的融合创新中，展现出中华文明源远流长、千姿百态、革故鼎新的文化叙事模式。

1. 以传统文化元素为内核，展现源远流长的中国文化

2024 年总台春晚充分运用文化符号，通过年俗、美食、服饰、礼仪等符号记忆，盘活春晚的文化叙事。

从物化象征符号来看，中华优秀传统文化元素贯穿春晚始终。总台春晚主标识以传统书法"九叠篆"为灵感来源，其设计增添了现代气息的金属质感；宣传片以传统绘画"百子图"为来源，打造了十二生肖福娃的动画形象；

---

[*] 本文原载于《电视研究》2024 年第 3 期，与王琳合作，收入本书时有改动。

279

吉祥物"龙辰辰"造型涵盖国宝级文物元素，文化气息浓厚；春晚字体全面更新，择取玉龙形态特征融入楷宋体，广泛应用于各个场景。在具体节目中，民族符号与现代符号灵活衔接，延续且更新着中华文明的共同认知。比如，创意年俗秀《别开生面》通过视觉感知的美食符号、声音感知的方言符号，达成舞蹈、音乐、面塑与美食文化的特色展演，深化了春节团圆热闹的民俗内涵。中国传统纹样创演秀《年锦》以荔枝、葫芦、荷花等传统纹样符号为引，展示出汉、唐、宋、明四个朝代富有代表性的服饰文化，传递出传统纹样内蕴的新春祝福。

从行为象征符号来看，某一符号的表征形式由偶然、单一变为常态、复合，并在符号元素的转变中凝聚为一种结构性力量，使其在行动层面达成了某种身份认同乃至价值认同。这在2024年总台春晚歌曲表演中得到了集中展现。比如，《礼序》通过"礼"这一文化符号将海峡两岸、港澳台同胞联结在一起；《我的家乡我的歌》通过"家乡的歌"这一文化指代齐聚各民族歌手；《永恒的诗篇》由三部英雄史诗创编而成，充分尊重乡音乡情，实现了多民族歌手、各民族乐器的合唱合奏；老中青群英会唱响戏曲《百花争艳》，非物质文化遗产潮剧在总台春晚舞台上首次绽放，戏曲内容越发丰富；中法两国艺术家为庆祝中法建交60周年共同演绎《巴黎圣母院》选段《美人》。可见总台春晚跨越山海，跨越时代，携手各族，走向世界，中华儿女在艺术交织中齐聚一堂，在文化叙事中实现共享命运共同体的价值语境。

2. 以地域文化景观为特色，展现千姿百态的中国文化

本届春晚采取1+4模式，尽展西安、沈阳、喀什、长沙四大分会场的地域文化与城乡景观，呈现出具有历史、工业、民族、青春特色的文化盛宴。

西安分会场凭借《山河诗长安》一度登上话题热搜，节目以2023年热映的动画电影《长安三万里》中的李白形象为主角，以诗词歌赋为共识，以古代长安与今日西安的重叠为主线，共赏舞龙、社火、创意水袖，共听秦腔、说唱、交响、鼓乐，众人齐诵《将进酒》。节目展演实现了科技与文化融合，古典与现代碰撞，古人与今人共情，大唐盛世与伟大复兴对接，彰显出中华文明的强大生命力。

沈阳分会场以中国工业博物馆为主场地，舞台搭建八根金属柱，辅以八组机械臂，保有传统厂房的基本特点，增添了现代工业的舞美设计。节目《冬日暖阳》全新改编东北特色音乐，充分融入芭蕾、钢琴、说唱、摇滚等当代元素，"铆足干劲儿闯一闯，振兴重任敢担当"的歌词展现出东北全面振兴、共话发展的豪情与期望。

喀什分会场以梦幻建筑为主舞台，以千家万户的休闲屋顶为小舞台，形成错落立体的空间景致。会场以"舞乐新疆"为题，容纳歌舞、人文、生活等多种元素。对音乐舞蹈进行了新编，展现出新疆过去、现在和未来的地域特色，奏响了中华民族一家亲的美好乐章。

长沙分会场舞台选址"三馆一厅"，舞台装置由菱形景片构成树叶形状，宛若一座城市花园。在歌舞《都实现》中，镜头聚焦各行各业，以青年街舞秀的方式展现这座城市的市井生活与人居环境，表达了年轻人心中的热血和坚定。

3. 以精品原创节目为突破，展现革故鼎新的中国文化

虽然早在1983年首届春晚中，春晚就已经形成了基本的节目形态，但春晚并没有就此止步，而是以节目类型嬗变为突破不断进行创新尝试。进入21世纪以来，总台春晚节目品类在接力融合中再展新颜，整体上呈现出打破程式、品类突破的特征。这一特征在2024年进一步深化，涌现出创意短片、年俗秀、创演秀、歌咏、舞剧等节目类型。

舞蹈节目变化最为明显，其以高品质的意象之美博得了众多观众的喜爱，实现了从边缘位置向重要位置的转变，成为传递主流思想的重要艺术形式。2024年总台春晚舞蹈节目依旧审美在线，一方面，继续从市场中择取优秀作品。《瓷影》以舞绘瓷，在充分考证北宋时期青白瓷的工艺风格的基础上，借由舞蹈语言展现青白瓷的器型之美，回应瓷器制作的匠心传承；《咏春》以舞融武，舞者身穿非遗香云纱衫，展演咏春拳与八卦掌的武打对决，完成了传统武术、现代舞美与非遗文化的巧妙融合；另一方面，面对近年来市场化舞蹈作品频繁向综艺晚会供给的局面，总台春晚加快了原创步伐，力争实现从市场择取到原创输出的突围，让春晚舞蹈节目优先从高原走向高峰。《锦鲤》

即是总台春晚的一次全新探索，舞蹈动作将古典舞与现代舞相结合，强调写意表达，舞美设计使用威亚加弹簧绳的创新形式，借由立体空间展现鱼群婀娜多姿的水下画卷，传递出"锦鲤迎春"的文化美景。

二、故事叙事：创作导向以人民为本，合力讲好春晚故事

2024年总台春晚全方位践行"以人民为中心"的创作导向，采取群像化这一让更多人参与春晚、登上春晚的方式，借由群像叙事、共情叙事、欢庆叙事策略，讲述质朴温暖的"春晚故事"，展现幸福美好的"中国故事"。

1. 群像叙事主体，讲好梦想故事

现代叙事伦理可以分为两种，强调国家与历史目的的大叙事和突出个体生活事件、生命想象的小叙事[①]。近年来，总台春晚明显从大叙事向小叙事转向，主旋律的书写以倾听人民心声的姿态、着眼人民生活的视角、触动人民共鸣的表达塑造真实鲜活的人物形象，讲述勇敢追梦的平凡故事。

2024年总台春晚首次启动"春晚等着你"春节特别节目，向各行各业拼搏奋进的平凡人发出邀请。该节目在总台春晚开播前就预热不断，记录受邀观众一路心得，并发布主题推广曲《比心》，定下了今年春晚"人民的春晚"这一主基调。这些受邀观众不仅观看春晚，还参与春晚乃至圆梦春晚。比如，57岁的喜爱弹琴的建筑工人易群林受到了郎朗的指导；热爱诗词的农民诗人裴爱民现场观看了《中国诗词大会》，并见到了喜欢的蒙曼老师。这一刻春晚艺术、艺人影响与平凡大众实现了共同奔赴，国家、春晚、艺人与受众的话语权得到了良性循环。

开场短片《我们的春晚》是对2023年春晚微电影《我和我的春晚》的续写，通过群像展演道出了春晚的真谛——春晚始终是大家的舞台，讲述的是关于大家的故事。合唱《看动画片的我们长大了》集结了各行各业50多位代表，对应经典国产动画片中勇敢追梦的动画角色，完成了童年与当下的闭环。

---

① 刘小枫.沉重的肉身：现代性伦理的叙事纬语[M].上海：上海人民出版社，1999：7.

即便梦想有不同的颜色，但在种梦的过程中，我成为我，成为国家中坚力量的一员。歌曲《嘿 少年》运用诸多历史典故，将少年梦想与天比齐；军歌《决胜》展现了新时代战士们的昂扬斗志；歌曲《无我》唱响了中华儿女强国复兴的理想信念，这些歌曲在"小我"与"大家"的联结中深化着中国梦的书写。

2. 共情叙事策略，讲好情感故事

共情叙事包含两个层次：第一层次为情感共情，在叙事表达中捕捉他人情绪，并引起自我的情绪共鸣；第二层次为认知共情，实现由情绪感染到价值认同的升级。2024年总台春晚格外注重共情叙事，实现了从情绪向认知的情感升华。

歌曲节目借由具象歌词、温暖场景、动人旋律，建构起亲情、友情、爱情故事，引发大众情感共鸣。《像你这样的朋友》记录了相互扶持、共同追梦的故事，呈现出真挚友谊；《拼音》再现了成长故事，感念浓浓亲情；《不如见一面》唱出未完待续的故事，抒发心底的牵挂与思念；《枕着光的她》娓娓道来一辈人相濡以沫的浪漫故事，唱尽爱情的温柔与质朴；歌咏《如果要写年》邀请粟裕希望小学田野诗班的孩子以"年"为题创作诗歌、吟咏诗歌，歌词与孩子们的诗歌相映照，句句不提年，句句是年味，在诗情画意中描绘出一个又一个"年"的故事。

春晚除了"小情"也有"大爱"，在认知共情中达成意识形态的共建。歌曲《上春山》《让幸福飞起来》《为了美好》展现了绿水青山、安居乐业、美好生活的幸福图景，人民的小幸福与国家的新气象撞个满怀。公益广告三部曲在"回家过年"的共情叙事中完成集体记忆的回响，《中华一家人》更是在片尾"小家大家 中华一家"的点睛之笔中道出了中国人对"家"的内涵的洞见。

3. 欢庆叙事底色，讲好佳节故事

春晚创办的初心是欢庆佳节，相声小品的"笑果"制造始终是春晚的重要一环，以鲜明直接的方式营构着其乐融融、欢声笑语的佳节氛围。

2024年总台春晚语言类节目聚焦当代热点，扎根现实生活，展现人间真情。相声《导演的"心事"》为9人群口相声，以相声剧的形式，讲述了因收到导演发来的一句"在吗"而引发的自我猜测，反映了现代人的精神内耗。其服装色彩颇有讲究，不同情绪对应不同色彩，各种想法得以具象化、直观化展现，引发了很多人的情感共鸣。相声《我要不一样》通过飞花令演绎中国诗词。小品《寒舍不寒》以网络直播带货为背景，故事融入友情、爱情、互助等元素，故事叙事借由线上线下的人物互动，展现人间温暖。小品《咱家来客了》接续2023年底南方"小土豆"去东北旅游的热潮，在南北方差异的主题上再现东北文旅的待客之道，彰显祖国一家亲的热情氛围。小品《那能一样吗》《开不了口》皆表现家庭冲突，一个控诉母亲双标，一个讲述中国式父子关系，通过日常琐事表现家的欢声笑语与美好温情。

三、互动叙事：多屏共振传播格局，助力春晚全球联欢

数字技术的应用让春晚叙事不再是单向度的输出，而是交互式建构，互动叙事成为当下叙事实践的重要组成部分。2024年总台春晚处处彰显"传受双中心"的互动叙事模式，春晚与受众的互动实现了内容的共同书写、美学的共同建构以及品牌的共同传播。

1. 打造品牌化节目群，深化内容互动

正统节目强化互动，衍生节目同步推出，2024年总台春晚在全员参与、全程更新中展现互动叙事，成为节目互动的又一代表。

聚焦节目内容，强化全员参与，实现由演播厅到全世界的互动叙事。创意年俗秀《别开生面》将美食搬上舞台，形成了台上做面，台下吃面的景观，现吃现煮的互动模式，增添了现场观看的暖意。魔术《守岁共此时》让所有观众共同参与"见证奇迹的时刻"，几张扑克牌就让演播大厅的观众、社交平台的网民活络起来，实现了全民的交流。歌曲《晒share》更是带动全球网友，共同连屏跳动"龙舞"。2024年总台春晚节目还实现了优质节目的跨平台联动，如电视剧《繁花》剧组在春晚舞台聚首，共同演绎上海话歌曲；动画电影《长安三万里》中的李白与电视剧《庆余年》中的范闲进行跨时空的诗

词互动；0713男团借由此前系列综艺节目的热潮，在广大网友的共同见证下，实现登上春晚舞台的愿望，唱响友谊的珍贵。

关注媒介合作，进行全程更新，形成以"春晚"为主题布局电视端+网络端+移动端的节目带。电视端拓展垂类节目，形成《东西南北贺新春》《春节戏曲晚会》《万事大集新春大联欢》等节目矩阵；上新文化类节目，打造《新春非遗之夜》《酒中美学AI对谈》《诗画中国·江河万古流》等创新节目[①]；再现春晚精彩内容，大年初一完整展现分会场春晚节目。新媒体端聚焦网生代观众，通过《总台2024网络春晚》《Young在春晚》《下一站春晚》等预热暖场；增添春晚主体视角，深化春晚产业化发展，2024年总台春晚联动小红书推出《大家的春晚》，以陪伴式直播的方式，解锁边看、边聊、边种草的互动模式。

2. 视听技术打造奇观，增强审美互动

高清视听、舞美沉浸进一步优化，总台春晚通过全息包装、全景协同增强互动叙事，赋予用户更多维的互动体验。

2024年总台春晚创新引入VP电影制作模式，打造XR+VP虚实融合超高清制作系统，首次在演播大厅部署沉浸式舞台交互系统，上百块LED屏幕、上千只舞台灯具编程控制[②]，真实舞台拓展为写实的物质环境与写意的想象维度，人景合一的虚实空间更加逼真，"景屏声光"的协同运用更为灵活。

VP/XR/AI/AR四项前沿技术的完美融合，使观众观看春晚宛若欣赏影视大片，沉浸于春晚舞台的镜像之中，感受着春晚艺术的美学奇观。比如，舞蹈《锦鲤》开创了春晚歌舞节目视觉交互的新形式，利用追踪技术，实现演员动作的实时交互，增强观众的沉浸感。歌曲《健康到到令》通过CG动画、动作捕捉技术，让大熊猫跳起了八段锦，大屏与VR的结合，丰富了观众的多重空间体验。西安分会场更是打破了现场观众与屏幕观众的观看差异，通过手机扫描西安地标，即可看到虚拟动画人物，实现奇观共赏。

[①] 林夕：2024春节档，五大卫视都有哪些编播新策略？[EB/OL].（2024-02-06）[2024-02-15].https://mp.weixin.qq.com/s/T5VcZzSZs2Hrldc4NK7pkA.

[②] 李雪昆：春晚里的科技"狠活儿"[N].中国新闻出版广电报，2024-02-07.

3. 渠道拓展丰富场景，赋能国际互动

传播矩阵有所增加，国际传播打出品牌，总台春晚基于空间联动、文化共享赋能互动叙事，实现春晚功能互动的再拓展。

视觉渠道继续推出电视、手机、公共大屏等多终端春晚直播，全面实现超高清制作，观众可自由选择横屏、竖屏，灵活切换各种观看场景。听觉渠道激活多个广播频率和云听客户端，提升三维菁彩声系统，观众可自主选择黄金听位。操作渠道解决电视"套娃"问题，实现一键投屏体验，大小屏幕互动更加便捷。

2024年春节是联合国大会通过决议将中国农历新年列为联合国假日后的首个新年①，标志着中国春节已走向世界，意味着中国春晚将肩负更多传播功能。2024年总台春晚海外传播强强发力，新老朋友共同庆贺，再次打响了春晚传播中国文化的功效。总台CGTN继续做好对外宣传推广，连续三年推出《超级夜看春晚》直播节目，同春晚节目巧妙衔接，实现了中国文化的国际表达。"海外千屏"闪耀五洲，49个国家、90座城市的3000余块公共大屏直播和宣介总台春晚，200个国家和地区的2100多家媒体对春晚进行同步直播和报道，视频观看量达2.1亿次，创历史新高②，全球受众在满屏新意中共享春节魅力，共品春晚盛宴。

---

① 外交部：春节走向世界是文明交流互鉴的生动体现［EB/OL］.（2024-02-06）［2024-02-15］. https://www.gov.cn/lianbo/bumen/202402/content_6930609.htm.

② 央视文艺：欢乐吉祥！中央广播电视总台《2024年春节联欢晚会》与全球欢度中国年［EB/OL］.（2024-02-10）［2024-02-15］.https://mp.weixin.qq.com/s/sVwFnlAUD1k0-sqnx8x3aw.

动画在国家形象建构中的作用*

国家形象"是一个综合体,它是国家的外部公众和内部公众对国家本身、国家行为、国家的各项活动及其成果所给予的总的评价和认定,是一个国家整体实力的体现"。①国家形象由两部分构成:一是面向内部公众的"自我形象",二是面向外部公众的"国际形象"。两者基于不同的作用对象,预期取得的传播效果也有所不同。"自我形象"希望民众形成民族身份认同;"国际形象"则要求拓展渠道,让世界人民了解中国、接受中国,继而中国得以以良好的国家形象参与国际事务。

随着中国的高速发展和国力渐强,"妖魔化的中国"与"中国威胁论"制造出的"强大但不确定的中国"形象成为国际社会对中国的主流印象。这种既有的、被误解的中国国家形象亟须重塑与修正,以达到知名度与美誉度的完美统一。

国家形象的复杂之处在于其多种面向。它可以拆分为经济形象、政治形象、军事形象、社会形象、文化形象、外交形象、国民形象等,这些不同面向彼此联通共融、相互作用,进而整合成兼具完整性与统一性的国家形象本体。

在传统观念中,动画一直被认为是儿童喜爱且专为儿童生产的影视作品,无论从艺术还是产业角度考量,动画与国家形象建构这样的宏大叙事之间似乎无甚关联。然而,随着动画本体、动画产业的不断发展与进步,从业者与

---

* 本文原载于《当代传播》2015年第6期,与朱逸伦合作,收入本书时有改动。
① 管文虎. 国家形象论[M]. 成都:电子科技大学出版社,1999:3.

理论界对动画本质及其功能的认识逐步深化，在以多元文化为显著特征的数字时代，动画已焕发出勃勃生机，并有机会、有能力在更多领域发挥效用。

一、动画在国家形象建构中的作用

作为数字时代全球信息传播的重要方式之一，动画多样性功能的实现使其越来越融入人们的日常生活之中。与影视艺术相比，动画的虚拟化程度更高，它由抽象方式创造出来，借由人类视觉暂留现象得以实现，是对现实的仿像的再现。现实中本不存在的运动状态被动画呈现出来，逼真的虚拟效果由此产生。这里的虚拟，从表层上看是图像内容对现实世界的虚拟，本质上则是图像中的运动状态的转变对真实世界中的运动规律的模拟，其所具有的一致性令人们相信动画的世界是真实的，其中的事件、人物和情感都能够为观者所理解和接受。

技术的发展缩小了动画与现实世界的距离，动画于是被赋予了反映现实、和现实建立联系的更为深刻的社会文化功能。例如，2009年出现了一部以1982年黎巴嫩难民营大屠杀为题材的动画作品——《和巴什尔跳华尔兹》，其现实主义的表现手法和沉郁的美学意味化育出直指人心的力量。事实证明，动画不仅能够提供娱乐，也可以作为历史的书写形式，肩负起艺术所应该具有的社会职能，其表现之一便是为国家形象建构贡献力量。

（一）树立国家文化形象

在当今谋求和平与发展的国际社会，国家的经济、政治、军事等硬权力已隐藏为国际交流与制衡的基础或背景，而以文化、教育、价值观等为代表的软权力却日渐成为国际交流的先锋力量。软权力"是价值观念、生活方式和社会制度的吸引力和感召力，是建立在此基础上的同化力与规制力"[①]。作为软权力表征符号的文化形象是国家形象最具底蕴与内涵的组成部分，塑造文

---

① 龙小农. 从形象到认同 [M]. 北京：中国传媒大学出版社，2012：172.

化形象是建构国家形象的核心内容与最高要求。

文化形象的建构需要大量的内容输出和基于内容的极为隐蔽的态度表达，这一过程十分巧妙，主观意图掩藏得越深，其形象越易为大众所接受。动画建立在虚拟性之上的中立性恰恰与此契合。这种中立并非指动画本身不具备一丝一毫的价值判断与价值取向，而是说，在人们的刻板印象之中，动画并不具备意识形态意指的作用。尽管在战争期间，动画始终被各方力量当作战时宣传工具，如诞生了宣扬日本军国主义的《桃太郎·海上神兵》、讽刺法西斯政权的《元首的面孔》、暗示中国人民团结抗日的《铁扇公主》等作品，但在和平时期，意识形态色彩的消隐令动画的商业属性与大众文化属性尤为突出，人们对动画表现的内容和宣扬的精神并不设防，这种隐含着文化和价值观要素的中立性成为最好的掩护与最高明的手段——对中立性善加利用，就会在国家形象的"自塑"与"他塑"过程中主导其最终效果的形成。

（二）体现国家综合实力

动画比其他视听艺术形式更加依赖技术与文化的力量，其进步与技术水平相关、人文素养相关，可以间接反映国家的多方面实力。

动画对硬件设备与软件功能的开发与应用能够反映出一国的科学技术水平，从而影响国际社会对国家硬实力的评估。早期的动画作品中已然存在技术取向，如詹姆斯·斯图尔特·布莱克顿于1906年制作的《一张滑稽面孔的幽默姿态》预示着动画将在影像特效制作方面大有可为。在一些影响较大的科幻电影如《黑客帝国》《阿凡达》《地心引力》等影片中，出神入化的数字技术打造出炫目的视觉效果，为观者带来了视听冲击和心理震撼，这里，技术实现的拟真化程度越高，国家的科技实力水平就越得以展示。

作为重要的文化产品之一，商业动画代表了动画产业的成熟程度，独立动画艺术性与思想性的出色演绎则体现了动画的艺术水平与美学追求，这是对艺术更高层次的要求。动画的艺术特质与产业特质能够折射出国家文化软实力的发展水平，"国家形象与国家'软实力'可以看作是一个函数等式两边的变量，一个国家的软实力是随本国文化与价值观念在国际社会上流行度的上升和认同度的提高而得到加强的,同样,国家形象在'软实力'的构建中也就相衬相伴,体现出了明晰的可塑性"①。正因如此,当国家综合实力发展到一定水平之后,文化必然要在世界舞台占据与其相匹配的国际地位。

(三)助力国家品牌形成

优质动画能够成就国家品牌,成为出品国的文化名片。品牌本是市场营销学中的概念,"它是商品差异化的符号,包含着消费者对商品或企业全方位的复杂感觉,包含了商品质量、特点、价值以及企业的价值观念等文化内涵"②。目前,日本最具品牌影响力的是吉卜力工作室,由于《龙猫》《幽灵公主》《千与千寻》等影片深刻的思想性和创作者精益求精的创作态度,观众已经形成一种思维定式——凡吉卜力出品必属精品,尽管事实并非如此。多部出色的动画长片为吉卜力带来了光环效应,只要贴上吉卜力的标签,人们就不会怀疑影片的质量,光环效应的叠加又形成了累积效应,当人们对吉卜力的优质作品留下好印象时,产品的口碑自然会影响到人们对出品国的评判,在观众心中,将吉卜力的出色自动转换为对日本动画品质的肯定。与此类似的还有迪士尼动画,作为美国最风光的动画品牌,迪士尼不仅在世界范围内创造出惊人的商业价值,更使美国动画成为全世界儿童的童年记忆,这股潜藏在文化中的力量十分强大。

人们通过构成品牌传播的动画作品认识和了解出品国,它成为最直观、意识形态色彩最隐蔽的国家名片。文化品牌传播比商业品牌传播影响更为深远,甚至能够撼动国家既有的某些价值评判标准,故而有人提出"文化入侵"的说法。不论主观上是否具有侵略目的,文化产品在全球范围内流通所带来的审美和价值观的统一,从客观上讲,的确会对在文化传播中处于弱势的国家和地区造成根本性伤害。

优质动画在成就国家品牌的同时,也能够聚合民族形象。以美国动画为例,超人、蜘蛛侠、美国队长、X战警等形象构成了美国的超级英雄群像,

---

① 胡晓明.国际形象[M].北京:人民出版社,2011:76.
② 周伟明.国家形象传播研究论丛[M].北京:外文出版社,2008:109.

坎坷的境遇成就了个人英雄主义神话，这些英雄以保护宇宙为己任、拯救苍生于危难的情怀与超能力成为美国国家形象的代言人，他们代表着美国在现实世界中对于自身国际地位的想象与预期的心理投射。由此产生的国家身份认同是国家形象建构的基石，是其得以立足于世界的根本。

二、国产动画在国家形象建构中的表现

前文提到，国家形象分为自我形象与国际形象两部分。自我形象常作用于国家内部，对内具有强大的民族凝聚力。它既是国人的群体形象也是每个国民的个人形象，这两方面具有内在的统一性。自我形象能够激发国民的民族自尊心与民族自豪感，这不仅对国家有益，也对个人生活有益。自我形象得到认同能够让国人对国家产生强烈的归属感，有助于信仰的产生，也有助于建设国家的积极性与主动性的发挥，因此意义重大。

（一）自我形象建构较成体系

与国际形象相比，中国动画自我形象的建构较成体系。其途径不仅有官方的主旋律动画创作，也有来自网友的自发创作。通过自上而下与自下而上两种方式的有机结合，卓有成效地完成了自我形象的建构。

红色动画是中国动画特有的品类。近年来，主旋律动画的创作得到了国家的支持，借助网络传播优势，央视动画利用网络台推出了红色动画专场，集中播映了《号角》《红色传奇》《游击神兵》《芦荡金箭》《历险小奇兵》等红色作品，并开辟出爱国主义动画片网络展播专区，展映"中国梦"影视作品重点项目中的三部动画作品——《戚继光》《英雄冯子材》和《翻开这一页》。这三部作品以国家民族统摄了中国不同历史时期的政权把控，以历史的继承性完成了对爱国主义这一宏大叙事主题的书写。为配合抗日战争胜利70周年的纪念活动，中央电视台在2015年8月播出了抗战三部曲——《地道战》《鸡毛信》和《渊子崖保卫战》。对于以少年儿童为目标受众的中国动画来说，这种自上而下的主导意识的输入令传播目的极易达成。因此，动画的功能之

一便是宣扬主导价值观。

除此之外，依托于数字技术和互联网的发展，一些具有爱国主义情怀的创作者也公开在网上发表作品，以寻求一种集体记忆的仪式性表达与传播。集体记忆来自后天的承袭，"它通过家庭、阶层、学校和媒体来传承"①，其内容"取决于中介者和培养者对历史史实所做的取舍"②。2015年是中国人民抗日战争暨世界反法西斯战争胜利70周年，作为网络世界中的呼应，一部由漫画改编的动画《那年那兔那些事》又一次"火"了起来。这部爱国主义题材动画讲述了中国近现代历史，特别是中华人民共和国成立之前及成立以来的一些重大的军事和外交事件，动画中各个国家对应着不同的卡通形象，如兔子指代新中国，白头鹰代表美国，毛熊特指苏联，中华民族被称为"种花家"。该片2015年3月5日首播，在搜狐视频取得了单集播放次数最高超过400万的成绩，网友评论中最常出现的词汇就是"感动"。短片每集结尾会出现"幸福并感激着"的字幕，这种对集体记忆的唤起达到了情感召唤的目的，民族身份认同借由非官方渠道得以加深。

（二）国际形象建构尚有不足

中国动画对于面向外部的国际形象的塑造并不十分成功。提及中国，人们的印象依然停留在"中国学派"呈现出的民族美术风格层面上。20世纪五六十年代，"中国学派"的动画作品曾令世界感到惊艳，其中，水墨动画尤其得到人们的广泛称赞，堪为中国动画的顶级水准，它将中国的五音与五色融会贯通，达到了气韵生动的美学境界。

时光荏苒，进入21世纪，世界对中国的印象依然如故，如《马达加斯加的企鹅》里的中国元素是写满汉字的招牌，《小黄人大眼萌》里的中国元素则是穿着旗袍的女性形象，这种过于浅白的中国形象显然不足以代表当今的中国，但世界对中国的认知与中国主动呈现出的国家形象却恰恰整合成了这种表面化的文化能指。

---

① 格罗塞.身份认同的困境[M].王鲲，译.北京：社会科学文献出版社，2010：34.
② 格罗塞.身份认同的困境[M].王鲲，译.北京：社会科学文献出版社，2010：34.

  导致这一现象的原因首先在于对动画及其功能的认知尚不成熟。中国动画历来以儿童为目标受众,新中国成立之初就确立了动画片主要"以少年儿童为服务对象、用社会主义思想教育少年儿童"的制作方针,上海美术电影制片厂在成立时也提出"明确以少年儿童为主要服务对象,但在形式和题材上也考虑成人的欣赏趣味,力求做到'老少皆宜'",这种理解偏差来源于对动画本体认知的不充分、不全面。动画既是一种媒介也是一种艺术形式,不应以缩小其受众范围来限制和绑架动画本体的自由发展,而应在正确认识动画及其功能的基础上实现动画创作的多种可能。

  其次,缺少面向世界的优秀作品。优秀的作品是品牌传播的基础。在网络实现全球互联的今天,拥有世界眼光应内化为一切艺术创作的前提。然而,中国的影视艺术似乎永远在自说自话,很难取得世界范围内的共鸣,所以也很难得到外国观众的青睐。丰子恺曾说"东西洋的趣味,根本是不同的"[1]。他在区分中国画与西洋画时曾提出,西洋画是注重眼的,中国画是注重心的,即是说中西审美体系不同,西方强调感知,中国强调感悟。但由现实可知,同处于亚洲文化圈,日本与韩国的作品却鲜少出现这样的问题,韩国的偶像剧和日本的动画、漫画在西方并没有接受障碍,可见,问题的本质在于叙事方式的差别。如何讲好故事、如何讲好中国故事是国产动画需要深思的命题。

  最后,民族化视觉符号体系尚不完善。视觉刺激是人类最直接的信息来源,由视觉符号组成的图像包含三个层面的意义:第一个层面是初级层面或自然层面,也就是"所见即所得"[2];第二个是传统的层面,它"将我们现有的文学、艺术和文化的知识引入其中"[3];第三个层面即潜在的意义,它基于对某些根本原理达成的共识而形成,"这些原理揭示了一个民族、一个时代、一个阶级、一个宗教和一种哲学学说的基本态度,这些原理会不知不觉地体现于

---

[1] 丰子恺. 人间情味[M],北京:北京大学出版社,2010:25.
[2] 豪厄尔斯. 视觉文化[M]. 葛红兵,等译. 南京:译林出版社. 2014.
[3] 豪厄尔斯. 视觉文化[M]. 葛红兵,等译. 南京:译林出版社. 2014.

一个人的个性之中,并凝结于一件艺术作品里"[1]。完善民族化视觉体系的意义就在于将第三个层面的深刻内容以浅层的、直白的视觉映像展现出来。受众接受初级层次的信息之后,也会无意识地接受意义层次的价值观内容,从而形成对于出品国的较为深刻而全面的认知。

我国的视觉符号较为成功的有熊猫、京剧脸谱、山水、楼台水榭、飞檐、云纹图案等,这些符号或过于抽象或与日常生活关系疏离。而像韩国的团扇、日本的日式桌等物品不仅是日常生活中的必需品,也在动画作品中成为一处显著的民族标识。这里便涉及一个VI设计的问题,我国应向邻国学习,多设计出一些具有国家和民族文化意味的日常生活用品或物品,将形成国家民族身份认同的多种方式与手段延伸至现实生活的方方面面。

在展现民族精神的同时,中国动画还应兼顾对时代精神的书写,这才是完整意义上的民族性。经历过政治世界化和经济世界化之后,侧重文化与传播的第三次世界化为国际传播带来了新的课题——"第三次世界化既要让人意识到文化和传播之间的永恒联系,又要让人意识到在全球范围内实现文化共处的必要性。"[2]这里,选择与秉持民族化发展道路将是存留世界文化多元性的有效途径。

国家形象建构的根本问题在于核心价值观的确立。"核心价值是全体公民的根本追求,是最重要的国家认同和民族认同,是国家行为最终的合法性来源。"[3]动画对于核心价值观的表现是其参与国家形象建构的主要方式。2015年第十一届中国国际动漫节动漫产业高峰论坛主论坛上,国家新闻出版广电总局宣传司司长高长力称,总局将主抓"中国梦动画精品创作扶持项目"和"社会主义核心价值观动画短片扶持项目"。可见,动画的功能已逐渐被认识和运用起来,未来的主要任务在于如何更加有效地将社会主义核心价值观渗透并融入作品之中。

---

[1] 潘诺夫斯基著.图像学研究:文艺复兴时期艺术的人文主题[M].戚印平,范景中,译.上海:上海三联书店,2011:5.

[2] 吴尔敦著.拯救传播[M].刘昶,盖莲香,译.北京:中国传媒大学出版社,2012:114.

[3] 对外传播中的国家形象设计项目组.对外传播中的国家形象设计[M].北京:外文出版社.2012:17.

中国少数民族动画的跨文化传播价值[*]

聚焦少数民族动画创作的原因在于：一方面，动画的产业价值不断创造新高，其中蕴含的经济增长力早已得到各方的认可与持续关注，在日渐繁荣的动画生产领域，少数民族动画能够形成异军突起之势，成为动画产业新的经济增长点；另一方面，在文化全球传播的今天，少数民族动画作为极具民族特色的动画作品类型，可以在跨文化传播中充分发挥自身的艺术与文化优势，成为国际文化交流中吸引世界目光的"奇兵"，为中华文化走出去做出特有的贡献。

一、少数民族动画创作贯穿中国动画发展全过程

我国作为多民族国家，少数民族动画创作由来已久，虽然它并不占据中国动画作品的数量优势，但若视其为贯穿中国动画发展历程的一种类型化内容生产，则少数民族动画在中国动画发展的各个时期都有出色表现。

1947年至1965年是中国动画发展的黄金期，此时中国动画精品迭出、样式丰富。在这一发展阶段，傣族、白族、侗族、蒙古族等少数民族的民间故事、神话传说进入创作者的选材视野，如《木头姑娘》《一幅僮锦》《雕龙记》《牧童与公主》《孔雀公主》《长发妹》等制作精良的少数民族动画作品广受好评。这些作品中，最具特殊性的是《草原英雄小姐妹》，这部作品脱胎于内蒙古地区发生的真实事件，是中国动画进行现实主义创作的第一次尝试。

---

[*] 本文原载于《当代传播》2017年第1期，与朱逸伦合作，收入本书时有改动。

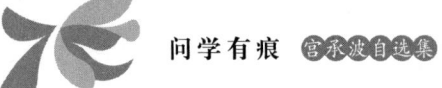

随之而来的"文革"给中国动画带来重创,创作空间被禁锢,创作自由被压制,中国动画丧失了进一步探索与发展的大好时机。即便如此,这一时期也出现了《骏马飞舞》《金色的大雁》等少数民族题材动画作品。

1977年至1983年,中国动画迎来了第二次繁荣,《两只小孔雀》《善良的夏吾冬》《阿凡提的故事》《龙牙星》《盲女与狐狸》《蝴蝶泉》等少数民族动画作品为观众带来了极具民族韵味的审美享受。其中,阿凡提作为智慧与正义的化身,成为中国动画史上经久不衰的代表性形象。

此后的十年,经济体制改革与域外电视动画的大量涌入严重冲击了中国动画的发展,制作电视动画系列片、加强对外合作与交流成为中国动画的必然选择。此时较为出色的少数民族题材动画作品有《火童》《海力布》《泼水节的传说》《巴拉根仓》《马头琴的传说》《奇异的蒙古马》《快乐的买买提》《珠浑哈达的故事》等。

从1995年开始,中国动画的生产和经营方式发生了重大改变,动画业被迫走向市场。进入21世纪,动画的文化价值与产业价值逐渐凸显,在国家政策的支持与鼓励下,动画的制作单位增多,从业队伍不断壮大,动画类型多种多样,创作水准不断提升。此时少数民族动画也取得了长足发展,出现了《勇士》《藏獒多吉》《巴特拉尔传说》等动画长片,标志着少数民族动画创作迈上了新的台阶。

2010中国(镜泊湖)卡通产业论坛启动了中国少数民族动漫工程,民族动漫工程——2014全国少数民族动漫题材创作会随之举办,国家对于少数民族动画的重视与扶持、少数民族地区对于自身文化资源的开发与利用使我国少数民族动画创作充满生机,少数民族动画由自发创作转向自觉创作,少数民族动画的主体身份得以确立。内蒙古民族题材动画《琴魂》、云南民族题材动画《彩云南》、广西民族题材动画《达稼与达伦》等作品渐次与观众见面。广西电视台于2016年4月29日在北京举办了原创动画项目《少数民族民间故事动画系列片》研讨推介活动,邀请学界与业界的顶级专家为少数民族动画发展出谋划策。可以预见,中国ACG产业的快速发展将促使少数民族动画创作迈出新的步伐。

二、少数民族动画是中国动画民族风格的来源之一

所谓风格,是"艺术作品的因于内而符于外的风貌,是艺术作品在整体上呈现出的具有代表性的面貌"①。换言之,风格既包括"符于外"的视听元素运用,也包括"因于内"的精神文化特质显现。

(一)作为集合体的民族艺术风格

不同民族的艺术作品根植于不同的民族文化,因而呈现出不同的民族风格。当拥有不同文化特质的多个民族组合成国家共同体时,以国家为单位进行区分的艺术作品、文化产品便会在流通过程中被赋予多样化的文化风貌,成为多民族文化元素相统合的艺术抽象化表达,这种复合式的文化特征便有机融合为国家整体的文化意蕴表征。

中国动画的民族风格正是建立在各民族文化共融基础之上的艺术风格的综合展示。虽然汉民族在我国56个民族当中占人口多数,但就文化而言,汉民族与各少数民族拥有平等的文化地位,它们共同构成了中国动画艺术的民族性文化底蕴。在精美的中国动画作品长卷中,既有讲述白族民间故事的《雕龙记》,也有表现内蒙古草原文化的《勇士》,还有脱胎于苗族古老传说的蜡染风格动画《苗王传》,它们以各自民族独有的文化特色构成了中国动画艺术风格的丰富性。

长久以来,中国动画的民族风格被习惯性地理解为对传统文化的宣扬、对民间文化的书写,这种固化认知虽然没有将少数民族文化排除在外,却忽略了少数民族文化的鲜活生命力。于创作而言,少数民族文化应被视作中国动画追求民族化风格的一个维度。当好莱坞动画改写中国故事获得世界赞誉时,我们也应该目光向内,开掘少数民族文化宝藏,创作出具有国际影响力的少数民族动画作品。

---

① 王宏建. 艺术概论 [M]. 北京:文化艺术出版社,2010:304.

（二）少数民族动画的风格展示渠道

艺术作品是内容与形式的统一，少数民族动画展现民族文化与民族风格的途径也分为内容与形式两个方面。

在内容方面，少数民族动画在题材选择上将少数民族的民间故事、神话传说、传奇人物等作为动画作品的主要内容，如《长发妹》《阿凡提的故事》《海力布》等。这类作品的民族风格源于内容讯息，因此不同民族的动画作品必然体现不同的民族特征。

在形式方面，少数民族动画主要诉诸视觉，创作者将少数民族文化元素进行拆解，以造型或美术设计的方式嵌入作品，属于艺术创作过程中自觉的风格选择。例如，《九色鹿》《胡僧》等颇具宗教色彩与意味的动画作品通常选用少数民族人物造型，或在背景设计中增加带有异域风情的装饰性元素，使作品更具神秘色彩与可视性。以2016年7月上映的《摇滚藏獒》为例，影片的吸引力源于将主人公波弟设计为藏獒，并把他的家乡设置在藏区。片中的雪山、经幡、庙宇乃至角色的乐器、服装等都有据可考，超越日常生活的视觉陌生化，令观众为之着迷。当然，建立在个人成长基础之上的传统与现代、保守与进取、东方与西方之间的碰撞与和解也为影片赢得了掌声。

这里需要注意的是，"符于外"的视听语言虽然属于直接作用于观众的表层信息，能够快速引起关注，进而引发收视行为，但为了追求风格的特异性而强行将民族元素套用于作品的做法显然是本末倒置的。在动画作品中，风格不可能脱离叙事而存在，它必须与故事深度契合才能实现创作意图、彰显文化价值。

三、少数民族动画的跨文化传播功能

经济全球化加深了各个国家、地区之间的沟通与合作，由此产生的文化全球化必然指向文化主体间更深层次的意义共享，这正是跨文化传播的重要命题。所谓跨文化传播，指的是"不同文化之间以及处于不同文化背景的社会成员之间的交往与互动，涉及不同文化背景的社会成员之间发生的信息传播与人际交往活动,以及各种文化要素在全球社会中流动、共享、渗透和迁移的过程"[1]。实现这一功能需要立足于文化本身,理解本国文化的精神实质与价值取向,将其以最具通约性的符号进行编码,并以易于解码的言语方式传播出去。跨文化传播的实质是两个不同文化体系之间意义的传递与交流,它必然需要一种通用的符号语言充当中介。

(一)动画语言适配跨文化交流

动画是对现实世界的抽象表现,这一本质特征使其具备了成为世界性符号并进行语言交流的先决条件。动画起源于人类的幻想与想象,作用于欣赏者的感知觉,其内在的心理机制与情绪情感体验为人类所共有,因此,以动画作为信息交流手段能够有效地避免意义转换时产生的理解偏差。

动画是一种通俗易懂的符号语言,也是一套直观可感的话语体系,不仅如此,动画自诞生之初便携带幽默因子,而幽默是消除文化隔阂最为简约的交流形式之一。动画的幽默源自艺术夸张,无论角色性格的夸张、运动方式的夸张还是故事情节的夸张都能够轻易地引起共鸣、引人发笑。

与常规动画相比,少数民族动画的跨文化传播意义更为深刻。根据文化交流对象的不同,少数民族动画表现为双重跨文化特征:其一是少数民族文化与汉文化之间的沟通与交流,其二是以少数民族文化为组成部分的中国文化与世界文化之间的沟通与交流。少数民族动画需要在中国文化圈层的内部与外部同时进行跨文化传播,因此必须有所侧重。

在我国,少数民族与汉民族长期杂居,基于语言文字共用共通的文化交流已比较顺畅。两者间的跨文化传播应"同中求异",即将重心置于民族视听符号的使用上,使汉民族可以通过动画作品了解少数民族的衣食住行,获知少数民族的生活习俗、行为习惯与价值追求,从而在共同生活的环境氛围中求得和谐。而对于以民族性视觉展示为表象的中国文化与世界文化之间的交流,则应寻求少数民族与汉民族之间的相似点,"异中求同",找到中国各民

---

[1] 孙英春. 跨文化传播学导论[M]. 北京:北京大学出版社,2008:4.

族之间所能理解与遵守的文化共识。借助于人类共同的心理素质、普遍情感与道德准则，这种带有普适性的文化共识能够冲破地域界限，为国际文化交流提供共享的意义空间。

（二）视听特性易唤起选择性注意

动画是作用于视听感官的综合艺术，其视觉要素与听觉要素共同决定着作品在流通过程中能否赢得观众的青睐。作为与观众进行直接接触的视听语言，少数民族动画较一般动画作品具有更为鲜明的符号特征，能够轻易唤起观众的选择性注意。

在视觉层面，少数民族动画容易形成视觉奇观，形塑受众的期待视野。少数民族动画作品的视觉特异性具有极高的辨识度，如角色的服饰配饰、生活场景、食物器具等常会令观众耳目一新，这种诉诸视觉的新鲜感与陌生感构成了作品的内在吸引力。当然，动画创作不是复制现实，没有必要像实拍手法那样追求与真实生活的全然一致，不过，创作者如果可以在满足艺术要求与大众审美要求的同时更加注重细节处理，从少数民族文化中撷取最具代表性的精要之处加以细致描摹，则会大大提升作品的真实感与影响力。

在听觉层面，少数民族动画拥有得天独厚的传播优势。我国的少数民族大多长于音律，音乐是他们表情达意的重要方式，因此在少数民族动画作品中，民族音乐的恰当运用是激活观众观看动机的决定性因素。例如，白族动画《牧童与公主》中劳动人民在山野间自由歌唱的段落令人愉悦；《苗王传》中芦笙、铜鼓的乐音和当地歌手阿幼朵的演唱与作品内容契合得天衣无缝，为观众带来了美的享受。在少数民族动画创作过程中应当尤其强调民族性音乐的使用，突出作品声音创作的艺术性与民族化，利用听觉与视觉的多重叠加有效提升作品的艺术表现力。

视听语言的独特性有时会引发文化增益，尽管其他民族受众未必可以准确掌握作品的思想精髓，但他们会因作品的特殊风格而产生解读兴趣，并按照个人化的理解方式接受异质文化，这种积极的"误读"往往会成为跨文化交流得以成功的契机。

（三）少数民族动画需保持文化独立

跨文化传播的目的不是在全球范围内建立统一的文化体系，而是在不同的文化系统中谋求共识，从而达到异质文化间的理解、包容与尊重，这就要求我们在文化共生环境中保持本土文化的完整性与主体性。众所周知，动画生产需要多个环节、多个部门的共同协作，而今动画生产链蔓延到世界各地，国际合作成为常态。此外，美国动画产业的高额利润成为刺激动画生产的主要动因，好莱坞高概念动画电影的成功也使得效仿美国动画叙事策略成为动画作品盈利的必要保障。这些在主客观两个方面为中国动画保持自己的文化品格设置了阻碍。

在文化全球化愈演愈烈的今天，我们必须认识到"和而不同"才是世界民族文化发展的趋势与归宿，"硬性趋'同'会抹杀民族个性，窒息生机；盲目立'异'则容易一叶障目，阻碍民族文化的健康发展"[①]。文化交流的目的是获得多元文化的和谐统一，而不是以牺牲多样性为代价的文化僵化。因此，我们应当采取有力措施发挥好少数民族动画的文化功能。这就需要将少数民族地区经过长时间流传、经得起创作实践考验的神话故事、民间传说以动画手段传播出去，力争"把好故事讲好"[②]，并通过个性化典型人物的塑造，多方位展现民族性格、民族气质与民族精神。

事实上，实现少数民族动画的传播价值仅立足于动画作品本身是不够的，还需要建立在宏观的文化语境整合基础之上。"文化是一个完整的体系，……各部分的相互作用在文化中相当重要。"[③] 作为艺术产品，少数民族动画为中华文化的全球传播打通了一条捷径；作为文化的组成部分，少数民族动画只有在中华文化得到世界性普及时才会被深刻理解与全面认识。这就意味着，在文化全球传播视域下，发展少数民族动画既是目的所在，也是意义所在。

---

① 梁一儒. 困学集［M］. 北京：中国广播影视出版社，2016：47.
② 麦基. 故事：材质、结构、风格和银幕剧作的原理［M］. 周铁东，译. 天津：天津人民出版社，2014：15.
③ 萨默瓦，波特，麦克丹尼尔. 跨文化传播：第6版［M］. 闵惠泉，贺文发，徐培喜，等译. 北京：中国人民大学出版社，2013：21.

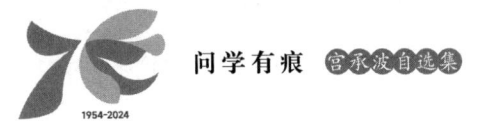

后 记

接到学校给予出版学术自选集的通知,甚为欣喜,遂即翻箱倒柜开始整理,然而越整理却越感到惶恐。一路往前冲,往往越冲越自信;停下脚步,回头看看,才蓦然清醒甚至感到惭愧有加。

从一九九四年在《黄河时报》发表《"童话诗人"与"近代化石"——顾城诗作的矛盾二重性浅论》一文开始,到近期在《电视研究》发表《2024年总台春晚的叙事新景观》一文为止,整整三十年过去了,本人发表的各类评论、论文林林总总算起来居然还不足两百篇;品品掂掂,挑挑选选,自己感觉还勉强拿得出手而不感到脸红的,却连一半都达不到!三十年来忙忙碌碌,却也庸庸碌碌,原来所谓高大上的学术研究很大程度上也不过是在为稻粱谋。

记得有谁说过:如果人有第二次生命,几乎人人都可能成为伟人。超越不了尘世,生命又无法重来,遗憾大概也就成了绝大多数人的宿命。

惭愧也好,遗憾也罢,孩子还是难免自己看着自家的好。拿起来放下,删除了又找回来,考虑到个人成长的阶段性以及论文题材、类型的代表性等等,所以也就无法全秉选优原则,多少次反反复复之后,终于在二十万字的限额下选定了这三十余篇。其中也选了部分合作篇目,无疑包含了纪念、感恩的用意。文的背后是事,是人,合作共赢之所以值得纪念,是因为其中渗透、凝聚了人与人之间的互动和情感。

尽管一大把年纪了,但为了自我安慰、鼓励,最后也还是不得不入俗地

后 记

归到这句话吧：算是一个阶段性汇报吧。

感谢学校厚爱。

宫承波

2024 年 5 月 10 日于北京东郊通惠河畔